劉知幾史學論稿

林時民　著

臺灣　學生書局　印行

序　言

　　《史通》的重要性，由下述二點可以覘知：㈠名列《四庫全書總目・史評類》首冊，是古來史書流傳衍變進展的一種結果，具發展進化的意義，在中國史學史上確具有里程碑的作用，爾後歷代史家或明受或陰奉其史論者，所在多有，影響深遠；㈡方諸西方史學，據許冠三氏研究，《史通》較西方史學之出現史學批評，足足早了九百年，可見中國傳統史學內涵丰實與成熟，在在均高乎當時西方史學之水平，面對贍富的史學遺產，則吾人不僅不必自卑且足以自豪。唯所當思者，在前賢建立的法式典範上，宜繼續邁進，融合西方，發揚光大其學，則似是吾曹不可旁貸之責。

　　《史通》之始撰，實出於劉知幾身任史職垂卅年，其論解不僅為同僚所嫉，且為宰臣所制，故其道不行，未獲用於時，以致鬱快孤憤，寄懷無方，才退而私撰其書，以見本志。於焉後人始有是書可讀。然其流布過程亦非暢通無礙，五代宋元幾無識之者，明清而後，各家訓補評釋浸增，漸成風氣，尤以浦二田〈通釋〉出，布宣方廣，為劉書功臣，其後臻盛。逮乎任公登高一呼，謂中國「自有史學以來二千年間，得三人焉。在唐則劉知幾，其學說在《史通》」，則益形暢旺，踵武其後者，已不能一一述其姓氏，名家輩出矣。且不談臺灣、中國兩地學者（書中引述多），東瀛如內藤湖南、豬飼敬所、田中萃一郎、貝塚茂樹、大濱晧、稻葉一郎等等學者，

皆有深得，於劉氏學說大有補益；西洋若浦立本（E. G. Pulleyblank）、崔慰惜（D. Twitchett）等，亦別有卓見，補東方學者所未見。至若洪業、楊聯陞諸博彥，更以西文發表《史通》論文，其堅實論據，帶動風習。雖研究人數不若中臺日之眾，然亦自成一家。綜此，自清季以來，研索《史通》幾致成為顯學，足堪與《史記》《通鑑》相埒而不遑相讓。

筆者受前賢啟迪教化，於臺灣師大受學於李樹桐教授時，修習「唐史研究」課程，偶以劉知幾《史通》為題撰述學期報告，不意竟演成個人求學生涯之必然，茲後以此為題撰成碩士學位論文；再以此基礎，結合鄭樵之《通志》章學誠之《文史通義》，擴充研究撰成《「史學三書」之比較研究》，取得臺師大歷史所博士學位。又辱蒙博論恩師李國祁教授推薦，應徵興大教職甄試，幸中雀選。爾後，生活免於勞頓，較能安心於教學、研究，本書中所蒐羅之篇章，皆為此間一愚之得，然已忽忽卅載，行將由興大退職矣。

本書記錄不佞研究劉知幾及其《史通》之歷史性，由初撰劉氏生平之單向基本研究逐漸擴至較為複雜之《史記》《史通》之比較研究，過程並非當初所能預測及冀望，而終至累卵積果，實出於個人才性及循序漸進所致，筆者駑鈍椎魯，當然無預期外之成果。復者，結集出版也為後學搜求資料上的方便性著眼，修習筆者課程之學子，常謂拙書或有絕版不可購得，愚以如劉子所謂「後之識者，無由得觀」，遂思結集，以饜其求。另外，裒輯於一書之中，對劉氏史學專題，亦較具整體性的看法，書中由一人一書的基礎研究，而其人史書史學之研究，而後再由史學思想史學理論領域轉向作史學批評理論之探索，兼由紀曉嵐之《削繁》與史遷之《史記》回探《史通》之批評面向，期求達到稍為周延的看法。

　　《史通》是一本「雖以史為主，而餘波所及，上窮王道，下掞
人倫，總括萬殊，包吞千有」的書，且「其為義也，有與奪焉，有
褒貶焉，有鑒誡焉，有諷刺焉。其為貫穿者深矣，其為網羅者密
矣，其所商略者遠矣，其所發明者多矣」，面相至廣，意義殊深，
自非筆者薄才所能遠逮，只祈同好戮力以進，發皇史學。

林時民謹序

2015.元.20 於

興大歷史系 631 研究室

劉知幾史學論稿

目　次

劉知幾的重要生平
與《史通》之撰成[*]

一、前言

　　《史通》是盛唐史官劉知幾（生於高宗龍朔元年，卒於玄宗開元九年，661-721）的傳世代表作，本質上是一部評史的論作，同時也是首開我國史學單獨成書以全面評史的第一本著作，[1]在史學的發展史上，構成一極為顯凸的里程碑，其意義所在，十分重大。因此，在書成佈世之後，歷代即有意見各殊的批評不斷湧現，顯示出研究

---

* 本文原刊於《弘光護專學報》第 12 期（臺中，1984.6），頁 41-47。後筆者另撰有〈史學三書作者的生平與其著述之關係比較〉，刊於《國立臺灣師範大學歷史學報》20（臺北，1992.6）可資參考，後文擴大與宋鄭樵、清章學誠作生平與著述的比較研究，生平分期略與本文稍有不同。

1　參章學誠，《校讎通義》外篇〈史考摘錄〉云：「至於諸家蔚興，短長互見，遂有專門討論，勒成一書，若劉氏《史通》是也。」有許史評專著自《史通》始之意。另浦立本教授亦云在他所能見到的任何語文當中，《史通》是第一本有關歷史寫作的論述。見 W. G. Beasley and E. G. Pulleyblank eds., *Historians of China and Japan.* (London: Oxford University Press, 1961), p.136.

《史通》的多樣性。今就一般書目所見，前輩碩學所撰著的專文，為數即不下數十種，[2]其中有以其人為中心而作通盤性論述者，[3]也有就其生平事蹟而論述或撰作年譜者，[4]又有就《史通》之內容而發論者，[5]更有將劉氏與後世史家如鄭漁仲和章實齋作比較者，[6]可謂不一而足，而成果斐然可觀。這些論作，無疑地對後人研讀《史通》及理解劉氏史學的精論，都有相當的貢獻與助益。

筆者素對史論的作品如《史通》者，植有深趣，茲處即不揣譾陋，擬就《史通》撰作成書的經過與劉知幾之生平，作若干的結合，以探索兩者之間的關聯性。因為唯有理出劉知幾與《史通》的

2　如楊家駱主編，《唐史資料整理集刊》第 1 輯〈三、唐史論文目錄初稿〉（中華學術院中華學術史研究所唐史座談會編刊，1971）；余秉權編，《中國史學論文引得》（香港，1963）及《續篇》（哈佛大學哈佛燕京圖書館出版，1970）等等。

3　例如黎子耀，〈劉知幾思想述評〉，刊《思想與時代》第 30 期，1944；李亞昆，〈劉知幾史學舉誤〉，刊於《國學月刊》1：5，1935.7，無錫國學專修學校自治會出版；白壽彝，〈劉知幾的史學〉，《北京師大學報》，1959：5 等等。

4　如劉汗，〈劉子玄年譜〉，刊於《努力學報》第 1 期，1929.9；傅振倫，〈劉知幾之生平〉，刊於《學文雜誌》1：4，1931.9；周品瑛，〈劉知幾年譜〉，《東方雜誌》31：19，1934.10 等文。

5　洪業，〈《史通・點煩》篇臆補〉，《史學年報》2：2，1935；金毓黻著，〈論《史通》之淵源及其流別〉，《制言》第 54 期，1939 出版……等文。

6　張期昀，〈劉知幾與章實齋之史學〉，《學衡》第 5 期，1922.5；錢卓升，〈劉章史學之異同〉，《遺族校刊》4：1，1937.7；張壽林，〈劉知幾與章實齋之史料蒐集法及鑑別法〉，《晨報》第 70 期，1927.7；甲凱，〈劉知幾與章學誠〉，《東方雜誌》復刊 8：3；白壽彝，〈鄭樵對劉知幾史學的發展〉等等。

關係，才能確切掌握《史通》在中國史學史上所佔有的地位與意義，這是在真正體會劉氏史學的內涵之前必須先行具備的，因而，本文擬由歷史背景、家世門風、自然傾向、同事好友與劉氏的性格等諸項因素，來分析《史通》成書的過程。

二、歷史背景：唐代以前史學的特色

在《史通》未問世之前，中國史籍的傳承，已逾千年以上。由上古傳聞的三墳五典八索九丘歷經西周的晉《乘》、楚《杌》、魯《春秋》，乃至周末以下的志、紀、傳，都是史書。祇是這些早期的古籍，絕大多數均已亡佚，後人無法窺其堂奧。比較有跡可尋的是自《尚書》《春秋》以降的歷代史籍。

嚴格而論，《尚書》不能列入「史學」之林，僅可視為史料。《春秋》則是周末孔子取仿魯史編修而成，此書已打破列國獨記一國之史的習慣，而同時記有多國之史實，範圍擴大甚多，其意義是由一國之史演為一當世天下之史。同時孔子也把書法褒貶的觀念，灌注於《春秋》之中。這種觀念的產生，或與孔子有鑑於當時王室勢力衰蹇，諸侯稱霸，陵逼王權甚有關係。所以《春秋》可說是一應時而生的「寓褒貶、別善惡、重名分、嚴內外」的著作，有其微言大義在。

《春秋》之後的史籍，都不免受到《春秋》的影響，因此蔚成了一史學的特殊傳統，指導後世史家撰作史冊的取向與目標，也因此《春秋》一向被許為中國史學的源頭。然而，儘管後世史家如《史記》司馬遷、《漢書》班孟堅、《史通》劉知幾、《五代史》

歐陽修諸家的歷史意識，多認同於《春秋》，[7]但《春秋》的體例編次，因為時代的演嬗，史事的增華，已無法籠罩後世社會活動的真相，而必須另作發揮。所以後世遂有譏之為「斷爛朝報」一如流水賬者，[8]亦有諷其遷就書法而致所記失實者，[9]這些都是《春秋》的體裁不能盡符後世發展的需要而所導致形成的。

　　《春秋》之後，仍代有不少可以列入「史乘」的文獻資料出現；[10]但真正能「懷抱深遠之目的，而又能忠勤於事實者」祇有司馬遷一人足堪擔當；[11]馬遷撰《史記》不再採以時繫事的記載方式，改創以「人」為中心的紀傳體，分本紀、世家、書、表、列傳，以百卅卷，五十餘萬言，敘盡二千多年之史事，其所蘊氣勢之雄偉磅礡，所含範疇之廣濶長久，後世罕有其匹。我們只看《史記》而後二千年來之所謂正史者，大都未能踰越馬遷所定範圍，也可知道《史記》有其不朽之處。梁任公以為「史界太祖，端推司馬遷」，[12]許《史記》而不予《春秋》，是一項合乎實情的高論。

　　到了東漢初年，班固一來擬仿《尚書》之體，創比因之系統；

7　詳見《史記‧自序》、《漢書‧敘傳》、《史通‧六家》篇〈自敘〉篇，而《新五代史》由於時局之故，更重《春秋》之書法觀念，比前三書皆有過之。

8　王安石之語，語出周麟之《春秋經解‧跋》，見《困學紀聞》六翁注。

9　梁啟超：「孔子作《春秋》，時或為目的而犧牲事實。」見氏著，《中國歷史研究法》（臺北：臺灣中華書局，1973，臺三版），頁16。《史通‧惑經》篇亦指出《春秋》有為賢者諱及本國諱等等弊病。

10　《議奏》、《國語》、《新國語》、《世本》、《戰國策》、《奏事》、《楚漢春秋》等皆是。

11　梁啟超，《中國歷史研究法》，頁16。

12　梁啟超，《中國歷史研究法》，頁15-16。

一來又因兩漢之間有新莽篡奪劉氏天下，所以很難延續史遷的體例，而不得不另開斷代之先河。斷代為史，也成了以後正史體裁的範本。質言之，亦即後世正史之內容體例，均依《史記》之本紀、年表、書（志）、世家（後史除《新五代史》外，大都併入列傳）、列傳諸項為綱而撰次，但另方面則一致採取《漢書》斷代為例，僅述一朝之事。遷固兩體的出現，代表史學發展的傑出成就。不過，截至《漢書》傳世之後，所有史籍的數目，仍極為有限。

這種有限的現象，經過魏晉南北朝數百年之間的發展，始完全改觀。史學在此期內轉臻極盛，不僅在「量」上造成空前的豐收，在「質」上也出現變化，這由《隋書・經籍志》所記載的史籍數量與分門別類登載的方法來看，比起前一階段的《漢書・藝文志》所著錄的，可謂到達前所未有的輝煌時期。造成這種現象的原因，推究之約有四端：㈠經學衰微：儒家思想的權威性與影響力在東漢之後日漸減少，儒家價值判斷以外的史料，如巷閭雜說、百家遺言、甚至言不雅訓的怪誕傳說，都被視為史料選擇的對象，採進修史之中，無形中使魏晉以降的史學領域擴大很多；㈡君相好尚：蕭衍自造《通史》，蕭子顯作《齊書》、《晉史草》，郗紹撰《晉中興書》……等在在顯示在朝高位者尚務寫史，則下焉者怎不亦趨之若鶩而群起效做？㈢時代亂離：漢末三國兩晉南北朝數百年間，群雄競起，逐鹿中原，此起彼落，盡是可資記敘的歷史事實，同時當時胡夏雜居，文化薈萃，史家不會放棄如此難逢的良機；㈣馬班《史》《漢》的鼓勵：遷固兩書都是結構精美，氣象萬千的不刊典著，在經學思想不能牢羈人心時，自會引起學者追做的決心與興趣。

史學的發達在如此背景下，乃突過前代。而史學也在經學式微

之下，脫離經學成為獨立的一門學問，史學在《隋書・經籍志》不僅單獨成立「史」部，並且又進一步分為 13 門。其門類是：正史、古史、雜史、霸史、起居注、舊事、職官、儀注、刑法、雜傳、地書、譜系、簿錄。其中特別值得一提的是雜傳、地書、譜系三者，這三項是因為此期社會情勢而產生的新歷史寫作形式，前代無之。[13]除歷史寫作外，魏晉此期注史的風氣也頗為興盛，計凡注《史記》者有四家，注《漢書》者二十餘家，也構成此期史學的特色之一。

由於有前面幾個重要階段的史學變化，我們才能明瞭盛唐劉知幾著作《史通》，總評自《尚書》《春秋》以下迄於有唐重要史籍的一項基礎。沒有《春秋》的開私人修史風氣，史學無法普及；沒有《史》《漢》的創新史體，史學無以豐富；沒有魏晉南北朝史學的解放，《史通》不知據何以評騭？而譙周《古史考》及裴松之《三國志注》的啟示，其後也才有系統性的專著──《史通》的出現。如此在在都構成劉知幾撰著《史通》的所謂的歷史條件。這個歷史條件成熟於魏晉南北朝，而在盛唐時期開花結實。

史學發展到初唐，承前述之流緒，也有重要的變化，最顯著的即是修史館制度的設立，《史》《漢》以來一家之學的著述方式，至此開始流行分纂法，即由各專門科類的編纂者，就共同商定的序例原則，各依類作機械性的撰述工作。這個官修史書的制度，徹底

---

13 參逯耀東，〈從《隋書・經籍志・史部》的形成論魏晉史學轉變的歷程〉，刊《食貨月刊》復刊 10：4，1980.7；另參氏著，《勒馬長城》（臺北：言心出版社，1977），頁 141-171。

破壞了以往史家著史的編纂精神。[14]這是劉知幾深感對唐代史學轉變不滿的重要因素之一，也是劉氏退而私撰《史通》的導火線。

外緣的歷史條件既如上述，以下擬針對劉知幾之個人條件，進一步審察劉氏與《史通》撰述兩者之間的關係，來獲得深一層的認識。

三、早期的教育與自然傾向

吾人欲究《史通》之作成，雖然從遠代追溯劉知幾之祖先，可知其世為儒宗，光耀史牒的脈絡，但是，就影響劉氏最大而且最近的三代來說，則是最能看出端倪的。

知幾的從祖劉胤之是非常重要的相關人物之一。在知幾上推的近世世系之中，劉胤之少即有學業，與「隋信都丞孫萬壽、宗正卿李百藥為忘年之友」[15]，他後來在永徽初年，又「累遷著作郎宏文館學士，與國子祭酒令狐德棻、著作郎楊仁卿等撰成國史及實錄」。[16]由這兩件重要的記載來推尋，可知胤之不僅有儒學且曾預修國史，實已上承遠代的祖先下啟知幾一代注重史學的門風了。胤之一生曾與兩位名垂千古的史家同友共事，一是著有 50 卷《北齊

---

[14] 內藤虎次郎，《支那史學史》（東京：筑摩書坊，昭和 44 年），附錄〈支那史學史概要—史記より清初まで—〉，頁 486-487。此轉引自邱添生，〈劉知幾的《史通》與史學〉，《國立臺灣師範大學歷史學報》第 9 期（臺北，1981），頁 54。

[15] 《舊唐書》（臺北：鼎文書局，1979），卷 190 上，〈文苑列傳〉，頁 4494。

[16] 《舊唐書》，卷 190 上，〈文苑列傳〉，頁 4494。

書》的李百藥，另是亦撰作 50 卷《周書》的令狐德棻。這無疑寓有非常的意義，值得重視。

　　次是知幾的從父劉延祐，弱冠即成進士，辦事甚為精幹，堪稱一才情高縱之士。知幾之父劉藏器，則是學行方正，當時的監察御史魏元忠，常稱讚其賢。[17]

　　再數知幾同輩的兄弟六人，曰含章、賁、居簡、知柔及知章，知幾排行第五，兄弟均進士及第，文學知名，可以說是一門數傑。不過，六人之中除知幾以《史通》擅名千代之外，則以知柔的人品道德最佳。此處提出知柔，倒不是因為「知幾與兄知柔俱以善文詞知名」，[18]而是知柔是知幾最近年齡的兄長。知幾生時，柔年十三，因年齡相近，故柔之影響於幾者，應較其他諸兄為大。蓋其他諸兄齒長，或因已婚或已官或已外守，衡諸常情，或不如柔之近佞於幾。而知柔性簡靜，與後來能為高官，則是知幾所缺乏的。要者，知幾幼小習書時，除父藏器親授其讀書外，筆者以為知柔恐是影響知幾學業最為重要的一位兄長。

　　凡此三代之學行文名，都是鑄就知幾為人為學之方向的原因之一。大凡古時學者思想，多淵源於家學；史學思想家之知幾，出身宦門，父祖兄弟俱飽學之士，縱唐初學校教育發達，知幾可受官學沐浴，亦莫不深受家學之薰陶培育為大。[19]而三代之中，父祖兄弟

17　《新唐書》（臺北：鼎文書局，1979），卷 122，〈魏元忠傳〉：「元忠曰：『劉藏器行副於才，陛下所知，今七十為尚書郎，徒嘆彼而又棄此。』帝默然憖。」頁 4343。

18　《新唐書·劉子玄本傳》，頁 4519。

19　有關唐代教育，可參高明士，〈唐代學制之淵源及其演變〉，《臺大歷史學系學報》第 4 期。惟劉知幾似未進官學，故其學思多源於家學乃可知矣。

又皆扮演各種不同層次的作用。承上所說，從祖胤之乃有承上啟下
之功。劉氏一門久來多以文學政事顯於時，迄於李唐時以胤之得而
保持不墜；其父藏器除負責生養教責之任外，還是知幾的「老
師」，課之以經史；兄弟數人，則於進學有所益於知幾。[20]三代在
知幾的生長過程當中，從發展心理學的觀點來看，都是影響其人格
養成的重要因子。以是，劉知幾早期乃不能免除其從祖以來之門
風，其父執之教導作用與其兄弟進學切磋的影響，而凝鑄成日後待
人接物乃至著作《史通》之風格。

　　另外，我們還可就其內心喜惡的自然傾向（Natural Tendency）來
觀察。劉氏在《史通·自敘》篇裏，提到：

> 予幼奉庭訓，早游文學。年在紈綺，便受《古文尚書》。每
> 苦其辭艱瑣，難為諷讀。雖屢逢捶撻，而其業不成。嘗聞家
> 君為諸兄講《春秋左氏傳》，每廢《書》而聽。逮講畢，即
> 為諸兄說之。因竊嘆曰：「若使書皆如此，吾不復怠矣。」
> 先君奇其意，於是始授以《左氏》，期年而講誦都畢，于時
> 年甫十有二矣。所講雖未能深解，而大意略舉。

這裏劉氏透露出生平與史為緣，殆由宿植而來。所謂「宿植」[21]，

---

[20]　《史通釋評》（臺北：華世出版社，1981），卷 10，〈自敘〉篇：
「……嘗聞家君為諸兄講《春秋》《左氏傳》，每廢書而聽，逮講畢，即
為諸兄說之。……父兄欲令博觀義疏，精此一經。」可證其父兄有授學進
學之實。見頁 333。

[21]　浦起龍釋語，見《史通通釋·自敘》篇在「若使書皆如此，吾不復怠
矣。」諸字之下。見頁 333。

用今語釋之，即潛藏於本身之內的能力，這份能力的外顯，即是前面所說的自然傾向。知幾之傾向於史，不僅在受蒙初學之時，表現無遺，同時在兒童時期結束之後邁入青年期之時，也就是過了〈自敘〉篇所云的「年甫十有二」後，還能以此與生俱來的宿植之優，「創通全史，胸貯皂白」了。

　　在 12 歲讀畢《左傳》後，知幾迫切需要知道獲麟以後的史事，來廣增異聞。因此又續下《史記》、《漢書》、《三國志》等書。此後即能觸類旁通，洞悉古今之沿革與曆數之相承。到他 17 歲時，則已窺覽「自漢中興已降，迄乎皇家實錄」的所有史籍，而且一點也不必假手師訓。[22]若非知幾天性近史，且其資聰悟穎，焉易有其功？後來知幾能三為史臣，再入東觀，歸結其原因，亦拜賜於早年傾向於史的緣故。

　　除了《史通》的〈自敘〉篇之外，〈忤時〉篇亦云：「僕幼聞詩、禮，長涉藝文；至於史傳之言，尤所耽悅。」以及《舊唐書‧本傳》：「子玄掌知國史，首尾二十餘年，多所撰述，甚為當時所稱。」又：「子玄自幼及長，述作不倦。朝有論者，必居其職。」在在都是知幾近史的傾向大過於其他方面的明證。而這份自然的傾向，不但在早年顯像特強，而且貫穿其青壯年。知幾長大成人之後，從喜詩賦的興趣移轉到喜史事，以及壯年以後「恥以文士得名，其以述者自命」的志向改變，[23]都是天生近史之自然傾向在背後作祟的結果。

22　《史通釋評》，卷 10，〈自敘〉，頁 333。
23　《史通釋評》，卷 10，〈自敘〉，頁 337。

四、仕宦交遊與基本的性格

　　劉知幾在二十歲左右中了進士，初被分派到獲嘉縣主簿的職務，是一名正九品下的地方官。在劉氏的生平當中，這是他首度踏出家庭而邁入社會或宦場之中，換句話來說，知幾在長大成人之後，家庭對他的影響力逐漸由社會來取代。因而，忽略劉氏踏入社會之後的況遇以及其中與撰作《史通》的關聯，勿寧在研究劉知幾其人其書與唐代前期史學的發展，是一項很大的缺失。

　　知幾在獲任之後的十餘年間，未曾易職他就。[24]社會上也沒有兵荒板蕩，因此他可以突破弱冠之前，為了要求仕進，不能專心向史的缺憾，而得以「旅游京洛，頗積歲年，公私借書，恣情披閱，至如一代之史，分為數家，其間雜記小書，又競為異說，莫不鑽研穿鑿，盡其利害」。[25]這對他在做學問的層次上，顯然有很大的進益。而學問的底子，視野的廣度，都因他這段不算太短的時間內，留任主簿一職之內，擁用完全充分的讀書自主性，以及不必再為功名所網羅而方能鞏固和拓展出甚多。弱冠之前的劉知幾，其史學基礎固然是穩固的，但日後能參豫史職與具備撰述史書的功力，實要得力於初仕任內恣情披閱公私典籍，與鑽研穿鑿雜記小書所得來的兼綜工夫。也就是說，此後其史學知識與理念，才達到批評、成熟與超然的境界。

24　劉氏在懷州獲嘉縣主簿一職凡 14 年，迄公元 699 年始轉任定王府倉曹之職。參傅振倫，《劉知幾年譜》（臺北：臺灣商務印書館，1967），頁 69-70。

25　《史通釋評・自敘》，頁 334。

踏入宦場後的前十年，除了再充實自己的學力之外，劉知幾沒有交到使他認為足以告訴後學的朋友，有則自三十歲以後，而這些朋友，在他的心目中是很具有份量的。《史通‧自敘》篇說：

> 及年以過而立，言悟日多，常恨時無同好，可與言者。維東
> 海徐堅，晚與之遇，相得甚歡，雖古者伯牙之識鍾期，管仲
> 之知鮑叔，不是過也。復有永城朱敬則、沛國劉允濟、義興
> 薛謙光、河南元行冲、陳留吳兢、壽春裴懷古，亦以言議見
> 許，道術相知。所有攉揚，得盡懷抱。每云：「德不孤，必
> 有鄰，四海之內，知我者不過數子而已矣」。

而立之前，知幾何以缺少知音？且稍後述之。此處擬先檢視所友的七人係何人士，何以能使劉氏透露出一絲既掩蓋不住又屬永恆的喜悅？

最先的徐堅，少好學有敏性，遍覽經史，性情寬厚，文章典實，多識典故，先後修撰《三教珠英》《格式氏族》及《國史》，很得時論的讚美。他很重視《史通》，曾說：「居史職者，宜置於座右」[26]，他並編有《初學記》30 卷，主張良史應當「不虛美、不隱惡，善以勸世，惡以示後，所以暴露成敗，昭彰是非」，與劉氏在《史通》〈直書〉〈曲筆〉〈惑經〉〈忤時〉諸篇的論說，宗旨相符。

第二位是朱敬則，早以辭學知名，倜儻重節義，他曾上〈請擇史官表〉（長安三年，703）說：「伏以陛下聖德鴻業，誠可垂範將

26　《舊唐書‧劉子玄傳》，頁 3171。

來。倘不遇良史之才，則大典無由而就也。且董狐、南史豈止生於亡代而獨無於此時乎？在求與不求，好與不好耳。」[27]這項見解與《史通‧覈才》篇所論者近同。

劉允濟曾以鳳閣舍人修國史之官也發論：「史官善惡必書，言成軌範，使驕主賊臣，有所知懼，此亦權重理合，貧而樂道也。昔班生受金，陳壽求米，僕視之如浮雲耳。但百僚善惡必書，足為千載不朽之美談，豈不盛哉！」[28]這和《史通‧曲筆》篇指摘「班固受金而始書，陳壽借米而方傳」屬於同一論調，連事例兩人所舉也是相同的。

第四位是薛謙光，由《兩唐書》的本傳知道他「博涉文史，每與人談前代故事，必廣引證驗，有如目擊。少與徐堅劉子玄齊名友善。」[29]

至於吳兢，《唐會要》卷63〈史館上‧在外修史〉條有：「（開元）十四年七月十六日，太子左庶子吳兢上奏曰：『臣往者長安景龍之歲，以左拾遺起居郎兼修國史。時有武三思、張易之、張昌宗、紀處訥、宗楚客、韋溫等，相次監領其職。三思等立性邪佞，不循憲章；苟飾虛詞，殊非直筆。臣愚以為：國史之作，在乎善惡必書。遂潛心積思，別撰《唐書》98卷，《唐春秋》30卷，用藏於私室。』」可見吳兢之良直，與知幾及前述諸人相同。

元行冲則「博學多通，尤善音律及訓詁之書」，並撰有《魏

---

[27] 《唐會要》，卷63，〈修史官條〉。

[28] 劉傳見《舊唐書》，卷190，〈文苑列傳〉，頁5013。劉所發之論則見《唐會要》，卷63，〈修史官條〉。

[29] 《舊唐書‧薛登傳》，頁3136。

典》30 卷、《群書四錄》及《注孝經疏義》。[30]子玄立說，多受
行沖的影響。

裴懷古是唯一不參史局之人，故最後才提到。懷古「清介審
慎，在幽州時，韓琬以監察御史監軍，稱其馭士信，臨財兼，為國
名將云」。[31]氣質與知幾等人亦甚相類似。

由以上所鋪述的，可再進一步歸納出劉知幾與其友人的共通
點，大致在下列兩方面：㈠好學喜史：如徐堅「好學，遍覽經史，
多識典故」；劉允濟「博學，善屬文」；薛「博涉文史」；元「博
涉多通」；吳「勵志勤學，博通經史」；㈡耿直孤介：元行沖「性
不阿順，多進規誡」；朱敬則曾因為魏元忠被張易之兄弟構陷一
事，獨抗疏申理，顯示他耿直無畏權勢；劉允濟在垂拱四年（688）
明堂初成時，曾奏上〈明堂賦〉以諷，武則天不怪之，反手制褒
美。中興初，授青州長史，為吏清白，甚得長官之荐信。而吳兢、
裴懷古之良直廉信，正如前面所述，不必多贅。凡此都可知道知幾
與其知友，不論在個性品格上，或學問喜好上，都屬於同一類型，
故而甚易形成諸人心目中視彼此為「我群」（We Group），而在學
問人品方面，互有砥礪之功。《史通》之撰作，亦因而有其關聯
性。

至於知幾何以在三十歲以前，缺少道業相知的朋友？這事或要
從劉氏之「性格」因素來尋繹。

知幾在幼時讀書即常有創獲，素不為古人之言見所拘泥，他第
一次被大人責以「童子何知，而敢輕譏前哲？」即表現他在 20 歲

30　見《新唐書・元澹傳》，頁 5691。
31　《新唐書・裴懷古傳》，頁 5626。

以前，「讀班、謝兩漢，便怪前書不應有〈古今人表〉，後書宜為更始立紀」這件事上。[32]雖然當時他頗為之報然自失而無辭以對，但這份高超的悟解能力，在其後讀到張衡及范曄的書時，終於肯定己見為是。往後「其有暗合於古人者，蓋不可勝紀。始知流俗之士，難與之言。」[33]無奈世之庸俗者多，如劉知幾及其朋輩者，蓋不多見。以氏之資材高妙，每能發明新義，兼由遍尋史籍嗜讀如命之事來看，知幾而立前後，常以無可言之朋友可予結交為憾，似是自然不過之事。

知幾的性情正直，寡岸稜角，處處可見。在《史通‧忤時》篇他說：「孝和皇帝時，韋武弄權，母媼預政，士有附麗者起家，而紆朱紫；予以無所附會，取擯當時。」又說：「僕少小從仕，早躡通班。當皇上初臨萬邦，未親庶務，而以守茲介直，不附奸回，遂使官若土牛，棄同芻狗。」惟其無所附會，故而一為主簿，十餘年未曾陞遷；一為中允，又四年不除；[34]及供史職，宗楚客又嫉其正直。[35]

緣由其性格之方正，難以俗同；而居史官又久，凡近三十年，故不免感嘆：

> 嗟呼！雖任當其職，而吾道不行；見用於時，而美志不遂。鬱怏孤憤，無以寄懷。必寢而不言，嘿而無述，又恐沒世之

32　《史通釋評‧自敘》，頁334。
33　《史通釋評‧自敘》，頁334。
34　《舊唐書‧劉子玄傳》，頁3168。
35　《史通釋評‧忤時》，頁704。

後，誰知予者？故退而私撰《史通》，以見其志。**36**

因此可知《史通》之作成，正如《史記》一般；劉知幾之憤嘆，與司馬遷的悲慨，幾無以分軒輊，蓋多得力於其「怨」。怨係其性格受外在力之影響而蘊居於其內之氣。故吾人論《史通》之撰成，不能不涉及其性格因素。不過，劉知幾也非任讓此怨氣四竄而充斥於《史通》之中，否則，《史通》只為下品，又豈能長存千秋？知幾曾說：

> 夫其為義也，有與奪焉，有褒貶焉，有鑑誡焉，有諷刺焉。其為貫穿者深矣，其為網羅者密矣，其所商略者遠矣，其所發明者多矣。**37**

就是暢敘疏通其憤慨之道也。怨之得通而終能歸之於無。故其書雖以史為主，而餘波所及才能「上窮王道，下揽人倫，總括萬殊，包吞千有」也。**38**

五、結語

《史通》一書所肆論的，即取資於《尚書》、《春秋》以下迄

---

36 《史通釋評・自敘》，頁 335。
37 《史通釋評・自敘》，頁 337。
38 《史通釋評・自敘》，頁 337。

於《文心‧史傳》的任何一爪一鱗，[39]可謂取材宏博，巨細靡遺，而議論高當，振聾啟瞶，多發覆前人所未及，是中國史學史上不可多得的一代不刊典著。

　　本文首即以上古迄於初唐史學發展的重要經過，在質與量上，提供一個劉知幾寫作該書所須憑藉的歷史幕後遠因做為基礎，然後再以劉氏弱冠舉進士做為時間的分水嶺，就《史通》與劉氏個人相關之因素來看《史通》成書之經緯。在第三節裏，是從與劉氏關係最密切的親人，自三代以內歷數對劉氏自小受教育與性格養成的幾位關鍵人物，如從祖劉胤之、父藏器與兄弟數人之啟迪教導與切磋，對早期的劉氏有決定性的左右力量；第四節則由劉氏弱冠入仕之後，與道業相知的朋友相過從，對劉氏個人的治學與處世都甚有裨益，並兼論及他近史的宿性。合此多方的因素，才能促使他以其紮實的學識，沉著的判斷，中立的喜好，配合高邁的歷史意識，銳敏的歷史自覺，在時代與社會結構的影響下，發憤著述，終在唐中宗景龍四年（710）撰就了這部足以反映中國過去長綿的史學傳統與成就，[40]兼能啟示後世史學發展軌跡的千古史評名作──《史通》。

39　程千帆，《史通箋記‧凡例》（北京：中華書局，1980）：「雖《史通》以前，尚無專著，然自《春秋》凡例以下迄於《文心‧史傳》之篇，一鱗一爪，何莫非子玄之所取資？治劉書者固不容忽也。」

40　《史通‧原序》：「嘗以載削餘暇，商榷史篇，下筆不修，遂盈筐篋。於是區分類聚，編而次之。……于時歲次庚戌，景龍四年，仲春之月也。」故可知《史通》之撰成，亦非一時也。估計從長安三年（703）已開始編述，至中宗龍四年（710）克成，前後約費七、八年光景。不過，師大邱添生教授細查原書，以為時間當較原先為長，請參氏著〈劉知幾的《史通》與史學〉，《國立臺灣師範大學歷史學報》第 9 期，頁 56-57。

試論劉知幾史學思想的本源[*]

一、前言

　　盛唐史官劉知幾一生擔任史官史職將近三十年，撰作等身。惟今存劉氏之遺文，捨《史通》一書外，所餘已無幾。[1]故今日研究劉氏之史學者，大都以《史通》為基礎。

　　《史通》本質上是一部評史的論作，同時也是中國史學單獨成書以全面評史的第一本著作，[2]在史學的發展史上，構成一極為顯

---

* 本文原刊於《史學評論》第 8 期（臺北，1984.10），頁 1-57。

1　劉氏擔任史職，詳可參《史通‧自敘》篇（臺北：華世出版社釋評本，1981）及《舊唐書‧本傳》（臺北：鼎文書局，1979）：「子玄掌知國史，首尾二十餘年，多所撰述，甚為當時所稱。」至於擔任史職期間，曾自撰有五書：《劉氏家乘》、《劉氏譜考》、《睿宗實錄》、《劉子玄集》、《史通》。合修者有七種：《三教珠英》、《姓族系錄》、《唐書》、《高宗後修實錄》、《中宗實錄》、《則天大聖王后實錄》及《文集》、《睿宗實錄》。餘存遺文則有：〈思慎賦〉、〈應制表陳四事〉、〈衣冠乘馬議〉、〈孝經老子注易傳議〉、〈重論孝經老子注議〉、〈上蕭至忠論史書〉、〈答鄭惟忠史才論〉、〈昭成皇太后哀冊文〉、〈儀坤廟樂章〉。所遺散見於《唐會要》、《全唐文》、《全唐詩》等書中。

2　關於歷史批評，一般可分為「史評」與「書評」兩種。史評起源甚早，書

凸的里程碑，其意義所在，十分重大；書成之後，正負兩面的批
評即不斷湧現，顯示出後來學者研究《史通》的多樣性，不很一
致。*3*

評則較遲。有關書評方面，自來史家多以《史通》為第一部史評專著，請
參甲凱，〈歷史評論與歷史精神〉，《中華文化復興月刊》11：7。章實
齋《校讎通義》外篇〈史考摘錄〉也云：「至於諸家蔚興，短長互見，遂
有專門討論，勒成一書，若劉氏《史通》是也」，有許史評專著自《史
通》始的意思。另浦立本教授亦云在他所能見到的任何語文當中，《史
通》是第一本有關歷史寫作的論述。請參 W. G. Beasley and E. G.
Pulleyblank eds., *Historians of China and Japan.* (London: Oxford Univ. Press,
1961), p.136.

3

	人物	正面	負面	備註
1	徐堅	居史職者，宜置此書於座右。		《舊唐書》卷102。
2	柳璨		妄誣聖哲（判辭計有五十篇之多。）	《史通析微》，收在晁公武《郡齋讀書志》合志卷1。
3	宋祁		知幾以來，工訶古人，而拙於用己。	《新唐書》〈劉子玄傳贊〉。
4	焦竑	余觀知幾指摘前人極其精核，可謂史家之申韓矣；	然亦多肆譏評，傷于苛刻。	《焦氏筆乘》卷3。
5	胡應麟		《史通》之為書，其文劉勰也；而藻繪弗如；其識王充也，而輕訶殆過。	《少屋山房筆叢》卷5〈史書古畢一〉。

6	郭延年	考究精覈，義例嚴整，文字簡古，議論慨慷，《史通》之長也。	薄堯、禹而貸操、丕，惑春秋而信汲冢，訶馬遷而沒其長，愛王劭而忘其佞，高自標榜，前無賢哲，《史通》之短也。	《史通・別本序》
7	王惟儉	因黃太史有云：論文則《文心雕龍》，評史則《史通》，二史不可不觀，實有益於後學。		《史通・別本序》
8	黃叔琳	觀其議論如老吏斷獄，難更平反；如夷人嗅金，暗識高下；如神醫眼，照垣一方，洞見五藏癥結，間有過執己見，以裁量往古，泥定體而少變通，如謂《尚書》「為例不純」，史論「淡薄無味」之類。然其薈萃搜擇，鈎鈲排擊，上下數千年，貫穿數萬卷，心細而眼明，舌長而筆辣，雖馬班亦有不能自解免者，何況其餘。書在文史類中，允與劉彥和之《雕龍》相匹。徐堅謂史氏宜置座右，信也。		同上則

9	蔡焯	況《史通》之為書也。群史牢籠，全書吐納，畛塗遼濶，節目棼繁，則必以見，遠之明者察焉，則將有無礙之辯者通焉。 書不必醇，書惟其至於至；居巢劉氏之《史通》是也。		《史通通釋·舉例》 同上則
10	章學誠		劉知幾得史法，而不得史意，此余《文史通義》所為作也。	《和州志·志隅自序》
11	錢大昕		厘公十年冬，大風雪，劉知幾議此條以為「科條不整，尋繹難知。」蓋知幾所見本誤雪以為電，因據誤文妄生駁難。	《三史拾遺》卷3〈漢書五行志條〉
12	王鳴盛		差謬、苛碎。	《十七史商榷》卷100
13	紀昀		自信太勇，立言又好盡。而偏駁太甚，支蔓弗翦者，亦往往有之，使後人病其蕪雜，罕能卒業，併其微言精意，亦不甚傳，則不善用其長之過也。	《史通削繁·序》
14	四庫全書總目	子玄於史學最深，又領史職幾三十年，更歷書局亦最久，其貫穿古今，洞悉利病，實非後人之所及。		《史部·史評類》卷88

15	梁啟超	自有史學以來，二千年間得三人焉，在唐為劉知幾，其學說在《史通》。		《中國歷史研究法》
16	內藤湖南 (1866-1934)	劉氏識見高卓，鄭樵章學誠多受其影響，乃史論之大家。		《支那史學史》
17	陸懋德	唐人劉知幾作《史通》內外篇，是專言方法之始，內篇以論史體，外篇以評史料，其言備矣。		《史學方法大綱·自序》
18	翦伯贊	論大道，則先論衡而後六經；述史觀，則反天命而正人事；疑古史，則黜堯舜而寬桀紂；辨是非，則貶周公而恕管蔡；評文獻，則疑《春秋》而申《左傳》；敘體裁，則恥模擬而倡創造；此其所以為長也。	其論「本紀」，則貶項羽而尊吳蜀；評「世家」，則退陳涉而進劉玄；此又其所以為短也。	《中國史學史論集》第二輯（國際文化服務社出版）
19	呂思勉	能謹守條例是其長。 劉氏論事，長在精覈。	實未通天然之條例，而妄執不合之條例，以繩墨人，是其短。而其短處，則失之拘泥武斷。	《史通評》（兩則皆見〈浮詞〉篇）
20	錢穆		《史通》只論史書史法而無史情史意，薄是《史通》最大的缺點。	《中國史學名著①》

　　這種論者見解的差異性是因㈠《史通》內在的本質而有？抑或因㈡各家操持的研究方向不盡相同，而致使結果的評判也顯見複雜？對於後者而言，似是可以肯定的。自唐末柳璨的《史通析微》專糾《史通》妄誣聖哲以來，歷朱明以迄今茲，也有多家對《史通》有獨到的研究成果。舉例而言，如盧召弓的《史通校正》，在校讎方面甚見精緻；浦二田的《史通通釋》，在註釋方面貢獻厥偉；紀曉嵐的《史通削繁》，在評論方面用意刻深，俱是子玄的知己諍友。[4]近之學者研索《史通》，方面更廣更深，許多地方都能發覆前人所未及，如余嘉錫、陳漢章、楊明照、彭仲鐸、程千帆諸

21	浦立本（E. G. Pulleyblank）	中國歷史批評主義的第一本名著		*Historians of China and Japan* (London 1961)
22	余英時		說實在的，劉知幾決非章實齋之比。《史通》所觸及的問題，始終未能邁出撰史體裁的範疇。	《歷史與思想》（頁208-209）
23	楊翼驤	劉知幾較章學誠有實學，且人品較佳。		《中國史學史論集(二)》

上列 20 餘學者之見，可知對《史通》的論評不一。

[4]　盧文弨《史通校正》，在臺灣藝文印書館百部叢書《群書拾補》初篇之中；浦起龍《史通通釋》，則有世界書局四部刊要本（1956），文海出版社聚珍版仿宋景印本（1964）與臺灣中華書局、臺灣藝文印書館、九思出版公司（1978）、里仁書局等本子，與上海古籍出版社之新校本《史通通釋》上下冊大致相仿；臺北華世出版社則有 1975 與 1981 兩種版本。紀昀之《史通削繁》（臺北：廣文書局，1963）。

學者所著，[5]多關涉考訂，特稱精審，嘉惠後學良多。至於專論、概論或年譜之類，今一般書目可見者即不下數十種，成績相當可觀，[6]然由於研究取徑（approach）互異，故論見也分霄壤。以是亦擬不揣嫠質，願效諸前輩碩學，對《史通》作一番諦視工夫，以探前者的內在本質。

　　《史通》既是劉氏一生最重要的著作，其治學精神之體現，即完全在於此書。在劉氏晚年尚未撰作《史通》之前的大部分生涯裏，劉氏在其內的理念中，已長期地積累凝聚史冊史事應然的歷史型式，終至最後才有《史通》的傳世，[7]因此掌握並且梳理其內在的理念，無疑對於劉氏史學思想的勾勒，是一項重要且基本的工

5　余氏有《余嘉錫論學雜著》（上海：中華書局，1977）；陳氏有〈史通補釋〉，《史學雜誌》第 1、2 卷；楊氏有〈史通通釋補〉，《燕京大學文學年報》第 6 期；彭氏有〈史通增釋〉，此據羅常培序所引，未見其書。羅序刊於《圖書季刊》新 5 卷第 4 期；程氏有《史通箋記》（北京：中華書局，1980）。

6　如楊家駱主編，《唐史資料整理集刊》（中華學術院中華學術史研究所唐史座談會編刊，1971）；余秉權編，《中國史學論文引得正、續篇》兩冊（哈佛大學哈佛燕京圖書館出版，1970）等等。然而有下列諸文，目今很難一得，計有李亞昆，〈劉知幾史學舉誤〉，《國學月刊》1：5，1935.7，無錫國專修學校自治會出版；黎子耀，〈劉知幾思想述評〉，《思想與時代》第 30 期，1944.1；遠齋〈唐代史家劉知幾〉，刊《藝林叢錄》第 4 期，1964.4；佚名，〈劉知幾〉，《江蘇研究》1：1，1935.6；王家吉，〈劉知幾文學的我見〉，《晨光》1：1。又，楊守敬與向承周兩氏各有〈批校史通〉；傅振倫也有《劉知幾之史學》一書（一名「史通之研究」），都八萬言，凡十章，北大一院號房及景山書社代售。可惜此地皆難覓得，不免遺憾。

7　請參拙作，〈劉知幾的重要生平與《史通》的撰成〉，《弘光護專學報》第 12 期（臺中，1984.6），頁 41-47。

作，本文之草擬，即著眼於此，並試以下列的「通識觀念」「批判精神」「懷疑精神」「進步意識」四項分別提敘其理念之運作，冀於劉氏史學的圖像，可獲得初步的認識。

二、通識觀念

劉氏在《史通》所寓之精神，可由書名之號稱「通」字得到一些思考的線索。此處即循此來審視劉氏對「通」的意會。對廣義的歷史要求通貫，並不自劉知幾始。《史通‧自敘》篇曾提及：

> 昔漢世劉安著書，號曰《淮南子》。其書牢籠天地，博極古今，上自太公，下至商鞅。其錯綜經緯，自謂兼於數家，無遺力矣。然自《淮南》已後，作者無絕。必商榷而言，則其流又眾。蓋仲尼既沒，微言不行，史公著書，是非多謬。由是百家諸子，詭說異辭，務為小辨，破彼大道，故揚雄《法言》生焉。儒者之書，博而寡要，得其糟粕，失其菁華。而流俗鄙夫，貴遠賤近，傳茲牴牾，自相欺惑，故王充《論衡》生焉。民者，冥也，冥然罔知，率彼愚蒙，牆面而視。或訛音鄙句，莫究本源，或守株膠柱，動多拘忌，故應劭《風俗通》生焉。五常異稟，百行殊執，能有兼偏，知有長短。苟隨才而任使，則片善不遺，必求備而後用，則舉世莫可，故劉劭《人物誌》生焉。夫開國承家，立身立事，一文一武，或出或處，雖賢愚壤隔，善惡區分，苟時無品藻，則理難銓綜，故陸景《典語》生焉。詞人屬文，其體非一，譬甘辛殊味，丹素異彩，後來祖述，識昧圓通，家有詆訶，人

相倚摭，故劉勰《文心》生焉。

可知其中的《論衡》《風俗通》《人物志》《文心雕龍》等書，無一不在治學精神上從「通」字上下功夫；[8]即使上溯《史記‧太史公自序》上所說的「究天人之際，通古今之變，成其一家之言」亦然。甚至更可進一步地推演到周易的「觀其會通」和書教上的「疏通致遠」之意。[9]而劉知幾所說的「通」，也有他個人的特殊見地，不與前述諸書同依葫蘆。本節之主旨即專在通字上闡述其見解，並由此認識進而展開研索劉氏個人史學思想大要的工作。

　　由上之引文，可知《史通》是一本「以史為主，而餘波所及，上窮王道，下掞人倫」的書，故其能「總括萬殊，包吞千有」。[10]實際而言，《史通》在形式上有略近於《淮南子》的「牢籠天地，博極古今」。在內容上和精神上，又吸取了揚雄《法言》的傳統，反對詭說異辭。也繼承了王充的《論衡》，攻擊欺惑牴牾。躡武應劭的《風俗通》，袪除拘忌。並吸收劉劭之辨材識賢與兼偏長短。也接受陸景《典語》之品藻賢愚善惡和劉勰《文心》之評論古今文章等等見解。所以劉氏在後來撰作《史通》的理論上，才具備了哲學的精神層面來闡明其史學主張。

　　劉知幾之講究「通」，主要在於「上窮王道，下掞人倫」，這

8　劉氏之後，所謂「十通」蓋亦取其意焉。而後世學者講「通」者，又以鄭漁仲之《通志‧二十略》及章實齋之《文史通義》最著。

9　《易‧繫辭上傳》：「聖人有以見天下之動而觀其會通，以行其典禮。」〈下傳〉：「易窮則變，變則通，通則久。」另《史通釋評‧六家》：「孔子曰：『疏通知遠，《書》教也。』」頁7。

10　《史通釋評‧自敘》，頁337。

與司馬遷要「究天人之際，通古今之變」，在一定意義上確有其相通之處。關於司馬遷的這句名言，其所負有崇高意涵，不是本文所擬闡述的，其詳細意義，近之學者徐復觀、阮芝生等諸位先生，已有很精到的見解，此處似可不必贅言其旨。[11]倒是劉氏所懸之「通」與司馬氏之「通」的關聯性，是有待尋出的。《史通・自敘》篇是研究劉知幾之經歷、心境、《史通》之目的、《史通》內容之要略和著作經過的一篇重要作品，但整篇之中，無法直接看到劉知幾自述與《史記》的關係。蓋《史記》是一部經典著作，劉氏幼時即繼《左氏》之後就捧讀它的一部書。[12]對於司馬遷之「拾遺補藝，成一家之言，厥協六經異傳，正齊百家雜語」的精神，不會不受到某種程度的影響。《史通・六家》篇云：

> 史記家者，其先出於司馬遷。自五經間行，百家競列，事迹錯糅，前後乖舛。至遷乃鳩集國史，採訪家人，上起黃帝，下窮漢武，紀傳以統君臣，書表以譜年爵，合百三十卷。

在〈二體〉篇又云：「《史記》者，紀以包舉大端，傳以委曲細

11　阮芝生，〈試論司馬遷所說的「通古今之變」〉，《沈剛伯先生八秩榮慶論文集》，1976 年。另可參氏之〈司馬遷的史學方法與歷史思想〉（臺北：臺灣大學歷史學研究所博士論文，1972）。徐復觀，〈論史記〉，《大陸雜誌》第 55 卷第 5、6 期（1977.11、12），並有獨到的見解。徐阮兩先生文又收在杜維運、陳錦忠同編之《中國史學史論文選集》（臺北：華世出版社，1980）第 3 冊，頁 73-184 及 185-223。

12　由《史通釋評・自敘》：「先君奇其意，於是始授以左氏，期年而講誦都畢。……次又讀史、漢、三國志。……」可知。見頁 333。

事，表以譜列年爵，志以總括遺漏，逮於天文、地理、國典、朝章、顯隱必該，洪纖靡失。」這都是從「通」上著眼，推許司馬遷的。劉知幾還說：「且漢求司馬遷後，封為史通子，是知史之稱『通』，其來自久。博采眾議，爰定茲名。」[13]更可看出劉知幾之《史通》命名所本受有司馬遷的影響，而事實上，我們還可體會出劉知幾多少是自比於司馬遷的。

　　然而從另一方面來說，《史通》批評《史記》及論列其失之處，為數頗為不少，[14]可見劉知幾未必完全滿足於自期之唐代的司馬遷。他認為《史記》無法與《春秋》相比：

> 至太史公著《史記》，始以天子為本紀，考其宗旨，如法《春秋》，自是為國史者，皆用斯法。然時移世異，體式不同，其所書之事，皆言罕褒諱，事無黜陟，故司馬遷所謂整齊故事耳，安得比於《春秋》？[15]

他最終的目的，仍是要向孔子的《春秋》看齊。

> 昔仲尼以睿聖明哲，天縱多能，睹史籍之繁文，懼覽者之不一，刪《詩》為三百篇，約史記以修《春秋》，贊《易》道以黜八索，述〈職方〉以除九丘，討論墳、典，斷自唐、

13　見《史通·原序》，而司馬遷後，被封為史通子，是在王莽之時。

14　《史通》內篇卷 1〈六家〉、卷 2〈二體〉，外篇卷 16〈雜說上〉……等等諸篇皆列有史記之缺失處。或參管雄，〈史通論史記語抄撮〉，《浙江省圖書館館刊》4：3，1935.6，頁 1-13。

15　《史通釋評·六家》，頁 8。劉氏看法，可待深論。

虞，以迄於周。其文不刊，為後王法。自茲厥後，史籍逾
多，苟非命世大才，孰能刊正其失？嗟予小子，敢當此任！
其於史傳也，嘗欲自班、馬已降，訖於姚、李、令狐、顏、
孔諸書，莫不因其舊義，普加釐革，但以無夫子之名，而輒
行夫子之事，將恐致驚末俗，取咎時人，徒有其勞，而莫之
見賞。所以每握管嘆息，遲回者久之。非欲之而不能，實能
之而不敢也。[16]

他自認可以「出手眼釐定群史，志擬《春秋》」，[17]只是他沒有夫
子之名來行夫子之事，而深恐取咎於流俗鄙夫。這是他深引為憾
的，但同時卻道出他真正的願望。他所要求的「通」，本是要刪定
司馬遷以下的史書，上繼孔子，成不刊之典的。然而在唐代的前
期，由於史館制度的成立，監修制度的限制以及其官職的束縛，他
不能不退而只寫《史通》，而把他的美志侷限在對古今史書的評論
上。

　　上追《春秋》，是史家的最高理想；《春秋》所代表的意義，
歷經時代的轉換，已不限於孔子個人「述而不作」的成就而已，而
變成中國史學優良傳統的源頭。[18]司馬遷通古今之變後所得的結

16　《史通釋評·自敘》，頁 334-335。

17　浦起龍氏〈自敘〉篇之按語，頁 335。

18　章學誠《文史通義》（臺北：華世出版社，1980，新編本）外篇一〈立言
　　有本〉：「史學本於《春秋》」，頁 207。另內篇四〈答客問〉亦有：
　　「史之大原，本乎《春秋》」，見頁 138。

論，歸本於《春秋》，[19]上引劉知幾之自白，亦作追源《春秋》，以孔子自況之言；後世之史家，多不外若是。[20]司馬遷能成《史記》，綜述數千年史事而自成一家之言，在劉知幾所處之時代變成一種不可能實現的願望，因此他採取與司馬遷不同路線的方法，也就是綜評古來迄唐為止之史書，撰成《史通》，來追求達成他上追《春秋》的希望與理想。在求會通人類歷史這一件事情上，劉知幾與司馬遷的手段是不同了，但目的仍然一般。

　　劉知幾所講究的通是「通識」的意思。《史通》內篇〈鑒識〉第十六說：「夫人識有通塞，神有晦明，毀譽以之不同，愛憎由其各異。」點出了《史通》全書凡 83352 字的宗旨，[21]也就是通識是該書的主要課題之一。然而此篇（鑒識）所言，是專以史籍與作者之廢興窮達而立言的。這點正可與前面所說的《史通》是「以史為主」（〈自敘〉篇）相匯通。劉知幾之《史通》在闡明其治史的通識，惟透過古今史書之評論始得而見之。

　　然通識之具體內容是什麼？劉知幾懸之為的並非只是空口號而已，必待鉤稽之而後始可確切明白其涵意。循前而論，劉氏對通識的看法乃建立在他的史才論和直筆論。[22]今試就此兩方向析論之，

19　參阮芝生，〈試論司馬遷所說的「通古今之變」〉一文最後一節，《沈剛伯先生八秩榮慶論文集》，1976 年。

20　後世章實齋亦然，見《文史通義》內篇四〈釋通〉〈答客問上〉。

21　《史通・原序》中之舊注。浦起龍按：字數今不可定，姑仍舊本存之，見頁 31。

22　採參白壽彝，〈劉知幾的史學〉，《北京師範大學學報》1959 年第 5 期；稻葉一郎，〈史通淺說──唐代史官の史學理論──〉，《東洋史研究》22：2，昭和 38 年；井貫軍二，〈劉知幾の史才三長について〉，《史學研究》11：3。

而首論史才。曾有：

> 禮部尚書鄭惟忠嘗問子玄曰：「自古以來，文士多而史才少，何也？」對曰：「史才須三長，世無其人，故史才少也。三長，謂才也，學也，識也。夫有學而無才，亦猶有良田百頃，黃金滿籯，而使愚者營生，終不能致於貨殖者矣。如有才而無學，亦猶思兼匠名，巧若公輸，而家無楩柟斧斤，終不果成其宮室者矣。猶須好是正直，善惡必書，使驕主賊臣所以知懼，此則為虎傅翼，善無可加，所向無敵者矣。脫苟非其才，不可叨居史任，自夐古已來，能應斯目者，罕見其人。」時人以為知言。[23]

這是以「才」「學」「識」三者為史才所必須兼備的條件。他「雖標出三種三長處，但未加以解釋，如何才配史才、史學、史識，他不曾講到」，[24]梁任公乃為之一一疏解。對於「史學」，任公以為先要求專精於所興趣的一門，然後再涉獵其他知識，以觸類旁通。其具體辦法在涉獵方面要多隨意聽講讀；在專精方面則需：㈠勤於抄錄；㈡練習注意；㈢逐類搜求。關於「史識」，任公解為「歷史家的觀察力」，史家當有何種觀察力，又如何去養成正確觀察力，他以為需要以局部與全部雙線互貫地去看任何一種事情，把來源去

23　劉氏此論未見於《史通》，而見之於《舊唐書·劉子玄傳》，頁 3173，並《唐會要》卷 63。

24　梁啟超，《中國歷史研究法補編》（臺北：臺灣中華書局，1973，臺三版），頁 13。

脈都考察清楚。「來源」由時勢及環境造成，影響到局部的活動。「去脈」由一個人或一群人造成，影響到全局的活動，其間關聯必須掌握住。不過在養成「史識」時，尚須注意㈠勿為因襲傳統的思想所蔽，㈡勿為自己的成見所蔽，才容易達成。至於有關「史才」，任公指為作史的技術層面而言，具體的步驟在於能熟悉史料之翦裁與排列，並且講究文采的簡潔與飛動。[25]任公本身或是三才兼具之人，故闡之甚明且易於會心。事實上，劉知幾所謂三長，自孟子已肇其端。[26]後來班孟堅替子長作傳時曾說：「然自劉向、揚雄博極群書，皆稱遷有良史之材，服其善序事理，辨而不華，質而不俚，其文直，其事核，不虛美，不隱惡。」[27]范蔚宗為班固作傳亦稱：「固文贍而事詳」「然其論議常排死節，否正直，而不敘殺身成仁之為美。」[28]其自序《後漢書》則又說：「常恥作文士，（與劉知幾同）……常謂情志所托，故當以意為主，以文傳意，以意為主，則其旨必見，以文傳意，則其詞不流。」[29]劉知幾所謂的史才，相當於范、班所謂的「文」，是任公的作史技術也；劉知幾所說的史學，相當於前賢所謂的「事」，也就是任公之智識的說法；劉知幾所說的史識，相當於班固所謂的「不虛美，不隱惡」和范曄

25　梁啟超，《中國歷史研究法補編》，頁 16-28。

26　《孟子・離婁下》：「孟子曰：『王者之迹熄而詩亡，詩亡然後春秋作。晉之乘，楚之檮杌，魯之春秋一也。其事則齊桓、晉文，其文則史。孔子曰：其義則丘竊取之矣。』」

27　《漢書・司馬遷傳・贊》（臺北：世界書局新校本，1974）第 4 冊，頁 2738。

28　《後漢書・班固傳》（臺北：世界書局新校本，1974）第 2 冊，頁 1386。

29　《宋書・范蔚宗傳》（臺北：鼎文書局，1980），頁 1830。

所謂的「論議」和「意」；也就是任公的觀察力。三者之中，劉氏最重「識」，蓋才、學都不能離識。也就是：

> 假有學窮千載，書總五車，見良直而不覺其善，逢牴牾而不知其失，葛洪所謂藏書之箱篋、五經之主人。而夫子有云：雖多，亦安用為？其斯之謂也。[30]

這段話的意義在於史材的搜集，貴乎廣博，必有史識以慎其擇史事方可謂之。[31]這就是《史通》講究通識的具體內容。

其次論述劉氏之直筆論。史事貴乎得實，而欲求得實，其事極難，求其實而不得，此無可如何之事也。真偽並陳，識有不及，遂至舍真而取偽，此亦無可如何之事也。[32]這兩者都不在論列的範圍之內。此處所說的直筆，是事實俱在，識力也非不及的情況之下而致所寫史事，反不是可以徵信之實錄。知幾對於這點，要求甚嚴，《史通‧直書》與〈曲筆〉兩篇即專論直筆。同樣的看法，還可散見他篇，知幾如此重視，確可引為寫撰歷史或身為史家的第一要義，殆無可置疑。欲通王道人倫者，舍此無由。劉知幾云：

> 蓋烈士徇名，壯夫重氣。寧為蘭摧玉折，不作瓦礫長存。若

30　《史通釋評‧雜說下》，頁634。

31　《史通釋評‧採撰》之旨意也。浦起龍於該篇末按云：「劉子嘗言作史三難，首尚學識，即此可以證其本領。」頁140。並參傅振倫，《劉知幾年譜》（臺北：臺灣商務印書館，人人文庫本，1967），頁109。

32　呂思勉，《史通評》（臺北：臺灣商務印書館，人人文庫本，1971，臺二版）〈直書〉篇之評，頁41-42。

南、董之仗氣直書，不避強禦；韋崔之肆情奮筆，無所阿容。雖周身之防有所不足，而遺芳餘烈，人到於今稱之。與夫王沈《魏書》，假回邪以竊位，董統《燕史》，持諂媚以偷榮，貫三光而洞九泉，曾未足喻其高下也。[33]

此謂直筆為史家的忠實責任，不允許為任何權勢所變更。他又說：

其有舞詞弄札，飾非文過，若王隱、虞預毀辱相凌，子野、休文釋紛相謝。用舍由乎臆說，威福行乎筆端，斯乃作者之醜行，人倫所同疾也。亦有事每憑虛，詞多烏有；或假人之美，藉為私惠；或誣人之惡，持報己仇。若王沈《魏錄》濫述貶甄之詔，陸機《晉史》虛張拒葛之鋒，班固受金而始書，陳壽借米而方傳。此又記言之奸賊，載筆之凶人，雖肆諸市朝，投畀豺虎可也。[34]

上引話說得相當激烈，人或以之攻訐知幾的人品，[35]我們倒可由它來肯定劉知幾對直筆乃史家之神聖責任的期望，乃是存不稍苟且之心的。

同樣的心情，同〈曲筆〉篇他在批評唐代以前諸史的不是之處後，也對當代的某些史臣發出撻伐之聲。他說：「至如朝廷貴臣，

---

[33]　《史通釋評・直書》，頁 228-229。

[34]　《史通釋評・曲筆》，頁 232。

[35]　如宋祁「工訶古人」之語，《新唐書・劉子玄傳・贊》（臺北：鼎文書局，1979），頁 4520-4523。

必父祖有傳,考其行事,皆子孫所為,而訪彼流俗,詢諸故老,事有不同,言多爽實。」最有名的例子是許敬宗、牛鳳及對唐初史事的諸多纂偽,[36]今世學者根據同時代溫大雅之書以及其他史籍,已考出甚多偽作。[37]即在劉知幾之時,也指斥許敬宗為「或曲希時旨,或猥私憾,凡有毀譽,多非實錄」,[38]劉同時也指牛鳳及為「狂惑」,[39]「凡所撰錄,皆素貴私家私狀」。[40]

不僅如此,〈浮詞〉篇也說:「輕事塵點,曲加粉飾,求諸近史,此類尤多。」〈言語〉篇曰:「後來作者,通無遠識。記其當世口語,罕能從實而書。」〈敘事〉戒妄飾曰:「史臣撰錄,亦同彼文章,假託古詞,翻易今語。潤色之濫,萌於此矣。降及近古,彌見其甚。」這些篇章,與〈直書〉〈曲筆〉之旨蓋同,劉氏都是以史事貴直的標準對當代史臣作出要求。當然,以劉氏標準之高與要求之嚴,他不可避免地是要發出一種幾近於怒吼之聲了。另外在〈採撰〉篇論有前史採撰之失五端曰:「借詞誣䛒詭妄之失」、

36　《史通釋評·史官建置》:「……許敬宗之矯妄,牛鳳及之狂惑,此其善惡尤著者也。」卷 12〈古今正史〉:「許敬宗所作紀傳,多非實錄」又「牛鳳及以暗聾不才而輒議一代大典。凡所撰錄,皆素貴私家行狀,而世人敘事,罕能自遠;或言比興,全類詠歌;或語多鄙樸,實同文案;而總入編次,了無釐革。其有出自胸臆,申其機杼,發言則嗤鄙怪誕,敘事則參差倒錯;故閱其篇第,豈謂可觀;披其章句,不識所以。」頁 431-432。

37　李樹桐師,〈李唐太原起義考實〉、〈論唐高祖之才略〉等文即是,收於《唐史考辨》(臺北:臺灣中華書局,1979,臺三版)一書之內。

38　《史通釋評·古今正史》,頁 431。

39　《史通釋評·古今正史》,頁 431。

40　《史通釋評·古今正史》,頁 431。

「載喜恢諧小辯之失」、「廣錄神鬼怪物之失」、「謬徵偏狹志乘之失」、「妄信傳聞訛言之失」。[41]在〈因習〉、〈摸擬〉、〈邑里〉等篇，也有相似的評論，在此可以不必多舉。

　　從上面的說明，可知直筆常會因習摸擬，依據謬誤和徇情曲筆而大打折扣，導致撰注的不實。[42]由於對史實不清楚和史識不夠的編纂撰述，不予論列外，針對唐前諸史書之撰述人而立此言，劉知幾提出直筆的要求，無疑是要求任何史事撰述者在內心除要不畏強勢之外，就是心術的公正了。劉知幾深斥魏收之《魏書》為穢史，就是因為魏心術不端的原故。劉氏屢讚王劭「抗詞不撓，可以方駕古人」[43]即在於王劭有直筆如若南、董。又如《左氏春秋》，劉歆評之曰「是非不謬於聖人」也就是心術端正的原故。然而劉氏雖然對於心術公正，秉筆直書非常重視，但卻不曾提出「史德」之字眼。史德的提出，要落在後劉氏約千年之久的章實齋的《文史通義》一書了。[44]史德是章氏在劉氏奠下的基礎上提出的，並非平地忽起的高樓，章氏未明揭其論乃源自劉氏之啟迪，反說劉氏只知史法不知史德，故宜楊翼驤糾其過失。[45]然而若以章氏之史德併入於劉氏之史才難兼三長論中，而謂劉氏本有此論，則顯然忽略時間與人物兩項因素之影響，亦難以見其真。故筆者以為史之「識」「才」「學」仍屬劉氏獨到的見解，而章氏「史德」，則是三長的

41　《史通釋評‧採撰》，頁 138-139。

42　傳振倫，《劉知幾年譜》，頁 9-11。

43　《史通釋評‧曲筆》，頁 233-234。

44　《文史通義》內篇五〈史德〉，頁 147-149。

45　楊翼驤，〈劉知幾與史通〉，收於《中國史學史論集》（上海：人民出版社，1979），第 2 冊。

延伸，彌補了劉氏史才論的罅隙，而更完整化和明顯化。凡此又能經過近世學者一番努力地闡發兩氏之精意，而與今日之史學思潮相接榫。[46]

　　凡以上所指出的是劉知幾對「通」字的體認與所抱的理想，完全是承襲中國古來史學思想的衍流，但因時代的局限，不得不退而私撰《史通》，只對唐代以前之古今史書做一番總評，而其評判的依據仍是通識之理念也。

> 昔丘明之修傳也，以避時難；子長之立紀也，藏於名山；班固之成書也，出自家庭；陳壽之草志也，創於私室，然則古來賢儁立言垂後，何必身居廟宇，迹參僚屬，而後成其事乎？是以深識之士知其若斯，退居清靜，杜門不出，成其一家，獨斷而已。豈與夫冠猴獻狀，評議其得失者哉？[47]

《史通》的通識，是成劉知幾一家獨斷之學也。《史通》表現出來的獨斷之學，在治學精神上的重要特點，正是前面所述的史才三難論和直筆論。劉知幾在評論古今史書史事，闡述他的觀點時，都著眼於「通」字，並貫徹其理念。

---

[46]　如柳詒徵《國史要義》（臺北：臺灣中華書局，1979，七版）、王爾敏《史學方法》（臺北：東華書局，1977）、許冠三《史學與史學方法》（臺北：萬年青書店，1958）、杜維運《史學方法論》（臺北：華世出版社，1979）皆論及於此，與魯賓遜教授的《新史學》（臺北：文星書店集刊本，1965）所提倡的「史心」有相通處。

[47]　《史通釋評·辨職》，頁328。

三、批判精神

　　前述的「通識觀念」可以說是劉知幾論史的先要條件，譬之以喻，猶人的「神」。[48]準此，則本節之「批判精神」，乃如「髓」也。[49]一統劉氏史學思想的形上結構，一統《史通》之內蘊菁華，兩者俱是《史通》構成的精神原動力，憑此力量，乃可肆而立言，放諸高論，糺舉古今史冊，一一析列，而成其「史家之申、韓」的《史通》。[50]通識觀念於古來的大史家皆具備之，雖有其各人之異同；而批判精神則未必全有，雖有亦多有其程度上強弱之不同。

　　大凡史家批判精神之有無、多寡、強弱，與當時之社會型態關係甚大。約有下列三種情況，史家批判精神大都瀕於殆盡的地步：

　　㈠專制時代政治高壓局面，史家載筆若每事直書，動輒身家不保，或降職遠謫。此類史例歷史所在多有，篇卷隨處可見。故史家每多曲筆阿時，諛言媚主，焉敢稍存批判之心？

　　㈡神權時代思想統制於一隅，生死寵辱，皆為冥漠之主，批判精神常受神權思想或代表神權之機構與組織的強烈控制，無法多方開展；否則一旦違悖，即被視為異端（heresy）。西方歷史，尤其在中古時代最能說明這項史實，於此種情況下，批判精神自會受到嚴重的壓抑。

　　㈢歷史資料尚屬非常短缺的時代，則亦甚難顯示史家的批判能

48　取《淮南子・原道》：「形閉中距，則神無由入也」之意，指神氣、精神而言。

49　髓即骨中之脂，喻《史通》之骨髓也。

50　焦竑，《焦氏筆乘》（上海：上海古籍出版社，1986），卷3，頁96。

力和結果。

　　上項第三則與唐代已有的史書，顯然不能契合。《史通》成書的年代，中國史冊已多到「汗牛充棟」的地步，存者已是如此，若再加上唐代以前即已亡佚而無可確計的圖籍，（尤其秦火以來數厄）恐將是部帙浩繁而無其涯岸了。是故，第三則不適於解說劉氏批判精神的多寡贏盈。相反地，《史通》之成書與劉氏批判精神之蘊積跟歷史客觀條件的成熟，乃是同步運行的。第二則在西洋歷史的影響較為顯著，在中國則較為隱晦，此大致與中國脫離神權的控制甚早有關，故於此可略而不論。而第一則的專制政治情況，則不能說對劉氏批判意識的顯現方式與刺激生長全然無干。

　　在劉知幾弱冠成進士，[51]到五十歲寫成《史通》（中宗景龍四年，710）的三十年之間，其政治環境並非康平，而是統治階層內部互相傾軋鬥爭激烈的局面。由下列的史實，可以說明這個現象。首先，武后於永隆元年（680），廢太子賢為庶人，已是宮廷政變的先兆。繼之，嗣聖元年（684），廢中宗為廬陵王，武后大權獨攬。天授元年（690），武后自立為皇帝，改唐為周。神龍元年（705），張柬之等迫武后讓位，擁中宗復位。神龍三年（708），太子重俊發兵攻宮城，兵敗身死。景龍四年（710），安樂公主毒弒中宗，韋后臨朝。臨淄王隆基於當年十一月起兵，殺韋后，立睿宗。可見這三十年間，經過了數次的宮廷政變，包括其中一次是改朝換代的。

---

51 知幾及進士第在唐高宗永隆元年（AD 680），洪業先生（d. 1979.12.23）據徐松《登科記考》考劉氏中進士時，已過弱冠之年。詳可參洪業，〈韋弦慎所好二賦非劉知幾所作辨〉，《中央研究院史語所集刊》第 28 本，頁 59，註 4 條可悉。

在這同時，武后為鞏固自己的地位，也採取一連串的措施，除軍事上派兵鎮壓反對派之外，政治上亦以嚴刑峻法來對待李唐宗室和擁李大臣，使得宗室零落略盡，即使幼弱者也往往被流謫嶺南之蠻荒遠地；用人方面，也不斷擢升庶族來打擊李唐士族的勢力，所有這些應對反武勢力的措施，幾乎全部是奏功的，因而徐敬業之起兵揚州，琅琊王沖之起兵博州，越王貞之起兵豫州，在武后讓位之前都先後失敗了。[52]

劉氏對這些史事，不是耳聞能詳，即是身歷其時。以劉氏敏銳之思緒與高邁的才情，不可能不發出一點感慨和評隲的；而這些史事對一個歷史意識非常濃厚的劉氏來說，同時也構成一項啟示作用。他親眼看到這些史事的更替無常，不免嘆道：

> 歷觀自古以迄於今，其有才位見稱，功名取貴，非命者眾，克全者寡。大則覆宗絕祀，堙沒無遺，小則繫獄下室，僅而獲免。速者敗不旋踵，寬者憂在子孫。至若保令名以沒齒，傳貽厥於後胤，求之歷代，得十一於千百。[53]

這段話同時也嘆出他對統治階層內部之傾軋迫害乃是古來既存的不爭事實的看法。我們由其文而揣知劉氏之看法是消極且感慨萬千的。事實在整個政治鬥爭的激流中，苟全性命已屬不易，以劉氏的

52　詳《舊唐書》（臺北：鼎文書局，1979），〈中宗本紀〉、〈睿宗本紀〉、〈則天本紀〉。

53　劉知幾，〈思慎賦〉，見李昉等編《文苑英華》（臺北：華文書局，1967），卷93。

個人力量與當時的職卑位輕，又何足作有力的扭轉呢？他只能就歷史淵源，推溯而上，去理解與推廣他的看法而已。就此觀點而言，劉氏歸結初唐政治領導階層內部的鬥爭事實成一普遍性之規律，並以之審度古書上所載古王先哲，也應該是同樣存在的，以致他在〈疑古〉〈惑經〉等篇更進一步地申論他這項見地。關於此者，且留置下文再述。而劉氏轉移其不滿現實政治矛盾性的言論，於焉乃可以深切理解。

　　事實劉氏的批判精神，一如前述之「通識觀念」是必須以歷史事蹟和古今史冊為基礎的。劉氏一生並未在政治上、軍事上立過大功，亦未在其他方面有過輝煌貢獻，除了史學之外。而其於史學有傑出之貢獻，又與他幼時近史之性向，家風之薰染，同道之切磋，有不可脫離的關係。[54]因而我們以古今史籍為主歷史事蹟為次作為根基來闡明其批判精神之運用與表現，應是很切實際的。

　　更重要的，劉氏批判精神的孕育還植基於個人對史學用功極深，而且久領史職之故。這也就是說不管在飽讀史籍的事實或者在實際撰史的經驗上，都使他能夠洞澈古來史籍乃至司馬遷之後有史學以來的利弊良窳；再加上他個人鯁直剛烈，好苛責別人之個性使然，[55]使他的批判精神與能力視當代之史臣為格外豐富，這都是劉氏之批判精神的無形資本。而當時初行之史館制度的成立，上有宰臣監修，又有眾手共成一史與分程立限之規定，深深箝制史氏之直筆撰作，尤致劉氏不能稱意，其痛苦之心情乃言表如下：

54　參拙作，〈劉知幾的重要生平與《史通》之撰成〉，《弘光護專學報》
　　12，頁43-45。即本書首篇。
55　《史通釋評・自敘》，頁337。

> 凡所著述，嘗欲行其舊議，而當時同作諸士及監修貴臣，每
> 與其鑿枘相違，齟齬難入。故其所載削，皆與俗浮沈，雖自
> 謂依違苟從，然猶大為史官所嫉。嗟乎！雖任當其職，而吾
> 道不行，見用於時而美志不遂。鬱怏孤憤，無以寄懷。必寢
> 而不言，嘿而無述，又恐沒世之後，誰知予者？故退而私撰
> 《史通》，以見其志。[56]

更是促成他批判意識昂揚的直接因子。

　　由此而論，劉知幾批判精神完全建立在「實事之中求其所以
是」上，此一原則實際即是一種充滿客觀實證的精神。前面所述，
即是批判精神的「精神層面」部分。此一層面的投影，乃在前述之
歷史事蹟與歷史圖籍的批判之上。所以我們必須再著眼於這份客觀
實證的批判精神之實際應用的層面，在此別名之為「技術層面」。
此一層面，約而分兩方面言之，一是對歷史編纂法的批判，一是對
史館制度的抗議。

　　先論前者。劉氏對歷史編纂法的批判亦鑒「於實事之中求其所
以是」的原則來立言，也就是以劉氏大半生讀史研史乃至撰史的寶
貴經驗中，提紬出規則來，再以此規則去衡度古往今來的史書，劉
氏以其累積數十年功力所提煉出來的規則，散佈在《史通》的內、
外篇中的各個分篇之中，告訴我們寫史當如何寫：例如先定體例，
再循義例撰定「本紀」「表」「志」「世家」「列傳」；基本態度
是「直書」莫「曲筆」，「採撰」要廣，「探賾」宜深；「敘事」
簡要，「煩省」有度，切莫「浮詞」；要用當世「言語」，不可盡

「因襲」往例，「品藻」「人物」，可知「覈才」「辨職」之難等等。劉氏胸有成見，執法甚嚴，故肆而立言之下，古來之名著，多難逃其刻意之評判，舉凡《春秋》、《史記》、諸家《後漢書》、《三國志》、諸家《晉書》、沈約《宋書》、董統《燕史》、李百藥《齊史》……等都被劉氏糾出「該是所是，而未所以是」的缺失，並且指正之，即使劉氏一向讚佩多於貶抑的《漢書》、《左傳》和王劭的《齊志》，也被劉氏另立篇章加以討論，如外篇之〈五行志錯誤〉〈五行志雜駁〉〈雜說上〉〈雜說下〉與內篇之〈補注〉即是針對班固、左丘明與王劭而立篇的。[57]劉氏客觀實證的精神，充分表現於品評史家與史著上。連劉氏訶斥最甚的魏收《魏書》，也有一善可言。[58]故知劉氏批判精神之運用，乃在於當是如何，而是是如何（或近之）時則予善評，否則，譏評之。其評判標準即在於其積數十年功力而成的法則，也就是劉氏心中先通其例，而後才予以評隲的。[59]然而劉氏的批判尺度相當嚴格，由《春秋》、《史記》、《漢書》等等善史在劉氏批判之下也幾致「體無完膚」即可見一斑。劉氏批判古今史冊，其目的倒不是標新立異，或推翻所謂「正史」的型態，而是要透過對自古以來史書的徹底批

---

57 《史通》卷 19〈五行志錯誤〉及〈五行雜駁〉兩篇專評《漢書》；卷 16〈雜說上〉有論《左氏傳》二條；卷 18〈雜說下〉及卷 5〈補注〉篇有論王劭書者；另〈疑古〉、〈惑經〉則專對《尚書》、《春秋》、《論語》而言。劉氏所憑者蓋與「愛而知其醜，憎而知其善」相近。

58 《史通釋評》卷 4〈編次〉篇論《魏書》「志編傳後」之語可知。見頁124。

59 呂思勉《史通評》編次篇評，云：「古人著書，多不自言其例，而後人評騭，則非先通其例，未可輕易下筆者。」頁 24。

判，以確定撰述正史的正確方法。**60**換言之，劉氏就其心目中理想
之寫史形式、態度，以及如何才是一部理想的正史都透過評史的過
程來告訴我們，而不是直接明言。因而《史通》也是劉氏自成一格
的史學思想作品，屬史學方法性質。易言之，也就是如何編述歷史
的性質。劉氏所指示的撰寫態度、方法都頗合今日科學史的要求，
其抽象的方法論（如直筆論），可構成史學理論之一部分；同時，治
史方法及史學理論之具體的技術方面，也可用於歷史敘述（修史）
之中。**61**今日繼梁啟超氏言劉氏之史學合於西方新史學之精神者，
不乏其人，**62**要言之，即本文所論劉氏之批判精神，其落實於編述
歷史之方法論中，有暗合於彼思潮也。

　　次者復論劉氏對史館制度的抗議。史館修史制度，在初唐正式
確立，**63**以後沿為定制，世不之改。劉知幾嘗「三為史臣，再入東
觀」**64**，生平為史官，達二十年以上之久，因而史館制度之利弊，

60　邱添生，〈劉知幾的史通與史學〉，《臺灣師範大學歷史學報》第 9 期，
　　　頁 61-62。

61　徐先堯，〈西洋史學史的涵義與課題〉，《史學彙刊》第 2 期，頁 243-
　　　244。

62　如黃進興，〈論「方法」及「方法論」——以近代中國史學意識為系
　　　絡〉，《食貨月刊》復刊 11：5，1981。

63　金毓黻，《中國史學史》（臺北・鼎文書局，1974 排印本），第六章
　　　〈唐宋以來設館修史之始末〉，頁 111-113。

64　《史通》卷 10〈自敘〉篇原注：「則天朝為著作佐郎，轉左史。今上初
　　　即位，又除著作。長安中，以本官兼修國史。會遷中書舍人，暫罷其任。
　　　神龍六年（705）又以本官兼修國史，迄今不之改。今之史館，即古之東
　　　觀也。」另《史通・原序》亦可詳。故知此三為史臣之「三」字實指，再
　　　入東觀之「再」字虛擬（猶云累入），當分別觀之。後說見程千帆，《史
　　　通箋記》，頁 182。

氏最能參知；官修歷史之甘苦，氏最能體味，故對此制度所發之批判，亦最能深入。劉氏久來即懷有著作「國典」的美志，但在入史局為宦十數年之久，猶未能展其平生之志，以致孤憤鬱懣，屢欲請辭史職，終在中宗景龍二年（708），向當時的監修總領蕭至忠提出辭呈，說明他何以欲去史職而後快？此即有名之「五不可」，對史館制度有相當不滿的抗議，其要旨曰：

㈠古之國史，皆出自一家，故能立言不朽，藏諸名山；而今史局，例取多員，由於編纂官皆各以史家自任，彼此相牽制，每欲記一事載一言，反閣筆相視，含毫不斷，而致曠廢時日，白頭難期。

㈡古代史官所修，載事為博，乃蘭臺公府先有郡國計書；今之史官唯自詢採，以致視聽不該，簿籍難見，無能致博。

㈢古之良史，秉直公朝，地位高超；今之史局，皆通籍禁門，深居九重，轉滋多口，史官皆畏縮邅記難以直書。

㈣古者刊定一史，纂成一家，體統各殊，指歸咸別，是非進退，得自主張；而今史局，例設監修，十羊九牧，言令難從。

㈤史局既設監修，宜定科指，銓分配派，書方期可成；今之監者不授，修者無可遵奉，反致爭學苟且，務相推諉，坐變炎涼，徒延歲月。65

這「五不可」使得蕭至忠「得書大慚，無以酬答」66，唐制史局修史的弊病在劉氏一番古今比照之下，也呈現瘢痕累累。劉氏久

65　《史通釋評・忤時》，頁 700-702。原係劉氏致蕭氏之請辭函。另可參 William Hung, "A T'ang Historiographer's Letter of Resignation in *Harvard Journal of Asiatic Studies*. Vol. 29, No. 1, 1969.

66　《史通釋評・忤時》，頁 704。

在此種體制下工作，自然十分痛苦。其所痛苦者，蓋出於下列兩端：㈠個人夙志之無有得遂之日；㈡自春秋以來私家修史之史學傳統，至此而絕。前者在前面已陸續說明劉氏該項心緒；後者在「五不可」的抗議聲中，也強烈暗示著。章實齋曾云：

> 唐後史學絕而著作無專家，後人不知《春秋》之家學，而猥以集眾官修之故事，乃與馬、班、陳、范諸書並列正史焉；於是史文等於科舉之程式，胥吏之文移，而不可稍有變通矣。**67**

正是劉氏心情痛苦的最佳寫照。劉氏「五不可」的抗議史館制度之設立，並非個人偏見的抒發，以唐代之後官修的正史中，除《明史》因有萬季野的助編泐勒，稍見可觀以外，未有一史足堪與《國志》、《後漢》相匹的，更遑及馬班之《史》《漢》？是以劉氏對官修史局的批判，以「五不可」向監修宰臣提出史學發展路程亮起紅燈的警告，是一項屬於「史學工作者」內在的自覺，也是對久來史學傳統即將面臨滅絕的「文化危機感」。後來章實齋對劉氏所提出對史館的評議，也是附同的態度。其言曰：

> 唐世修書置館局，館局則各效所長也，其弊則漫無統紀而失之亂；劉知幾《史通》揚榷古今利病而立法度之準焉，所以治散亂之癥屬也。**68**

---

67 章學誠，《文史通義·答客問上》，頁139。

68 章氏，《文史通義·說林》，頁127。

　　前面，我們把劉氏痛苦的心情分為兩端。究其實際，亦二而一也，因為第二項對《春秋》以來私家撰史的傳統，因為官局修史的設立而絕止的悲鳴，正是第一項個人夙志的無法兌現，使其撰刊一國不刊之典的美志永遠失落，是同出一轍的。分開來說，是為使劉氏的抗議情緒得到更充足的說明，然而若以之為兩回事，則殊謬矣。章實齋氏即未釐清此點。他說：「劉言史法，吾言史意；劉議館局纂修，吾議一家著述，截然兩途，不相入也。」[69]劉氏議館局纂修，斷送史統，與章氏欲承史統撰就其一家之言，本如上言，是同一事體。章說非是，殆可明矣。[70]

　　然官局修史自唐世確立後更加制度化，後世因之，不復改設，自有其存在之價值。至其有何價值，則已超出本文範圍，姑不具論。總上所言，劉氏之批判精神是以其社會政治與學識為基礎轉化提昇之後才有的，其批評之對象在古今史冊及史事以及唐初確設的官修史館制度之上，而由《史通》做具體的表現。

四、懷疑精神

(一)淵源

　　劉氏的懷疑精神是其「史識」卓越的另一種表現。劉氏在對古今史書史事的評議上，都充分運用了這份能力。這份能力的來源，

69　章氏，《文史通義・家書二》，頁 365。

70　說亦可參程千帆，《史通箋記》，頁 318。又可參傅振倫，《唐劉子玄先生知幾年譜》（臺北：臺灣商務印書館，1982），頁 15。

在他幼時課讀就醞釀豐富，常有異於俗學的特殊見地。[71]另外，主要則係深受孟子與王充兩人的影響。〈疑古〉篇上說：「孟子曰：『盡信《書》，不如無《書》。〈武成〉之篇，吾取其二、三簡。』推此而言，則遠古之書，其妄甚矣！」以古書亡軼及泯沒史實之繁多，可證劉氏的推論不誣。劉氏除欣賞孟子外，還非常讚佩王充的《論衡》，希望別人也能與他同般地熟悉該書。[72]因此，劉氏之〈惑經〉〈疑古〉這兩篇最具懷疑精神的論述，頗有王充〈問孔〉〈刺孟〉之風，乃是可以理解的。[73]於此，我們似可肯定劉知幾之識力銳敏，勇於懷疑，實與讀《孟子》與王充之書的啟發很有關係。而王、劉兩氏更有若干契合之處，甚於其他因素。要之，他倆都不迷信聖經賢傳，雖聖賢如仲尼與丘明，若所載論與事實不能盡符，亦必攻伐之而不稍旁貸。這份精神，除需具備異於常人之識見外，更需有滿膺的道德勇氣，質之當時，並不易做到。[74]

劉氏之疑古書古事，其可貴處是敢疑人之所不敢疑，發人之所

71　《史通釋評・自敘》，頁333。

72　〈自敘〉篇：「儒者之書，博而寡要，得其糟粕，失其精華。而流俗鄙夫，貴遠賤近，傳茲牴牾，自相歎感，故王充論衡生焉。」又〈惑經〉篇云：「昔王充設論，有問孔之篇，雖論語群言，多見指摘，而春秋雜義，曾未發明。是用廣彼舊疑，增其新覺，採來學者，幸為詳之。」語頗剴切肯。

73　〈問孔〉詳《論衡》卷9，〈刺孟〉詳卷11。

74　唐初司馬貞孔穎達等人倡五經正義，蔚成風氣，劉氏嘗數度與司馬氏辯，不為上所重。事文俱見《全唐文》（臺北：大通書局，1979），卷274。高明士先生以當時倡五經正義之說，不異於前漢武帝時之罷黜百家，獨尊儒術。故劉氏之疑古惑經，如無識見與勇氣，實不敢輕易提出。論見〈唐代學制之淵源及其演變〉，《臺灣大學歷史學系學報》第4期。

不敢發,然其疑及發者必有依循,決不托諸空言,無的放矢。而
《史通》〈疑古〉與〈惑經〉兩篇最能尋出其疑古書古事之所憑藉
的精神。今試以該兩文為主,旁以有關之他篇為輔,析論劉氏之懷
疑精神。

(二)內容

劉氏在〈疑古〉篇共提出十疑,分別對《尚書》、《論語》諸
古書所載之事提出質疑並論述其看法。

疑二述曰:「〈堯典序〉又云:「將遜于位,讓于虞舜。」

孔氏注曰:「堯知子丹朱不肖,故有禪位之志。」

疑三則是:《虞書‧舜典》又云:「五十載,陟方乃死。」

注云:「死蒼梧之野,因葬焉。」

一記堯遜位於舜之事,一記舜禪位於禹之事。劉氏根據後出的《汲
冢瑣語》、《山海經》及近古篡奪之實事,指出疑二所載僅是「虛
語」而已。[75]並根據地理志考出疑三之「蒼梧」乃「地氣歊瘴,雖
使百金之子,猶憚經履其途」之地。[76]虞舜以萬乘之君,不太可能
在垂歿之年猶去該地,更何況去時「兩妃不從,怨曠生離,萬里無
依,孤魂溢盡,讓王高蹈」?[77]故揆之人情,實在不可得。惟一可
以解釋得通的,劉氏以為「斯則陟方之死,其殆文命之志乎?」綜
合兩則而言,劉氏認為一般所言舜讓位於禹和堯讓位給舜都是不可
信的,倒是舜被流放至陟方而死與堯被舜放逐於平陽,才是較可信

---

75 《史通釋評‧疑古》,頁458。

76 《史通釋評‧疑古》,頁459。

77 《史通釋評‧疑古》,頁459。

的。[78]

　　疑四曰：「夫唯益與伊尹見戮，並於正書猶無其證，推可論之，
　　　　　如啟之誅益，仍可覆也。」
劉氏以同樣的精神懷疑益於啟的關係，他相信益啟爭奪帝位，益為
啟所殺。劉氏云：

> 《汲冢書》云：「……益為啟所誅。」又曰：「太甲殺伊
> 尹，文丁殺季歷。」凡此數事，語異正經，其書近出，世人
> 多不之信也。……夫唯益與伊尹見戮，并于正書猶無其證，
> 推而論之，如啟之誅益，仍可覆也。何者？舜廢堯而立丹
> 朱，禹黜舜而立商均，益手握機權，勢同舜禹，而欲因循故
> 事，坐膺天祿，其事不成，自貽伊咎。觀夫近古篡奪，桓獨
> 不全，馬仍反正。若啟之誅益，亦由晉之殺玄乎？若舜禹相
> 信，事業皆成，唯益覆車，伏辜夏后，亦猶桓效曹馬，而獨
> 致元興之禍者乎？

　　疑五、疑八、疑九是批評商得國於夏，周得位於殷的傳統說
法。
　　疑五：「《周書·殷祝》：『桀讓湯王位』」云云。
　　疑八：「《論語》曰：『大矣，周之德也。三分天下有其二，猶
　　　　　服事殷。』」
　　疑九：「太伯可謂至德也已。三以天下讓，民無得而稱焉。」
劉知幾對此三則分別論斷為「湯飾讓偽跡」、「虛為其說」、「謬

為其譽」。劉以為湯不可能受桀之禪讓。因為《尚書·湯誓序》
云：「湯伐桀，戰於鳴條。」又云：「湯放桀于南巢，唯有慚
德。」顯然與《周書》之記載有很大的出入。劉知幾說：「（周）
書之作，本出《尚書》，孔父截翦浮詞，裁成雅誥，去其鄙事，直
云『慚德』，豈非欲滅湯之過，增桀之惡者乎？」對於周之得國於
殷商之疑，劉指摘《論語》不應說周有三分之二的天下，仍然臣事
於殷是周的大德，因為這很不合實情。蓋周室當時為殷之諸侯，但
常自行征伐，遽立王號，與春秋之楚、吳僭號而陵天子是類似的。
另疑九的太伯三以天下讓，也是不得已之下，為全身免禍才把天下
拱給季歷，並非有關至德不至德之事。《論語》無乃謬為其譽乎？
在今日寫述有關上古史者，大都未再採信桀禪位於湯之事，也沒有
人不相信商周東西兩方之鬥爭是循序而轉趨激烈，終究對陣於牧野
的。[79]且不管劉氏所據以駁古史事之資料的可靠程度如何，今人對
於這些史事多從劉氏說法，則已是不爭事實。

　　復次，劉氏對於商周嬗代之後所發生的史事，如周公輔政時
期，武庚聯合管蔡叛周，也有他個人的看法。

　　疑七：「議者以武庚功業不成，目以頑民。」

　　疑十：「《尚書·金縢》篇云：『管、蔡流言，公將不利於孺
　　　　　子。』《左傳》云：『周公殺管叔而放蔡叔，夫豈不愛，
　　　　　王室故也。』」

武庚含垢辱生，合謀二叔，徇節三監，雖君親之怨不除，而君子之

---

[79] 有名者如錢穆，《國史大綱》（臺北：臺灣商務印書館，1978 修訂五
版）上、下冊；傅樂成，《中國通史》（臺北：大中圖書公司，1978）
上、下冊都持此論。

誠可見。考諸名教，生死無慚。劉知幾以為不應編名逆黨，目以頑民。劉氏此言，很能不囿於「成敗論英雄」之見，而逾越時代與名教的制限，故此疑甚有見地。至於第十疑，劉知幾更引〈君奭〉篇序：「召公為保，周公為師，相成王，為左右，召公不說。」來攻擊周公當時「行不臣之禮，挾震主之威，迹居疑似，坐招訕謗，雖奭以亞聖之德，負明允之才，目覩其事，猶懷憤懣。況彼二叔者，才處中人，地居下國，側聞異議，能不懷猜，原其推戈反噬，事由誤我。而周公自以不誠，遽加顯戮……斯則周公於友于之義薄矣。」[80]劉知幾認為周公誅管放蔡，是由攬權招疑，而又不能自責，倒反把兄弟殺了，並非是王室安危的問題。劉知幾甚至斥責聖人周公是一個薄於友義的人。[81]

　　除上述數疑之外，劉知幾之懷疑精神表現得十分徹底的是在〈惑經〉篇之中，針對孔子所刪修的《春秋》，他提出「未諭」者凡十二則及為「虛美」者，共五條。這十二未諭甚是繁複，若敘之於此，恐過份蕪累，為簡明計，擇其要記之如下：未諭一二之主旨在弒、卒未辨；三四條則為賢者諱；五為略大存小，理乖懲勸；六七條則以子臣別弒殺；八為本國諱；九則為褒貶沿革無定體；十為書法未明，經傳闕載；十一十二條則是來告而始書，以致真偽雜亂。這十二未諭以質《春秋》倒非故意立論為難孔氏，竊立異取寵之名，而只是「摭其史文」言評，所據亦就事論事而已也。

　　另外，劉知幾亦指出「世人以夫子固天攸縱，將聖多能，便謂

---

[80]　《史通釋評・疑古》，頁 466-467。

[81]　白壽彝，〈劉知幾的史學〉，《北京師範大學學報》1959：5，又收在《中國史學史論集》第 2 冊，頁 79。

所著春秋，善無不備。而審形者少，隨聲者多，相與雷同，莫之指責」，乃權論之而提出五條虛美，以申其見，是如下：

——太史公有云：「夫子為《春秋》。筆則筆，削則削，游夏之徒，不能贊一辭。」其虛美一也。

——左丘明論《春秋》之義：「或求名而不得，或欲蓋而名彰」「善人勸焉，淫人懼焉。」其虛美二也。

——孟子云：「孔子成《春秋》，亂臣賊子懼。」無乃烏有之談歟？其虛美三也。

——孟子云：「孔子曰：『知我者其惟《春秋》乎？罪我者其惟《春秋》乎？』」其虛美四也。

——班固云：「仲尼歿而微言絕」觀微言之作，豈獨宣父者邪？其虛美五矣。[82]

(三)批評與反批評

前述的十二未諭知五虛美都可說是劉氏就歷史事件，針對《春秋》的義例而提出質疑的。結合上面〈疑古〉篇對《尚書》和《論語》的十疑，劉氏變成一些衛道學者的非議目標，似是可以逆見的。唐末柳璨著《史通析微》（釋史）10 卷，就因此認為《史通》犯了下述之不可饒恕的錯誤：「妄誣聖哲，評湯之德為偽迹，論舜之惡為厚誣，謗周公云不臣，褒武庚以殉節，其甚於彈劾仲尼，因討論其舛謬，共成 50 篇。」[83]可以代表一般學者對《史通》的評見。清紀昀之《史通削繁》刪除〈疑古〉全文和五虛美，並削去

82　《史通釋評・惑經》，頁 497-500。
83　收在晁公武《郡齋讀書志》卷 7。

〈惑經〉未諭多則，可謂基於同般的見識。連為《史通》作「通釋」的浦起龍也不盡能接受劉知幾的原意，為他做各種開解。他以為：「十二未諭皆自出之疑，五虛美則摭舊說以為翻案。未諭猶婉約其辭，而虛美則公然指斥，是直罔知忌憚矣。法當絕之，勿使並進者。」[84]除未諭第二，浦氏對十二未諭大致並無惡辭；但對五虛美則甚不以為然。由上文可見一斑。至於疑古之作，浦氏解之為劉氏譏切新莽以迄李唐的嬗代之事，故為之開解曰：「所傷在二姓改玉之交，所影皆九錫升壇之套。其意蓋曰：古聖且蒙疑謗，此事誰容售欺，憑伊借面有辭，至竟隱形無地耳。其所提防，蓋在於此。」[85]

錢大昕則說《史通》全書，都是不滿當時史局而作，他說：「但以祖宗敕撰之本，輒加彈射，又恐讒謗取禍，遂於遷、固已降，肆意詆排，無所顧忌，甚至〈疑古〉〈惑經〉，誹議上聖，陽為狂易侮聖之辭，以掩詆毀先朝之迹，恥異辭以諛今，假大言以蔑古，置諸外篇，竊取莊生盜跖之義」[86]，實在也不能說是知幾的諍友。因為劉氏不滿唐室之設史館，既見於〈自敘〉篇，又著〈忤時〉篇議之，而且他對於唐初敕撰的六史，又復繩愆糾繆，稱心而談，絕無避忌，則錢氏的看法，不攻可以自破。[87]

近世學者陳漢章對〈疑古〉也開解為：

84　《史通釋評‧惑經》篇虛美之釋語，頁 496。

85　《史通釋評‧疑古》浦氏按語，頁 456。

86　錢大昕，《十駕齋養新錄》（臺北：世界書局，1977 再版）卷 13，〈史通〉條，頁 303。

87　程千帆，《史通箋記》，頁 260-261。

　　　　此篇所謂古，實皆言今也。唐初君臣、父子、兄弟，多見慚
　　　　德。劉氏身為臣子，不敢昌言，乃假古以切今，實懲前而毖
　　　　後。如韓非之送難……紀評削去其言，固非劉氏知己。然不
　　　　善讀者，徒執所疑，封其所見，又從而揚其波，拾其唾，卮
　　　　言日出，變本加厲，又為劉氏之罪人，誤人而實自誤。今一
　　　　一以唐事證之，可見劉氏之疑非古事矣。**88**

其用意與浦起龍、錢竹汀之用意沒有很大的差別，不過都是要替子
玄疑古惑經之論曲為開脫。只是陳漢章特別著重在陳古以諷今這一
論點。持這種觀點既不乏其人，除前已對浦錢兩氏之意見，略為抒
解外，我們還有必要再深入觀察陳氏所指之「疑古實即諷今」的意
義，有多少對唐代構成諷刺的成份。

　　從上面「批判精神」裏所引敘的初唐政治背景來看，一連串的
宮廷政變層出不窮，乃至於更早的唐高祖取而代隋，唐太宗的兄弟
相殘，都可成為劉知幾諷刺的對像。如此之論斷，或有某種程度的
道理，但這並非全部。要緊的是我們要了解劉知幾所說的「史識」
在歷史實際中的運用，他指出並堅持了一種不被傳統說法所拘束的
追求真實的態度。這是前述以來，劉氏一直秉承的史事徵實的精
神。故可說〈疑古〉與〈惑經〉的意義，不止在於疑古書古事或停
留在借古諷今的消極層面上，實際上，劉知幾是要藉疑古與惑經
所表現的精神，來追求建立一種史事求真、不畏強禦、不虛美，事

88　陳漢章，〈史通補釋〉，《史學雜誌》第 1、2 卷，後收於《史通釋評・
　　　附錄》，頁 789。

核正直，彰善貶惡的積極態度。[89]是以陳氏所言，也並非全部符合事實的。而陳漢章《史通補釋》成於 1927 丁卯年，正是疑古之古史辨派，指大禹為蟲甚囂塵上的時候，故其所謂「所謂古實皆言今」之語，適足以說明陳氏之解，係受時代環境背景影響很深的明證。[90]

至於另有學者從其他角度來說：「子元本是史才，未通經術，欲以據事直書之例，妄繩受命制作之書，何異北轍南轅，方枘圓鑿。」又：「信傳疑經，為日久矣。其說非子元所獨，亦非瞽儒能解。」[91]強調《春秋》是經，子玄怎可據傳注反譴責經呢？子玄以史度經，只「意圖翻案，弊在昧經」[92]；也有從近世史事之觀點來解釋《春秋》之義，疏通劉氏之惑的。[93]這些都是出於衛護孔子《春秋》作為出發點的。因而論見充斥道德價值之判斷，這點以今日之史學觀點來衡量，已無庸置辯了。[94]何況劉氏的原意在〈惑經〉篇的開頭已經明揭「今惟摭其史文，評之於後」，論者常未鑒及此句而加以非詬，實未得其公允。子玄之解秉持「眾善之，必察

---

[89] 可參閱閻沁恆，〈劉知幾的疑古惑經說與歷史的求真〉，閻先生之文取徑與本文雖不同，但結論大致則無異。見《中央研究院國際漢學會議論文集》（臺北，1981），頁 653-660。

[90] 程千帆，《史通箋記》，頁 260-261。

[91] 皮錫瑞，〈史通惑經篇書後〉，見《師伏堂駢文》後篇卷 2。又收在程書，頁 271-273。

[92] 同註 91。

[93] 但燾，〈解惑篇〉，《國史館館刊》1：2。

[94] 王樹槐，〈研究歷史應否運用道德的裁判〉，《思與言》4：5，1967。又收在杜維運、黃俊傑同編，《史學方法論文選集》（臺北：華世出版社，1979），頁 245-252。

焉」之義，[95]突破舊傳統之禮法、師說來作〈疑古〉與〈惑經〉兩篇，正應肯定其識鑒之卓絕，目力之利銳，實不必據以駁斥其離經叛道。

(四)貢獻

《史通》最引人爭議的，即在於其懷疑精神，儘管其論議紛紛，甚為雜歧，但仍可在其正面的積極意義下，尋出其不可抹滅的貢獻。歸納而言，約有下列數端。

第一、由前面(二)「內容」要略之提示，可以看出劉知幾反對《尚書》、《春秋》、《論語》及諸古書在對史事的記載和評論上，有所諱飾。除上述所提諸疑外，還有兩疑，擬在此述論。其中之一是劉氏批評《尚書》對堯之增美，他說：

> 蓋《虞書》之美放勳也，云「克明俊德」。而陸賈《新語》又曰：「堯、舜之人，比屋可封。」蓋因〈堯典〉成文而廣造奇說也。案《春秋傳》云：高陽、高辛二氏各有才子八人，謂之「元」、「凱」。此十六族也，世濟其美，不隕其名，以至於堯，堯不能舉。帝鴻氏、少昊氏、顓頊氏各有不才子，謂之「渾沌」「窮奇」「檮杌」。此三族也，世濟其凶，增其惡名，以至於堯，堯不能去。縉雲氏亦有不才子，天下謂之「饕餮」，以比三族，俱稱「四凶」。而堯亦不能去。斯則當堯之世，小人君子，比肩齊列，善惡無分，賢愚

---

95 本於《論語・衛靈公》篇：「子曰：『眾惡之，必察焉；眾好之，必察焉。』」

共貫。且《論語》有云：舜舉咎繇，不仁者遠。是則當咎繇
未舉，不仁甚多，彌驗堯時群小在位者矣。又安得謂之「克
明俊德」「比屋可封」者乎？[96]

劉氏之批駁顯示出其縝密之思考，故其辯解在邏輯上頗有力量。同
樣，他對桀紂之增惡，也有比較持平的論述，他指出《尚書》的厚
誣。

商紂為獨夫，語殷之敗也，又云紂有臣億萬人，其亡流血漂
杵。斯則是非無準，向背不同者焉。又案武王為〈泰誓〉，
數紂過失，亦猶近代之有呂相為晉絕秦，陳琳為袁檄魏，欲
加之罪，能無辭乎？而後來諸子，承其偽說，競列紂罪，有
倍五經。故子貢曰：桀、紂之惡不至是，君子惡居下流。班
生亦云：安有據婦人臨朝！劉向又曰：世人有弒父害君，
桀、紂不至是，而天下惡者必以桀、紂為先。此其自古言
辛、癸之罪，將非厚誣者乎？[97]

除此之外，劉知幾對孔子之未實事求是，也指評為：

觀夫子修《春秋》也，多為賢者諱。狄實滅衛，因桓恥而不
書；河陽召王，成文美而稱狩。斯則情兼向背，志懷彼我。
苟書法其如是也，豈不使為人君者，靡憚憲章，雖玷白圭，

96　《史通釋評・疑古》疑一，頁457。
97　《史通釋評・疑古》疑六，頁462。

無慚良史也乎？[98]

　　且案《汲冢竹書》、《晉春秋》及《紀年》之載事也，如重
　　耳出奔，惠公見獲，書其本國，皆無所隱。唯《魯春秋》之
　　記其國也，則不然。何者？國家事無大小，苟涉嫌疑，動稱
　　恥諱，厚誣來世，奚獨多乎？[99]

《春秋》為賢者諱，為本國諱，前人都視之為當然之理，但劉知幾
以為這樣對史事的真相是有害而無利的。劉氏對於歷史精神的體
悟，真是千古不渝；在今日看來，他的批評和主張依然十分貼切。
劉氏有此驗認，所以對《尚書》才有「略舉綱維，務存褒諱，尋其
終始，隱沒者多」和「今取其正經雅言，理有難曉，諸子異說，義
或可憑」[100]這樣不太高的評價。在〈惑經〉篇中列舉《春秋》所
未諭者十二，虛美者五，也指出「世人以夫子固天攸縱，將聖者多
能，便謂所著《春秋》善無不備。而審形者少，隨聲者多，相與雷
同，莫之指實」如此附帶地也把《春秋》、《尚書》的神聖色彩袪
褪了。這項除了證明劉氏的史識外，更見他有求真的勇氣，這是首
先要提出的。

　　第二、劉氏揭露史書常陷於當朝作者個人的恩怨而有所諱飾。
我們可由下列兩例獲知：

　　1.《後漢書・更始傳》記載更始初即位時面臨群臣，居然羞愧

---

[98]　《史通釋評・惑經》未諭三，頁488。
[99]　《史通釋評・惑經》未諭八，頁491。
[100]　《史通釋評・疑古》，頁467。

流汗，刮席不敢視。劉指出這是作者故意曲筆阿時，成美光武劉秀，並用以雪洗劉縯之怨。否則以更始微賤時，「已能結客報仇，避難綠林，名為豪傑。安有貴為人主，而反至於斯者乎？」[101]劉知幾指出《後漢書》該傳是范曄之諛言媚主的曲筆之作。

2.魏收《魏書》之飾諱更多。茲舉〈古今正史〉篇所記為例，「收詔齊氏，于魏室多不平，既黨北朝，又厚誣江左。性憎勝己，喜念舊惡。甲門盛德與之有怨者，莫不被以醜言，沒其善事，遷怒所至，毀及高曾。書成始奏，詔收於尚書省與諸家論討，前後列訴者百有餘人。時尚書令楊遵彥，一代貴臣，勢傾朝野，收撰其家傳甚美。是以深被黨援，諸訟史者皆獲重罰。……由是世薄其書，號為穢史。」劉氏對《魏書》之指摘，後世學者多從之。雖偶或有持異見者，究一時難易之。[102]

其他仿此者尚有沈約、王沈、董統、許敬宗……諸輩，散見於《史通》〈直書〉、〈曲筆〉、〈古今正史〉、〈疑古〉、〈惑經〉等諸篇，不勝枚舉。為何有此現象在歷代的史書中層出不窮呢？因而，劉知幾更進一步指出下則。

第三、歷史之諱飾是在一定歷史條件下形成的。[103]他說：

---

[101] 《史通釋評‧曲筆》，頁 233。

[102] 據傅振倫氏統計《史通》各篇詆《魏書》者，凡 40 條。見氏《劉知幾年譜》，頁 109。周一良有〈魏收之史學〉，《燕京學報》第 18 期，內多為魏收辯解。

[103] 述多採白壽彝，〈劉知幾的史學〉之卓論。並參大濱皓，《中國、歷史、運命──史記と史通》（東京：勁草書房，1975 一刷），頁 227-247 所論。

夫人稟五常，士兼百行，邪正有別，曲直不同。若邪曲者，
人之所賤，而小人之道也；正直者，人之所貴，而君子之德
也。然世多趨邪而棄正，不踐君子之迹而行由小人者，何
哉？語曰：「直如弦，死道邊；曲如鈎，反封侯。」故寧順
從以保吉，不違忤以受害也。

夫為於可為之時則從，為於不可為之時則凶。如董狐之書法
不隱，趙盾之為法受屈，彼我無忤，行之不疑，然後能成其
良直，擅名今古。至若齊史之書崔弑，馬遷之述漢非，韋昭
仗正於吳朝，崔浩犯諱於魏國，或身膏斧鉞，取笑當時；或
書填坑窖，無聞後代。夫世事如此，而責史臣不能申其強項
之風，勵其匪躬之節，蓋亦難矣。是以張儼發憤，私存《嘿
記》之文；孫盛不平，竊撰遼東之本。以茲避禍，幸獲兩
全。足以驗世途之多隘，知實錄之難遇耳。[104]

古諺云：板蕩識忠臣，在史家亦然。史家常在利害關頭，為苟全性
命或利祿仕進而迷失自己原應把持的方向。劉知幾見古史多諱飾，
故特別指出「仗氣直書，不避強禦；肆情奮筆，無所阿容」的直筆
才是可貴的。[105]這也是史家最神聖的職責。只是古來多曲辭阿
世，未見直筆不獲罪見誅的，因此才有「隱侯沈約《宋書》多妄，
蕭武知而不尤；伯起《魏史》不平，齊宣覽而無譴」[106]之類的糗
事層出不絕，幾乎演成史家因循的一般通則。

---

[104] 《史通釋評·直書》，頁 227-228。
[105] 《史通釋評·直書》，頁 228-229。
[106] 《史通釋評·曲筆》，頁 234-235。

據上所言，可明瞭儻使古書無諱飾、曲筆，又何來《史通》之〈疑古〉〈惑經〉的道理了。因為這個意義，故我們似不應以劉知幾之訶責古人，甚至於孔子之《春秋》、《尚書》及後之《論語》稍有微詞而責備劉知幾了。我們應就其所表現出來的懷疑精神，而肯定這份精神追求史貴實錄的目標之正面意義才是。劉知幾所提出來的直筆求真的精神，是他對歷史意象的基礎工夫，貫穿了前面二節所提出的精神，亦即劉之批判、懷疑完全是針對史事史書的，但也反映了對新的歷史精神的追求。他所標榜的，依然是今日史家的最高目標。

(五)餘論──影響

在討論劉氏懷疑精神之起源、貢獻並兼述其內容及正反兩方之批判之餘，似應再省視這份精神遺產對後代史家起了何種作用，才有較完整的周延性。

劉氏的這份精神，在當代既未獲得支持；其後之宋明，也未獲贊同，王安石雖譏《春秋》為斷爛朝報，但出發點並非疑古。曾鞏對堯舜之功績曰：「典謨載堯舜功績，併其精微之意亦載之，是豈尋常所及哉！當時史臣載筆，亦皆聖人之徒也」，持論更與劉氏相反，而宋明五百年間多係如此，很少有人敢於附同。[107]到了清朝姚際恆《古今偽書考》、崔述之《考信錄》，才稍見這份精神的再度揚昇，以後康長素的《新學偽經考》、梁啟超的《古書真偽及其年代》，都是秉懷疑精神為後盾而著撰的。到了近代十九世紀二十世紀之交，尤其五四左右那段時期，更轉至疑古玄同、顧頡剛等一

---

107 梁啟超，《中國歷史研究法補篇》，頁167。

干學者之「疑古學派」的大倡盛行之時了。此期作品如《古史辨》之第 1 冊，即推許多少是受到劉氏懷疑精神的啟示。[108]

通篇以觀，劉氏之懷疑精神並非是「絕對的懷疑」，仍是有限度的、片面的，我們由劉氏對《春秋》與孔子的崇敬，在書內表現之處的眾多與肯摯，[109]即可知道劉氏之〈疑〉、〈惑〉兩文，主要在啟迪後學史學求真的一貫原則，故而糾其所當糾而已，並非如衛道學者所鑒一般。世人若能洞澈王充〈問孔〉〈刺孟〉諸篇之辨難，乃不脫「辨別流俗傳訛，欲正人心風俗，此則儒者之宗旨也」[110]，或許也不至於一味斥謫劉知幾的疑古惑經。

五、進步意識

人類發展由草昧漸進文明，依演化觀點而言確是進步的；記載人類發展過程的歷史亦由簡趨繁逐步擴張其領域，豐富其內容的。

---

[108] 《古史辨》（臺北：明倫出版社翻印本），頁 78-79。今坊間有《中國古史研究》凡七冊同之，但未註出版時地。

[109] 《史通》所表現崇孔的章節實多，茲舉一二例證之。如卷 6〈浮詞〉：「昔夫子斷唐虞以下迄於周，翦截浮詞，撮其機要，故帝王之道，坦然明白。」又同篇：「昔尼父裁經，義在褒貶，明如日月，持用不刊。」〈模擬〉篇有：「楊子雲之草玄也，全師孔公。」外篇卷 20〈暗惑〉：「若姬伯拘於羑里，孔子阨於陳、蔡是也。……豈知聖人智周萬物，才兼百行，若斯而已。」〈六家〉篇有：「至太史公著《史記》，……安得比於《春秋》哉？」〈稱謂〉篇也有：「夫子修《春秋》……為前修之楷式也。」類例猶多，故吾人似不可以〈疑〉、〈惑〉兩文涵蓋《史通》全書也。

[110] 章實齋，《文史通義》，內篇三，〈匡謬〉，頁 87。

劉知幾著《史通》」總評往古以來的史書，也必然能夠在評判的過程中深切體會斯理。故云：「世異則事異，事異則備異。必以先王之道持今世之人，此韓子所以著〈五蠹〉之篇，稱宋人有守株之說也。」[111]此話說明了他的歷史進化觀點，他認為歷史因時代社會之演進而有古今變異的不同，以往古聖先王與往哲前賢之說，未必能夠全部適合於後世，吾人不可過份泥古崇古，而不知時代社會的變遷，本可有今古之不同，不必古皆勝今，今必遜於古。職乎此理，劉知幾舉下例說明：

> 至如詩有韋孟〈諷諫〉，賦有趙壹〈嫉邪〉，篇則賈誼〈過秦〉，論則班彪〈王命〉，張華述箴於女史，張載題銘於劍閣，諸葛表主以出師，王昶書字以誡子，劉向、谷永之上疏，晁錯、李固之對策，荀伯子之彈文，山巨源之啟事，此皆言成軌則，為世龜鏡，求諸歷代，往往而有，苟書之竹帛，持以不刊，則其文可與三代同風，其事可與《五經》齊列。古猶今也，何遠近之有哉？[112]

此話之要旨即古今同列，今不必不如古。在尊崇五經正義的時代社會裏能持此說，本身即意味著「進步」。他還說：

> 夫遠古之書與近古之史，非唯繁約不類，固亦向背皆殊，何者？近古之史也，言唯詳備，事罕甄擇。使夫學者觀一邦之

---

111 《史通釋評·摸擬》，頁 259。
112 《史通釋評·載文》，頁 151。

> 政，則善惡相參；觀一主之才，而賢愚殆半。至於遠古則不
> 然。夫其所錄也，略舉綱維，務存褒諱，尋其終始，隱沒者
> 多。嘗試言之，向使漢、魏、晉、宋之君生於上代，堯、
> 舜、禹、湯之主出於中葉，俾史官易地而書，各敘時事，校
> 其得失，固未可量。*113*

事實繁約詳略，正是古今不同的地方。在政事史事參考的作用上，
今之詳繁者乃在古之約略者之上，是又不待言而可喻的。這些都是
劉知幾對歷史的演進所持一種進步的看法。而這些看法反過來也顯
示出史學的演進，不脫時代社會的發展和需要之影響。易言之，劉
氏所表現的進步歷史意識，實由「發展」（development）而形成的。
*114*此處即以此為骨幹，分下列諸項分別闡明其所持之歷史意識。

(一)遠略近詳的書法觀念

　　《史通・煩省》篇從荀子的一句話：「遠略近詳」，*115*悟得
遠古之史簡略，近世之史蕪累，是「古今不同，勢使之然」的道
理。*116*春秋之時，各諸侯國度互相閉境不通，吉凶大事，只能假
道而方聞，或通盟而始赴；至於邊陲的秦燕楚越和戎狄，更不相聞
問，以致史乘記載無法詳備。到前漢淹有一統之局，遠近無隔，夷

---

113 《史通釋評・疑古》，頁468。

114 李弘祺，〈近代西洋史學之發展〉，《思與言》15：4、5。

115 《荀子・非相》篇：「傳者久前論略，近則論詳；明舉則大，詳則舉小。
　　愚者聞其略而不知其詳，聞其詳而不知其大。」參《新譯荀子讀本》（臺
　　北：三民書局，1972），頁98。

116 《史通釋評・煩省》，頁305。

夏可聞，故漢史能較《春秋》詳贍。東漢別錄私傳家牒宗譜叢出，是華嶠、謝承之《後漢書》又要比馬、班之《史》《漢》篇幅更巨的主因。如此一代視一代為繁複，是時代已經不同，勢必如此演變的，劉氏所悟之理，蓋深得於歷史眼光之效。吾人不能不明乎此軌跡，徒以上古史簡之省略為貴，而嗤謬近史之詳煩。

　　且再試以歷代所傳史籍之卷數、流品、範圍三者，具體以言「遠略近詳」。

　　1.按「卷數」而言，《漢書·藝文志》尚無史部，《議奏》、《國語》、《世本》、《戰國策》、《楚漢春秋》、《太史公》等書均附之於《春秋》家，所有也不過 11 部計 423 篇；至《舊唐書·經籍志》所載已增至 884 部 17946 卷，其間部卷數各增加 45 至 88 倍；到《宋史·藝文志》所錄者更增至 2147 部 43109 卷的高峰，比《漢書》所載增加 2136 部 42644 卷，較隋唐時也各增加了 3 倍左右。[117]這些數字可說明漢後經魏晉南北朝，史學乃逐漸蔚為大觀，而隋唐迄宋更是史籍輝煌燦爛的時代。就此而言，史籍之部

117

漢書藝文志	11 部	425 篇
隋書經籍志	817 部	13264 卷
舊唐書經籍志	884 部	17946 卷
宋史藝文志	2147 部	43109 卷
明史藝文志	1316 部	30051 卷
清四庫全書總目	2174 部	37049 卷

按上表係據傅振倫，〈整理中國史籍之必要及其方法〉，頁 27-28 之表略加刪削，並稍作文字解釋如正文。該文刊於《學文雜誌》1：1。又按表中之篇卷，意思相仿，可參章學誠，《文史通義》，內篇六，〈篇卷〉，頁 186。而表中之《明史·藝文志》所載，則僅限於當代而已。

卷數，是累代浸增。

　　2.依「流品」來看，亦甚棼雜。《漢書·藝文志》無史家專篇，已如前言。晉荀勖《新簿》將史部列於丙部，在經、子之後，是部類之始；東晉李充《晉元帝書目》仍分四部，而以史為乙部，於是史書之部次始定，後世撰述，咸奉為法式，無所更改。而部之下又分類目，為史籍剖析條流。鄭默《中經》丙（史）部只得史記、舊事、皇覽簿、雜事四類；梁阮孝緒《七錄》紀傳錄二，以紀史傳，分 12 目；隋唐經籍藝文，分門亦十二三；劉知幾嘗以六家二體分述史之流品，[118]雜著之流又分 10 目。此後，史籍日多，類別愈煩。焦竑之《國史經籍志》分 15 門；黃虞稷之《千頃堂書目》，則分 18 門；清修《四庫全書總目》亦分 4 綱、15 類。到畢沅《史考原藁》分至 112 子目，章實齋嫌過於煩瑣，在《史籍考》中酌予併省，分 57 目，統以 12 綱。史書流別之分，至章氏時，無所子遺，幾近於完善。[119]凡此，吾人可因而得知史籍愈在晚近愈趨龐雜，故類別須加多；愈在遠古愈是簡易，或可不成其史部。要之，就流別而言，亦循遠略近詳之原則而進。

　　3.以「範圍」論，劉知幾援《尚書》《春秋》《左傳》入於乙部，又謂諸子、傳統、辭章、別傳、文集亦應入史，[120]其說蓋具

---

118 參傅振倫，〈中國史籍分類之沿革及其得失〉，《圖書館學季刊》4：3、4；張舜徽，《中國古代史籍校讀法》（臺北：地平線出版社，1972）第一章第二節，頁 65-76。

119 參傅振倫，〈整理中國史籍之必要及其方法〉及〈中國史籍分類之沿革及其得失〉兩文。

120 參《史通》〈採撰〉、〈雜述〉、〈煩省〉、〈雜說上中下〉等諸篇。

深意；至章學誠，云：「六經皆史」[121]及「盈天地間凡涉著作之林，皆是史學，《六經》特聖人取此六種之史以垂訓者耳；子集諸家，其源皆出於史。」[122]章氏並將小說編入史部，更具獨識。[123]就此而言，亦未出遠近煩省之旨。

　　不過，儘管以前三項來析論「遠略近詳」書法，但略詳煩省仍有其不可變易之法則，劉知幾深明之，故曰：「論史之煩省者，但當要其事有妄載，苦於榛蕪，言有闕書，傷於簡略，斯則可矣。必量世事之厚薄，限篇第以多少，理則不然。」[124]這是「近詳」不可詳於不當詳之謂。劉氏秉持此論，固是歸納往前諸史，以歷史眼光著識而得。但他所持論也有其一定之歷史時空的觀念結構，故近史須詳乃成為不可避免之性質。而以遠略近詳此理質諸西洋近代史學之發展，克羅齊（Benedetto Croce, 1866-1952）柯靈烏（R. G. Collingwood, 1889-1943）兩氏倡論「所有歷史都是現代史」[125]，其中之意義與遠略近詳的說法顯然有些是相通的。而二次世界大戰之後，現代史叢書如《劍橋現代史》、《劍橋中國現代史》等巨帙迭出，蔚為顯學，實亦即出於詳於近史之義。

---

121 章學誠，《文史通義》，內篇，〈易教上〉，頁1。

122 《文史通義‧報孫淵如書》，頁342。

123 章學誠，《校讎通義》，外篇，〈史籍考總目〉（臺北：華世出版社，1980，新編本），頁655-656。

124 《史通釋評‧煩省》，頁307。

125 克羅齊曾云：「所有歷史都是現代史」（All history is Contemporary history）柯靈烏亦說：All history do not necessarily as history, but as the history of history.。兩說轉引自 Arthur Marwick, *The Nature of History* (Macmillan 1970), pp. 79-83.

㈡反映時代需要的三新志

　　劉知幾在〈書志〉篇主張創立三種新志〈都邑〉〈氏族〉〈方物〉來取代〈天文〉〈五行〉〈天官〉〈瑞符〉及〈藝文〉諸志。其名目與所持理由，分述如下：

　　1.都邑志——

> 京邑翼翼，四方是則，千門萬戶，兆庶仰其威神，虎踞龍
> 蟠，帝王表其尊極，兼復土階卑室，好約者所以安人；阿
> 房、未央，窮奢者由其敗國。此則其惡可以誡世，其善可以
> 勸後者也。且宮闕制度，朝廷軌儀，前王所為，後王取
> 則。……凡為國史者，宜各撰〈都邑志〉，列於輿服之上。

觀劉氏原意，是特闢一志記載京邑之位置、地理形勢，邑內之政治、社會、經濟、軍事之活動與禮儀制度，目的在做為一種歷史資料，提供後世以善惡取捨。

　　京邑是人口集中、文化薈萃、政治源頭和社會經濟活動頻繁之地。自來長安、建鄴、咸陽、洛邑、金陵……是古之盛都，但在方志學未興之前，留下來可供後人研究其興替變革的，並不算豐多，今日研究社會經濟史每感近代以前之史料不足，即因此故，劉氏〈都邑志〉的構想未在當時及後世早日實現，也是部分原因之一。直到最近都邑的研究才興起，如唐長安、北宋開封、南宋杭州、明北京、南京……都有專家學者以嶄新之方法在此領域內獲得甚可推

許的成就。[126]鑒及於此，除為劉氏這個構想未被當時與後世史家所普遍接受而感到可惜之外，也為劉氏能有這份見解感到驚訝。

2.氏族志——

> 逮乎晚葉，譜學尤煩。用之於官，可以品藻士庶；施之於國，可以甄別華夷。……隋有天下，文軌大同，江外山東，人物殷湊。其間高門素族，非復一家；郡正州曹，世掌其任。凡為國史者，宜各撰〈氏族志〉，列於百官之下。

氏族在魏晉時期勢力浸盛，終成門閥，六朝隋唐猶有餘韻，這是當時社會獨具之格。《魏書》有官氏志，已啟其端。劉氏生當唐時，出身又是氏族，個人也編著《姓族系錄》200 卷、《劉氏家乘》15 卷、《劉氏譜考》3 卷，在在都顯示他提倡氏族志之背景。這對研究當時社會之組織、現象與氏族之活動、升降等，都是寶貴的資料。

3.方物志——

> 金石、草木、縞紵、絲枲之流，鳥獸、蟲魚、齒革、羽毛之類，或百蠻攸稅，或萬國是供。亦有圖形九牧之鼎，列狀四荒之經，觀之者擅其博聞，學之者騁其多識。……其物歸於

---

126 如 Mark Elvin & G. W. Skinner eds., *The Chinese City Between Two Worlds* (Stanford, 1974) and G. W. Skinner ed., *The City in Late Imperial China* (Stanford, 1977) 兩書，唯該兩書的研究範圍，已不止於都邑，尚及於一般較大之城市、府縣甚至農村的結構。

計吏，奇名顯於職方。凡為國史者，宜各撰方物志，列於食
貨之首。

這是要把各地物產、內外貿易和供稅都記載在方物志。劉氏別創三
志的構思，多少反映了時代社會變遷的意識。〈都邑志〉顯示城邑
的發達，人口文化交通亦隨著發達而有該志設立的需要；〈氏族
志〉在唐初不重華夷之嚴別，以及魏晉以後胡漢之雜居，〈氏族
志〉既可以品藻士庶，甄別華夷，又可以反映氏族在社會地位的升
降黜陟，所以也有設立的必要；而〈方物志〉更說明了漢唐間自張
騫出使西域之後，與四方的交通日愈頻繁，尤其唐初版圖之大，軍
功之盛，又視漢以來諸朝為有過之而無不及，四方貢獻較前為多，
則原有正史之範圍，已無法因應需要，於焉劉氏有〈方物志〉之
倡。[127]

　　由上面的說明，可知劉氏三新志的設置構想，完全是基於一種
演化、發展且進步的歷史意識。

(三)機祥入史的批判

　　另一強烈顯示劉氏的歷史意識，是他對災異入史的看法。他曾
特別闢出專章來討論古來史籍記載災祥徵應的應否問題。其言除在
〈書志〉、〈書事〉等篇外，主要是在〈漢書五行志錯誤〉和〈雜
駁〉兩篇。劉氏以歸納法整理出班氏〈五行志〉蕪累之處，定為四
科，凡 20 目。舉凡《漢書》所犯之遺脫、複沓、淆訛、糅雜之類

---

[127] 呂思勉以為〈方物志〉難以成立的理由是方物太多，書不勝書。見氏之
　　《史通評》，頁 21。

的錯誤，都為劉氏精識挑出，尤其是其中對於災異的解釋，犯了附會鑿解與類例不全的毛病，都難逃子玄之批駁。對於劉氏之指陳此病，自來諸家不甚以為非。崑圃黃叔琳曾謂「五行志自走拙路」，浦二田更以為所糾者可為法言。浦氏還說「後生口滑，嗤點前賢，假有掩斯篇，第令擬立條目，蓋恐不見水端旋其面目者矣。敢此斯語，箴警囂瞀者」[128]可見劉氏所論之精審與浦氏護衛之深切。

而〈五行志雜駁〉一篇，則是針對《漢書》所記春秋時事之違誤而發的，有糾年分之訛的，有糾前後事違的，亦有糾體例書法的等等，一般而言，學者亦多採信劉氏所說，鮮有反對。[129]即因如此，不必在此再條舉劉氏的各項詰難與指陳譌誤，參該原文，即可洞悉。此處擬究明劉氏這兩篇背後的立言準則，以便了解何以有該兩篇之出？

事實在《史通》內篇，劉氏早就明示其基本立場：

> 夫災祥之作，以表吉凶。此理昭昭，不易誣也。然則麒麟鬭而日月蝕，鯨鯢死而慧星出，河變應於千年，山崩由於朽壤。又語曰：「太歲在酉，乞漿得酒；太歲在巳，販妻鬻子。」則知吉凶遞代，如盈縮循環，此乃關諸天道，不復繫乎人事。

---

[128] 浦起龍〈漢書五行志錯誤〉篇之按語，頁661。

[129] 錢大昕，《潛研堂文集》卷12，答問九，亦就〈五行志錯誤〉之恆寒條批評劉氏之誤。呂思勉，《史通評》亦於本篇評之中批評劉氏坐武斷之病。唯就大體而言，劉氏所指出之錯誤與駁難，學者大多無異辭。

> 且周王決疑，龜焦著折，宋皇誓眾，竿壞幡亡，梟止涼師之
> 營，鵬集賈生之舍。斯皆妖災著象，而福祿來鍾，愚智不能
> 知，晦明莫之測也。然而古之國史，聞異則書，宋必皆審其
> 休咎，詳其美惡也。*130*

這些話無異是外篇〈五行志錯誤〉與〈雜駁〉兩篇的「題辭」，它
提供了劉知幾對於災祥徵應在史籍上應作如何安排的理論根據。而
所當注意者是劉氏在這些話中不斷地提示災祥的徵應，須合於人事
的變化才可，否則即喪失其價值，而沒有記載的必要。譬之如：

> 既不預於人事，輒編之於策書，故曰刊之國史，施於何代不
> 可也。
> 此乃關諸天道，不復繫乎人事。
> 討符會於三十卷中，安知事有不應於人，應而人失其事？何
> 得苟有變而必知其兆者哉？*131*

劉氏以為如果天象之兆，不能在人事上「取驗將來，言必有中，語
無虛發」*132*，則應從「志」中去除才是。這個觀點，已從董仲
舒、伏勝，乃至劉向、歆父子以來，陰陽五行浸入史籍寫作，沿為
固定形式之流向，獲得一個重大的解放。劉氏更開廓其說，在〈採
撰〉篇廣申其義。有如下述。

---

130 《史通釋評・書志》，頁78-79。
131 《史通釋評・書志》，頁74-80。
132 《史通釋評・書志》，頁82-83。

　　他從「上古」史籍多能作採摭雅言，彙成一家，故能取信一時，傳諸不朽說起，再下數「中世」及「近古」之圖籍雜撰益多，人情好怪，不少不當入史之材料，也摻入史體。他很明確地舉證太初以後迄於李唐的史籍，就犯了以下的錯誤。其言曰：

> 至如禹生啟石，伊產空桑，海客乘槎以登漢，姮娥竊藥以奔月。而稽康《高士傳》，好聚七國寓言，玄晏《帝王紀》，多採《六經》圖讖，引書之誤，其萌於此矣。

他並且明揭圖讖、寓言、傳說三者入史之未當。且謂：「至范曄增損東漢一代，自謂無慚良直，而王喬鳧履，出於《風俗通》，左慈羊鳴，傳於《抱扑子》。朱紫不別，穢莫大焉。」後漢的方術奇事，以及沈約的故造奇說、魏收的污衊詭妄，[133] 在劉知幾看來都是一項嚴重的誤失。

> 晉世雜書，諒非一族，若《語林》、《世說》、《幽明錄》、《搜神記》之徒，其所載或恢諧小辯，或神鬼怪物。其事非聖，揚雄所不觀；其言亂神，宣尼所不語。

然而晉世史書，卻多採以入史，劉氏病其所擇不精也。更有甚者，有些史書之記事，其穿鑿附會，喜出異同，譬如「堯有八眉，夔唯一足；烏白馬角，救燕丹而免禍，犬吠雞鳴，逐劉安以高蹈」等一類不合情理，近迹荒謬之事，卻也充斥於史乘之中。

---

133 《史通釋評‧採撰》，范曄條下，頁138。

　　劉氏提出這些話,很顯然為前面所說的〈五行志錯誤〉與〈雜
駁〉,作了原則性的補充,同時也把〈書志〉篇論五行說混摻在
「志」之不是處,提昇到整部史籍記載神奇傳說不是的層次上,一
層高似一層。而整盤來說,上面所敘述的都包括在劉氏對史料甄別
的鑒識力之下。關於劉氏對史料的看法,容另文專述,而繩之以準
則,實未越出本文「通識觀念」一節所揭櫫的史識一論。不過,在
史料的取捨與採述的角度上,劉氏標出傳說寓言圖讖等旁雜之言,
不得入史的觀點,實在是一項富於革命性的卓識。

　　劉氏的這項觀點,引來諸多名家的檢討與批判,似可逆料,諸
如王應麟、錢大昕、錢大昭、杭世駿、章宗源諸家[134],都曾對劉
氏所言之其中一、二小事,取而榷論之,但未見其大者;故於劉氏
整盤看法,則未有任何異議。即近之陳寅恪氏,亦就范蔚宗之方術
傳,引致劉氏之譏評,謂係適其當耳。[135]不過陳氏所論主體不在
《史通》。系統整體的批評,要到晚近始有,例如傅振倫、侯外

[134] 參王應麟,《困學紀聞》(臺北:世界書局),卷 13;錢大昕,《潛研
　　堂文集》(臺北:世界書局),卷 12,答問九;杭世駿,《諸史然疑》
　　(知不足齋叢書,臺北:臺灣商務印書館,1966),晉書條;章宗源,
　　《隋書經籍志考證》(《二十五史補編》內),卷 13。
[135] 陳寅恪,〈天師道與濱海地域之關係〉,云:「蔚宗之為後漢書,體大思
　　精,信稱良史,獨方術一傳,附載不經之談,竟與搜神、列仙傳無別,故
　　在全書中最為不類,遂來劉子玄之譏評。亦有疑其非范氏原文,而為後人
　　附益者。其實讀史者苟明乎蔚宗與天師道之關係,則知此傳本文全出蔚宗
　　之手,不必致疑也。」文刊《中央研究院史語所集刊》第 3 本第 4 分。

廬、翦伯贊、白壽彝、任繼愈、盧南喬諸氏[136]，方以較整體性的眼光，來衡量劉氏的這項觀點。此外，日本學者大濱晧對於劉知幾此則觀點，論述亦甚見卓越。[137]

　　綜合以上諸家對劉氏災祥入史觀點的闡釋與整理，已足使劉氏這項進步的歷史觀得到應當的發揚，本文自無必要重加評述，只是以史學思想的發展角度來看劉知幾此論的產生，猶自有其史學思想的承緒與依傍，或可與重字面整體分析如傅氏，採行唯物史觀如侯翦白諸家，甚或頗能結合運命與歷史過程的大濱氏等等專家學者之所持論的，稍有異趣。

六、結論

　　劉知幾懷抱史家傳統的使命感，擬撰有一代不刊典著的美志，但卻無法在幾近三十年的史官生涯中獲得實現，其內心的鬱悶，正與歲月的飛逝而與時俱增。他曾披露他「鬱快孤憤，無以寄懷，必寢而不言，嘿而無述，又恐沒世之後，誰知予者」[138]這樣的內心上的一番掙扎。史家「孤憤」的怨氣與唯恐沒世不稱的憂懷，配合

---

[136] 傅振倫，《劉知幾年譜》；侯外廬，〈論劉知幾的學術思想〉，《歷史研究》1961：2；翦伯贊，〈劉知幾的史學〉，《中山文化季刊》1：2，1945.9；白壽彝，〈劉知幾的史學〉，《北京師範大學學報》，1959：5；任繼愈，〈劉知幾的進步的歷史觀〉，《文史哲》，1964：1；楊翼驤，〈劉知幾與史通〉，《歷史教學》1963：7、8；盧南喬，〈劉知幾的史學思想和他對於傳統正統史學的鬥爭〉，《文史哲》1961：1。

[137] 大濱晧，《中國、歷史、運命》（東京：勁草書房，1975），第4章，頁248-267。

[138] 《史通釋評・自敘》，頁335。

著他對歷史現實的把握和對人間世事的體驗，劉氏終於決定「退而私撰《史通》」[139]，《史通》的佈世即是這番挣扎苦鬥的成績。

以上本文透過「通識」「批判」「懷疑」「進步」等觀念做為基礎，尋繹劉氏在《史通》一書裏的史學思想原理要素，分「觀念」（Concept）與「實在」（Reality）兩個領域來加以論述，並予以普遍化，因此上述所析論的，都是劉氏心目中所積存的對歷史型態理想化的建構概念，及其於評論史冊史事的實際層次的運作。「通識觀念」是卓越史家如司馬遷、劉知幾、歐陽修、鄭漁仲、章實齋等人一致的特色，他們都講究「通」字，主要都在求通古今之變，究天人之際。但每人對通識天人古今的理解都不盡相同，文中主以「史才論」與「直筆論」兩者來疏解劉氏的通識觀念。「批判精神」則分精神層面提紲其批判精神於劉氏對現實政治的不滿情緒與本身對史學造詣極深兩者因素的轉化，折入技術層面，在㈠對歷史編纂法的批判；㈡對史館制度的抗議上有很深刻的表現。「懷疑精神」則純由《史通》外篇的〈疑古〉、〈惑經〉兩文，分述此項精神的來源、內容，再由該〈疑〉〈惑〉兩文所批評的與後世對此兩文的反批評，並及其所貢獻影響者等幾方面來加以探索。「進步意識」則以史學「發展」的觀念從史通之內挑出最具進步之歷史意識的主張來審理，因而有「遠略近詳的書法觀念」「反映時代需要的三新志」「機祥入史的批判」三者之出。

在前述的檢視過程當中，我們因而可以發覺劉知幾完全以其紮實的學問，沈著的判斷，中立的喜好，配合高邁堅韌的歷史意識與

---

[139] 《史通釋評・自敘》，頁 335，並參大濱晧，《中國、歷史、運命》，頁 309-310。

熱烈銳敏的歷史自覺，在時代與社會結構的影響下，創下了《史通》這部足以反映過去長綿的史學傳統與成就，兼能啟示後世史學發展軌跡的千古傳世史評名作。由於如此，我們藉著《史通》進而可以了解唐代的史學思想，甚或又可借為思考歷史問題的一個助緣。

試論劉知幾的時間觀念及其歷史撰述論[*]

一、前言

　　時間是歷史的基本骨幹之一，史家處理歷史事件，論列歷史事實時，通常必須具備歷史的時間意識，其理不言可喻。而史家對時間的理解，常影響其對史事的看法與解釋，甚至影響其史觀。史家的歷史想像，必須具有特定的時間觀念[1]，而史家對時間理念了解的差異，也可能造成「歷史的差異性」，基於此理，對於歷史時間結構的設立，是史家必先處理的主要工作之一，因為歷史的變遷和發展的意義盡涵攝於其中。

　　唐代史家劉知幾在論列史事史書時，即大都預先提示其時間階段的分類，再闡析其史論（historical discussion），小即透過時間的推移，而逐步建立其史評（historical criticism）的言論。由於劉氏掌握了

---

[*]　茲文原刊於《大陸雜誌》75：1（臺北，1987.7），頁30-37。

[1]　余英時，《歷史與思想》（臺北：聯經出版公司，1977，三版），頁236。

此項特質，使其傳世代表作《史通》顯示出甚為堅實的論據，遂成為擅名百世的不刊典著。當然，劉知幾並非注重歷史時間觀念的創始者，劉氏之前的諸多學者如司馬遷、董仲舒、韓非子、荀子、孟子莫不具備之，只是，劉知幾更鮮明而且具體而已。

　　關於劉氏的時間觀念，歷來學者專文討論的幾付闕如，惟浦立本（E. G. Pulleyblank）、侯外廬兩氏首先涉及之，可惜點到為止，並未深論[2]；日本學者岩井忠彥則有稍詳的論見，可資參考[3]。本文則希望由於以上三氏的啟迪，就劉氏的著作中提敘其與時間觀念有關的歷史撰述論。由時間與其主張的結合，尋繹出劉知幾史論的部分真貌。

二、時代區分與文風的演變

　　劉知幾在《史通》的許多篇章中，運用其銳利的歷史眼光，洞灼中國史學洪流中的幾個顯著時期，分別提出「上古」「中古」「近古」「近世」及「當代」等五個時間分期，顯示出他對史學階

2　E. G. Pulleyblank, "Chinese Historical Criticism: Liu Chih-Chi and Ssu-ma Kuang" in *Historians of China and Japan* edited by W. G. Beasley and E. G. Pulleyblank. (London: Oxford U. P. 1961), pp.148-149；侯外廬，〈劉知幾的進步的史學思想〉，《中國思想通史》（北京：人民出版社，1963）第4卷上，又參侯氏，〈論劉知幾的學術思想〉，《歷史研究》1961年第2期，後文又收在《中國史學史論集》（上海：上海人民出版社，1980），第2冊，頁1-17。

3　岩井忠彥，〈中國の史學と時間の觀念—史通の場合—〉，《歷史教育》第18卷，1970年第7號。茲文承李柏亨兄在東京大學影印寄賜參考，附此誌謝。

段分野的認識[4]。其所使用的分法，頗便於掌握各個不同時代的史學發展與文風的蛻變。以致劉氏所論歷代的文史關係乃能獨到而且深刻，毫無褊陋之弊。劉氏所謂之「上古」，是指先秦時期，又稱遠古；「中古」指兩漢時期，或稱之為中世或中葉；「近古」則意屬魏晉時期。近古以下，則有南北朝以降迄於隋唐之時的「近世」或「近代」。另外，除非因為敘述的需要，近世一詞又概括劉知幾生當其時的初唐與盛唐。也就是除特別標明「當代」之外，「近世」的時間範疇，在劉氏的理念當中已含攝其所處的時代。劉氏用此分法，在《史通》的〈載文〉〈敘事〉〈浮詞〉〈摸擬〉〈覈才〉〈煩省〉……等等篇章中肆論其史論，致使各個時間階段裏的文史變化，了然清楚。

在這些分段之中，《史通・覈才》提到：「樸散淳銷，時移世異，文之與史，較然異轍」[5]指明了劉氏認為文史迥異是在「近古」時期。這和從目錄學的立場來看，文史變化最明顯的時期也在近古有同樣的結論。《昭明文選・序言》初次指出此時文史界線的劃分：

> 至於記事之史，繫年之書，所以褒貶是非，紀別異同，方之篇翰，亦已不同。若其讚論之綜輯辭采，序述之錯比文華，

4　《史通》凡 49 篇中，有〈採撰〉〈敘事〉〈載文〉〈浮詞〉〈模擬〉〈覈才〉〈煩省〉〈言語〉……都標明了各個時間階段，未明標者則仍充滿了時間流的意識。

5　《史通釋評》（臺北：華世出版社，1981，新刷一版），頁 290。本文引用原書時，多據本書為準，以下註解，直引篇名，並註出頁數，書名則隱略之。

　　事出於沈思，義歸乎翰藻，故與夫篇什，雜而集之。

《文選》已將史部剔出，不復輯於集內。而同一時期之阮孝緒作《七錄》，則別於第二錄，全收史學著作之目錄，輯為〈傳記錄〉，是為後來史部獨立的形成基礎[6]。由這道界線的劃分，文史截然分途。本文下述將以這道界線為基點，析述劉知幾對上古、中古、近古及近世等不同時代的文史見解，俾便了解其史論。

　　未述之先，宜對文史的含意及變遷，略作交待，以免後文有混淆雜遝之病。在史部尚未獨立之前，本是附屬於經部，經史之分，依今世學者研究是在後漢末年，《史記》從泛指對太史記錄的普遍稱呼轉為對司馬遷個人著作的尊稱，是經史分離的先聲，曹魏時代又有「三史」的名稱，出現與五經或六經相對並舉，經史是時已經並立。而經史對稱的同時，邁向獨立化過程中的史學又與文學合稱為文史。魏晉的文史含意不僅有文學和史學兩部門，且已成為一般學術的代名詞[7]，所謂「觀乎兩漢求賢，率由經術，近代取人，率由文史」[8]即是。文史的內容約略可以涵蓋經史的範圍。有此了解之後，本文再由不同方向分述劉氏的史論。自可無糾藤相葛，也免叢生歧義。

6　逯耀東，〈從隋書經籍志史部的形成論魏晉史學轉變的歷程〉，《食貨月刊》復刊 10：4。

7　參《史通釋評·敘事》，頁 196，亦可參逯耀東，〈經史分途與史學評論的萌芽〉，《大陸雜誌》71：6（臺北，1985.12），頁 1-2。

8　《陳書》（臺北：鼎文書局，1980，菊本），〈姚察傳〉。引自前註文。

(一)文史不分

　　文史的分歧，由上之《文選》《七錄》及《史通》所述已知是在近古的後期，亦即南北朝的梁代（502-557）之時。如此而言，則史上文史不分的階段，比起文史分途對劉知幾所生的唐代前期而言，前者所佔時間顯較後者長甚多，由此可知，文史不分的階段涵蓋有上古中古及近古的大部分時間。在這個階段內的早期文史關係，可說「史」常包含於「文」之中。子曰：「文勝質則史」是說史為當時之文的意思[9]。劉知幾推論此時的學術特色，亦云：「是則文之將史，其流一焉」[10]，都說明文史在當時同儔。由於文史觀念不分，故此時之文學家與史學家，亦難以區分。此由「上古」之《左傳》《國語》與「中古」之《史記》《漢書》等典籍，也被視為一流的文學作品可以推見，因此，此階段內文學家與史學家兩者的角色，也不免時相重踏。除左丘、史遷之外，尚有陸機善賦，知名於世，但亦撰有《晉史》[11]；沈約詩裁〈八詠〉，亦勒成《宋典》[12]；再有中古之班固，不僅「賦述兩都」同時「編次漢冊」。其餘類似的例子，可說代有其人，不勝枚舉，都是文史兼長。

　　然而，在此漫長的文史不分階段之內，劉氏以其獨到的歷史素養，又掌握了階段內文風的流變，他所憑據的線索即是千餘年來文史關係的演化。

9　〈覈才〉，頁290。

10　〈載文〉，頁147。

11　〈探賾〉，頁250。

12　〈八詠〉為沈約任東陽（金華府）太守時所作，見張溥《沈隱侯集》。亦見《史通釋評》〈覈才〉，頁293。

在《史通》內篇的〈載文〉，劉氏指出上古時期之《詩經》《楚辭》，可以用來觀察一國之興亡與政體之美惡，所以是「文之將史，其流一焉」；中古時期文體大變，「樹理者多以詭妄為本，飾辭者務以淫麗為宗」，故以司馬相如、揚雄、班固、馬融的作品，只是「喻過其體，詞沒其義，繁華而失實，流宕而忘返，無裨勸獎，有長奸詐」[13]而已。而中古史著的代表作《史記》《漢書》都把上列司馬相如諸人之生平著作書之於列傳之中，顯較上古之文史一流的意旨已略有差別；劉氏以為中古兩漢文詞稍嫌虛矯，但大抵猶實[14]。到近古之魏晉時期，則訛謬雷同，妄飾蕪累，更甚於其前，劉氏究其實即嚴厲糾出「虛設」「厚顏」「自戾」「假手」「一概」等五失，並以此期名家如王沈、魚豢、裴子野、何之元的史作來相比照，證明未脫上面五項缺點，此中只有陳壽干寶尚有可取，最後則獨王劭之齊、隋二史，還能符合史家「去邪從正之理，捐華摭實之義」[15]。

再從〈敘事〉角度視之。上古時期之書功過，記善惡，皆文而不麗，質而非野，所以《尚書》《春秋》等五經能令人百讀不厭。不僅令人懷其德旨，更可「師範億載，規模萬古，為述者之冠冕，實後來之龜鏡」[16]；中古時期之《史》、《漢》就有「其文闊略，無復體統」之微疵了；而荀悅《漢紀》、陳壽《國志》也有類似的毛病。然後，到了近古時期，魏收沈約之魏、宋兩書就顯得煩碎不

---

[13]　〈載文〉，頁 147-148。
[14]　〈載文〉，頁 148。
[15]　〈載文〉，頁 150。
[16]　〈敘事〉，頁 196。

堪了[17]。

由前兩者之〈載文〉〈敘事〉來看文史不分階段下的不同史著，則可獲致初步的結論，即史著受文風與時代的影響，也就是史學的發展受文學流風和時代演變所左右。劉知幾很明白這個道理，所以除了在許多篇章中申述其時代與文風的說法外，他還假設出兩種情況做更進一步的說明。

1.將中古的史漢推前放在上古時期來看，一流的文史名著將會變成如何？劉氏自設答辭曰：

> 故史漢之文，當乎《尚書》《春秋》之世也，則其言淺俗，涉乎委巷，垂翅不舉，懲篇無聞。逮於戰國已降，去聖彌遠，然後能露其鋒穎，倜儻不羈。故知人才有殊，相去若是，校其優劣，詎可同年？[18]

2.將上古、中古階段的名家放在近古的魏晉南北朝，是否也能有與左國史漢等量齊觀的作品產生？對於此項提辭，劉氏自答：

> 設使丘明重出，子長再生，記言於賀六渾（即高歡）之朝，書事於士尼于（即高洋）之代，將恐輒毫栖牘，無所施其德音。而作者安可以今方古，一概而論其得失？[19]

17　〈敘事〉，頁 195-197。
18　〈敘事〉，頁 196。
19　〈敘事〉，頁 197。

在這一推前一後推的設想下，可知劉知幾並沒有一味地崇古昧古，永持古必勝今的偏論，他理解上、中、近三世之間的差異，乃受限於時代與史文發展的必然性（或不可避免性）之故，不能完全歸諸人為因素。

循此，即使再以《史通》其他篇章如〈言語〉〈摸擬〉〈覈才〉〈浮詞〉〈煩省〉……再做類似的考察，仍可得到同樣的結論，所不同者祇是觀察的角度與發言方式之取徑差異而已。因此，為免蕪冗詞費，即此表過不提，但仍須強調劉氏在不同時間階段內對文史關係的一貫見解。

可是，緣於時代的替嬗，由上古中古一脈演至魏晉時期的近古，此時文學之流風已盡掃兩漢的尊經崇儒，改而仰尚柔靡、浮豔、華美、綺麗之習，故駢體文大行其道。這種風氣的形成，與中國過去傳統史學之注重事核務實的路數，已經涇渭分明了。史學仍秉持其一貫之基本精神往下續延，而文風卻已由淳樸、微婉（上古）而浸至虛矯（中古）而靡麗、浮華（近古）。這種文風的演變，愈來愈與歷史求真的路數相悖離。故而時代愈後，尤其近古後期，再求文史同揆，史筆等於文筆的現象，愈是不復可得。劉知幾對於近古時期的許多諸子短書雜家小說，曾經批評：「非復史書，更成文集」[20]及「置於文章則可，施於簡策則否矣」[21]，即可說明此時之文學家很難再與司馬遷、班孟堅等史家一樣了。

20　〈載文〉，頁150。
21　〈敘事〉，頁209。

㈡文史分途

　　從上述可以知悉《史通》有許多篇章都以「上古」「中古」「近古」等時間基構來闡述史文的演變與歷史寫作的關聯性,除了說明劉氏個人重視編述歷史受到當時文風所趨的影響之外,其真正的用意,似是提醒世人要注意近世以來,亦即經南北朝後期迄於隋唐以來文風的發展,已不能再毫無選擇地加以承襲了。文學家必須只是文學家,因為隋唐承襲近古晚期以來的發展,文史不再同道。然而,劉知幾的真見,時人未必能夠瞭解,所以初唐史書成於文士,史官不舉其職的現象仍然所在多有,因是,劉氏非常感嘆,他相當深刻地歎道:

　　　　大唐修《晉書》,作者皆當代詞人。遠棄史班,近宗徐庾。夫以飾彼輕薄之詞,而編寫史籍之文,無異加粉黛於壯夫,服綺紈於高士者矣。[22]

　　　　但自世重文藻,詞宗麗淫,於是沮誦失路,靈均當軸。每西省虛職,東觀佇才,凡所拜授,必推文士。遂使握管懷鉛,多無銓綜之識;連章累牘,罕逢微婉之言,而舉俗共以為能,當時莫之敢侮。假令其間有術同彪、嶠,才若班、荀,懷獨見之明,負不刊之業,而皆取窘於流俗,見嗤於朋黨,遂乃哺糟歠醨,俯同妄作,披褐懷玉,無由自陳。[23]

22　〈論贊〉,頁100。
23　〈覈才〉,頁290-291。

又：

> 而近世作者，撰彼口語，同諸筆文。斯皆以元瑜孔璋之才，
> 而處丘明子長之任。文之與史，何相亂之甚乎！[24]

在劉知幾的想法裏，文史既較然異轍，文士之文自與史家之文有所差別。文士之文，應屬文學一脈；史家之文，應有史文的特色，史家斷不致因求文體美善而致害義。事實上，劉氏的想法可以在中國史學的發展上求得證實。上古、中古的左、國、史、漢被推為文宗的事實，質之於近古當代，亦即文史分離後的歷代正史，已經不復可得了。

　　至於文史分途之後，史家當如何操文呢？劉氏提出三點：①簡要②用晦③戒妄飾[25]。詳細地說：「簡要」的目標，在做到「文約而事豐」遵循「有直紀其才行者，有唯書其事迹者，有因言語而可知者，有假贊論而自見者」四個原則，加上「省句」「省字」的工夫，就能達到簡要的要求，使史事得到彰顯的目的。至於「用晦」則需較為上乘的修為才能達到這個層次。劉氏解釋地說：「晦也者，省字約文，事溢於句外。然則晦之將顯，優劣不同，較可知矣。夫能略小存大，舉重明輕，一言而巨細咸該，片語而洪纖靡漏，此皆用晦之道也」浦起龍更作旁解：「晦者，神餘象表」[26]，庶幾接近原意。第三則的戒妄飾，主要即針對魏晉南北朝以來文史

24　〈雜說下〉，頁 637。
25　〈敘事〉，頁 198-209。
26　〈敘事〉，頁 206。

流風所及的弊端而提出的。他說：

> 史之為務，必藉於文，自《五經》已降，《三史》而往，以
> 文敘事，可得言焉。而今之所作，有異於是。其立言也，或
> 虛加練飾，輕事雕彩，或體兼賦頌，詞類俳優，文非文，史
> 非史，譬夫烏孫造室，雜以漢儀，而刻鵠不成，反類於鶩
> 者。[27]

劉氏這三項論點，確乎言簡而得體要。以此三點要求唐代以後的史
家，或據以衡量唐代以前諸史，能夠完全符合的恐怕屈指可數。但
這三點確是歷史撰述的重要法則，是劉氏經過觀察並批判了其前一
千多年之史著歸納而得的。

三、時間觀念與歷史文章的體裁與目的

　由前述已知「上古」階段，文史之外在形式與內在的內容有其
共同一致的性質，然歷經「中古」「近古」「近世」等階段的演
化，終至外在的形式與內在的內容、精神無法再相配合，而必須有
文史之分。這個文史之分，除學術上的意義之外，尚有文士之文與
史家之文的意義上的不同。史家仍兼容於廣義的「文士」之內。前
面所謂的「文士之文」的文士，只是狹義的文士，有如今日專指學
中文外文出身的文學家而言，他們如同「史家」一般，都屬於廣義
的文士。有此基本的了解，乃益可確定史家之文仍不能脫離必須以

27　〈敘事〉，頁 211。

文學做為外在表現形式的必然性。只是這個必然性，在劉知幾看來，已經排除文士之文的性質。本此，在本節專看劉氏有關歷史文章的主張與看法。因而，本節所述可視為前面文史分途之後劉氏主張的部分延伸。

(一)歷史的體裁

在寫作的方法與態度上，劉知幾的許多主張，都說明他是一個崇尚寫實主義者。這點可以在劉氏本身即是史官，其自我要求的一貫精神即可在求真寫實的大前提下來理解[28]。具體而言，可籠括在下列兩點來說明之。

一、用當時的語文書寫——劉知幾在《史通》的〈言語〉〈題目〉〈邑里〉〈世家〉〈雜說中〉等諸篇，一致地強調稽古仿古都十分困難，而且容易失其真實和正確，不如用當世的語文來做為外在的基本形式，才能真正反映出歷史的時代。也就是說劉氏主張廢棄「上古」「中古」甚至「近古」的古典語文來撰述歷史，他主張應用作者當時流行的語文和體裁，如此才符合自然，因為基本上，劉氏以為歷史固然是敘述古人之事，但並非寫給古人讀的，而是寫給當代甚至後世唸的[29]。因此劉氏說道：

> 夫《三傳》之說，既不襲於《尚書》；兩漢之辭，又多述於

28　可參許冠三，《劉知幾的實錄史學》（香港：中文大學出版社，1983）第三章〈實錄義例上〉至第五章〈實錄義例下〉。又可參拙著，〈試論劉知幾史學思想的本源〉，《史學評論》第 8 期（臺北，1984），頁 16-20。

29　引翦伯贊，〈論劉知幾的歷史學〉，《史料與史學》（臺北：宗青圖書公司，1978），頁 100-101。

《國策》，足以驗氓俗之遞改，知歲時之不同。而後來作者，通無遠識，記其當時口語，罕能從實而書，方復追效昔人，示其稽古。是以好丘明者，則偏摸《左傳》；愛子長者，則全學史公。用使周秦言詞，見於魏晉之代；楚漢應對，行乎宋齊之日。而偽修混沌，失彼天然，今古以之不純，真偽由其相亂。故裴少期譏孫盛錄曹公平素之語，而全作夫差亡滅之詞，雖言似《春秋》，而事殊乖越者矣。[30]

一味地求古，只會使歷史性質完全失去而已，這是劉氏的一項重要見解。他甚至不僅主張要採用當世的語文，而且猶以當世的俚語方言亦可用。他說：

或問曰：「王劭《齊志》多記當時鄙言，為是乎？為非乎？」對曰：古往今來，名目各異，區分壤隔，稱謂不同，所以晉楚方言，齊魯俗語，《六經》諸子載之多矣。自漢以降，風俗屢遷，求諸史籍，差睹其事，或君臣之目，施諸朋友；或尊官之稱，屬諸君父；曲相崇敬，標以處士王孫；輕加侮辱，號以僕夫舍長。亦有荊楚訓多為夥，廬江目橋為圯，南呼北人曰傖，西謂東胡曰虜；渠們底個，江左彼此之辭；乃若君卿，中朝汝我之義。斯並因地而變，隨時而革，布在方冊，無假推尋，足以知甿俗之有殊，驗土風之不類。[31]

---

30 〈言語〉，頁 178-179。
31 〈雜說中〉，頁 603。

此項見解可謂甚為前進，間接地也指出仿古有乖時義，妨礙寫實。
不過很可惜，劉氏此項主張，並沒有為後來的史家徹底實行過。

　　而劉氏主張用當世語文撰述的主張，固然甚是，但是，在他自
己所使用的當代語文中，卻也未能完全脫離六朝文風的拘靡。他自
己深深反對以六朝儷詞寫史，然而《史通》本身也用了不少俳體。
當然，這並不能怪劉氏有意如此，他只是身不由己地難以擺脫「時
間」因素對他的影響[32]。以此點而論，劉氏本人即替本文前述的主
題做了一最佳的腳註。

　　二、重創造不因習──「因習」上古中古近古的歷史文章，都
不合時代與實際的要求。因為事實上歷史時間已改，事情亦異，在
不同時、空的架構內，不太可能有前後相同之事，時空的差異，使
史家在追索史料與細心研究時，容易產生「歷史的異時代距離感」
（sense of historical distance）。所以仿古因習俱足以詬病，不合直筆求
真的要求。劉氏舉班固《漢書》因習馬遷《史記》，導致不合寫實
的弊端為例，云：

> 班氏既分裂《史記》，定名《漢書》，至於述高祖為公王之
> 時，皆不除沛漢之字。凡有異方降款者，以歸漢為文。肇自
> 班書，首為此失。迄於仲豫，仍踵厥非，積習相傳，曾無先
> 覺者矣。又《史記》陳涉世家稱其子孫至今血食。《漢書》
> 復有〈涉傳〉，乃具載遷文。案遷之言今，實孝武之世；固
> 之言今，當孝明之世也。事出百年，語同一理。即如是，豈

---

[32] 浦起龍按語：「《史通》極詆儷詞，卒亦自為俳體，正所謂拘於時者乎？
然其言已為退之，習之犖前導也。」見《史通釋評‧覈才》，頁292。

陳氏苗裔祚流東京者乎？斯必不然。《漢書》又云嚴君平既
卒，蜀人至今稱之。……夫孟堅士安，年代懸隔，至今之
說，豈可同云？[33]

總結前此兩則所言，則可歸納在劉氏所主張的「隨時」或「從時」
一義之內。劉氏在許多地方都主張史家必須了解「隨時之義」，也
就是史家之文當載與時代有關係之人事物，所寫主要隨社會事勢之
變而變，且不失其時代的色彩。他的這項主張，散見於《史通》諸
篇：

> ……凡此諸名，皆出當代史臣編錄，無復張弛。蓋取叶隨
> 時，不藉稽古。[34]

> 馬遷強加別錄，以類相從，雖得畫一之宜，詎識隨時之義？[35]

> 後生祖述，各從所好，沿革相因，循環遞習。蓋區域有限，
> 莫逾於此焉。至孫盛有《魏氏春秋》，孔衍有《漢魏尚書》
> 陳壽王劭曰志，何之元劉璠曰典，此又好奇厭俗，習舊捐
> 新，雖得稽古之宜，未達從時之義。[36]

33　〈因習〉，頁163。
34　〈稱謂〉，頁130。
35　〈世家〉，頁53。
36　〈題目〉，頁110。

唯有「隨時」「從時」，才能把握時代之精神與當世之色彩，忠實地以時文時語，用一種不因習重創造的態度表現出來。北平師範大學宮廷璋先生曾云：「《史通》論文學最重創造而鄙因襲」即基於此理[37]。當然，宮氏之重創造的表現形式，猶須在「史家之文」的創造因素下言之，而非文士之文的無限創造。

　　然而，劉知幾以為仿古求古全是乖謬嗎？此又不然。他以為古史之「神」可學，其「形」則不可學。換言之，劉氏以為如果要效法古人，則只應師其立論命意，不應學其形式[38]。他說：

> 夫明識之士則不然。何則？其所擬者，非如圖畫之寫真，鎔鑄之象物，以此而似也。其所以為似者，取其道術相會，義理玄同，若斯而已。[39]

又云：

> 蓋貌異而心同者，摸擬之上也；貌同而心異者，摸擬之下也。然人皆好貌同而心異，不尚貌異而心同者，何哉？蓋鑑識不明，嗜愛多僻，悅夫「似史」而憎夫「真史」。[40]

是又可做為劉氏對歷史寫作體裁的另項提示。

37　宮廷璋，〈劉知幾史通之文學概論〉，《師大月刊》（北平，1933）第 2 期，頁 68。

38　翦伯贊，〈論劉知幾的歷史學〉，頁 101。

39　〈摸擬〉，頁 259-260。

40　〈摸擬〉，頁 262。

(二)歷史撰述的遠意

　　由以上所述，已可肯定崇真尚實是劉知幾一貫追求的目標，他同時還強調歷史敘述必須有益於現實人生的寫法。劉氏主張凡事應據實而書，尤其時代與社會的黑暗面，諸如統治階層暴虐，時代之兵荒馬亂和旱澇震虫之災，都可以不必隱諱掩飾。而迷信諧謔，荒誕不經之事，則不可入文[41]，例如天文、五行、符瑞以及魏晉最為盛行的異志小說，應當避免採用[42]；所選材者，宜符合「達道義、彰法式、通古今、著功勳、表賢能」及「敘沿革、明罪惡、旌怪異」等八目[43]。以平實的話說，即選關係人心世故之有意義的大事始予以記載，如此筆削之義即具[44]，對當世之社會與政風民情，自有助益。然而劉氏不以此為足，他更加發揮其目的之所在，而由當世延伸至後代；他希望藉寫實的文體，對後世也能產生垂警訓誡的作用。在這一點上，可以想見劉氏充滿了淑世的歷史意識。他說：

> 凡今之為史而載文也，苟能撥浮華，採貞實，亦可使乎雕虫小技者，聞義而知徙矣。[45]

> 況史之為務，申以勸戒，樹之風聲。其有賊臣逆子。淫君亂主，苟直書其事，不掩其瑕，則穢迹彰於一朝，惡名被以千

---

[41]　〈書事〉，頁 269-270；又〈書志〉，頁 72-83。

[42]　〈書志〉，頁 72-87；另見〈採撰〉，頁 137-140。

[43]　〈書事〉，頁 268。

[44]　紀昀，《史通削繁》（臺北：廣文書局，1979，四版），頁 95。

[45]　〈載文〉，頁 151。

載，言之若是，吁可畏乎！[46]

又：

> 蓋史之為用也，記功司過，彰善癉惡。得失一朝，榮辱千
> 載。苟違斯法，豈曰能官？[47]

充分顯露他認為文人史士當以直書來達到彰善癉惡的目的。這種具
有道德使命感所寫出來的文章，在劉知幾的觀念中，才是能垂訓久
遠，也才是可以立不朽之三的事業。在《史通・史官建置》中，劉
氏對於此義，有更精湛的發揮：

> 夫人寓行天地，其生也若蜉蝣之在世，如白駒之過隙，猶且
> 恥當年而功不立，疾沒世而名不聞。上起帝王，下窮匹庶，
> 近則朝廷之士，遠則山林之客，諒其於功也名也，莫不汲汲
> 焉孜孜焉。夫如是者何哉？皆以圖不朽之事也。何者而稱不
> 朽乎？蓋書名竹帛而已。向使世無竹帛，時闕史官，雖堯舜
> 之與桀紂，伊周之與莽卓，夷惠之與跖蹻，商冒之與曾閔，
> 但一從物化，墳土未乾，則善惡不分，妍媸永滅者矣。苟史
> 官不絕，竹帛長存，則其人已亡，杳成空寂，而其事如在，
> 皎同星漢。用使後之學者坐披囊篋，而神交萬古，不出戶庭
> 而窮覽千載，見賢而思齊，見不賢而內自省。若乃《春秋》

46　〈直書〉，頁227。
47　〈曲筆〉，頁234。

> 成而逆子懼，南史至而賊臣書，其記事載言也則如彼，其勸
> 善懲惡也又如此。由斯而言，則史之為用，其利甚博，乃人
> 生之急務，為國家之要道。[48]

可算是總括之論。至此，劉氏時間觀念結構已趨於完整，亦即過去
現世與未來的指向都已具備而自成一體系了。

四、結語

　　總前所述，透過文史的劃分，審視不同時代與文風的演變，略
可釐清劉知幾對歷史撰述的部分史論。本文採述角度。一直以劉氏
之時間觀念為基軸而立論。但劉氏在「上古」「中古」「近古」
「近世」「當代」的區分中，把時間上限設在先秦時期，尤其是在
《詩經》《尚書》《楚辭》的年代，未再超前，即使再超前至所謂
的「傳說時代」，劉氏也都用來做為批判古之記述者的荒誕不經
[49]，他在這段時期的時間意識即顯得比較薄弱。當然，這與他一貫
求真的精神與實證的態度有關。至於更推其前至所謂的「史前時
代」，則我們很難從現存的史料中去證實劉氏是否具備這項時間分
段的看法。但就此點而言，則是容易理解的，劉氏未曾敘及史前
史，主要與《史通》成書的過程和《史通》本身的性質有關。《史
通》基本上是一部總評上古以降，即《尚書》《春秋》以下迄於唐

48　〈史官建置〉，頁349-350。
49　〈書志〉，頁72-83。

代的所有史籍*50*，主要對象以史書為主並及於史書所載的一些史事。劉知幾對《史通》的設限本身已非常明白，因而涉及《尚書》以前的時代，甚至是無文字的時代就不是《史通》命意所在的範圍了。因此，我們幾乎看不到他對史前史的任何觀念。

　　另外，史觀的問題通常與史家的時間觀念也有若干關聯，如不少史家即多少繼承孟子的五百年為一週期的治亂論，劉知幾基本上並不十分贊同它，他不太贊成所謂的歷史命定論（historical deteminism），他以為歷史上任何朝代的興亡，人物的成敗，都不是天命，而是人事攸關*51*。但此者與本文主題之所在並沒有十分緊密的關係，故略而不詳。留諸有興趣做專門研究者可也。

50　程千帆，《史通箋記》（北京：中華書局，1980），〈凡例〉，頁 1。
51　〈書志〉，頁 72-83；另參翦伯贊，〈論劉知幾的歷史學〉，頁 84。

試論劉知幾的史法[*]

一、前言

　　唐朝史官劉知幾（661-721）的傳世代表作《史通》，可以說是中國史學史上第一部有系統地深入研究史法的專書[1]。是書共有 49 篇，分內、外兩篇，各有 10 卷，內篇計 36 篇，是《史通》的主體；外篇凡 13 篇，也有劉氏講述史法的菁論[2]。欲窮劉氏史論者，

---

[*]　本文原收錄在《中西史學史研討會論文集（二）》（臺中：國立中興大學歷史學系，1987），頁 101-120。

[1]　說已見本書前文數篇，茲不復贅。

[2]　內外篇名，可見《史通釋評》（臺北：華世出版社，1981），各篇要旨，可參劉虎如，〈史通導讀〉，《史通選註》（臺北：文星書店，文星集刊第七十六種，1956），頁 12-21。邱添生，〈劉知幾的史通與史學〉，《國立臺灣師範大學歷史學報》第 9 期（1981.5），頁 57-60。大抵內外篇非一時之作，互有未定之說，兩存參取，折衷用之，不為無助（清浦起龍說）。呂思勉《史通評》（臺北：臺灣商務印書館，1971，二版）亦云：「外篇蓋內篇未成時隨手札記之作；內篇則合外篇所見，精心結撰而成，自當以內篇為主。然曲折入微，盛水不漏，其事良難。故外篇之意，間有內篇將攝不盡者；亦有一時失檢，內篇所論，轉不如外篇之允者，正不容作一概之論也。」

內外兩篇俱不可偏廢。

　　世之治《史通》者，多謂《史通》是一部史評（historical criticism）或史論（historical discussion）的書籍，而未提及史法，其實史評或史論都是史法的外在表現形式，劉氏透過評論的方式，建立其史法見解，其主要目的皆不外乎提供後世史家有一個正確的撰史觀念與態度以作為參考。因此，不論史法、史評或史論，三者意義之所之，實無二致。而其價值與重要性，由後世學者多就史法一層來立說，亦可見之。即如一代史家章學誠（1738-1801）也說：「鄭樵有史識，而未有史學；曾鞏具史學，而不具史法；劉知幾得史法，而不得史意」[3]，乃以史法來強調劉氏之史學。

　　章實齋前語係以史家應該具備的「四長」來觀察鄭樵曾鞏劉知幾等人的長短，其所作評論大致無誤。在章氏的詞彙裏，史識代表義理，他以此送給鄭樵；史學指考證，他以此屬之曾鞏；史才表示辭章，文中則未詳列何人史才特顯[4]。此或係因於章氏心目中，識、學都比才更為重要之故[5]。而劉知幾則三長俱有，只是缺乏史意。其實，章氏最後的這一句話是否正確，頗有疑問。究其實際，章氏自謂「史意」與史法有別，只是用以自辨其學迥異於劉知幾而已，其實「史法史意，本為表裏一體之事。言史法者，必有其史意

---

[3]　《方志略例》一，〈和州志志隅自敘〉，見章學誠，《文史通義》（臺北：華世出版社，1980 新編本），頁 398。

[4]　章學誠，《文史通義》內篇四，〈說林〉，頁 122。

[5]　章學誠，《文史通義》，頁 127。另，內篇五，〈史德〉，頁 147-150；〈詩話〉，頁 165。皆強調「識」的重要。

或史義存焉。苟無其意，法固無歸」⁶，相反而論，章氏亦非僅言史意，而完全不提史法⁷。故而可說其評論於鄭、曾、劉三氏者，「大致」無誤，祇於史意與史法之間的區分不能自明而已。倒是，章氏的理解角度，係以識、學、才三長出發的，這點頗值得注意。而本文亦擬循此方向跟進，專看劉氏所陳示的史法。

　　承前所述，約略可以明瞭史法是匯聚才學識三者之後始能表現出來，這是章學誠把劉知幾放在鄭樵與曾鞏之後的主要原因，僅憑才學識之中的任何一項或兩項，而欲凝鑄成像劉知幾在《史通》所表現的精密史法準則，似乎不可得。緣此，探討劉知幾集合三長而表現於實際撰次層面的一些主張，則甚有必要加以梳理。本文首先要看他對史料的選擇與批判的見解，這是史法的第一步。

二、史料的選擇與批判

　　一般而言，劉氏最重視正史的史料價值，次是偏記小說之類的十流，而後才是子家之中近似於歷史敘事的《呂氏春秋》、《抱朴子》、《玄晏子》等一類書⁸。由於劉氏的這項見解，因而在《史通》全書之中評論正史者舉目隨篇皆可觸見，雜述則次之，子家近史者又次之。

6　許冠三，《劉知幾的實錄史學》（香港：中文大學出版社，1983），頁163-164。
7　參前註書頁。又由章氏所撰之《方志略例》，悉皆論及史法。
8　《史通釋評·雜述》，頁315-319。

　　依史書的年代次序，劉氏在上古的先秦階段[9]，舉出春秋經傳的三家左公穀來言，他的主張是：

> 如《穀梁》《公羊》者，生於異國，長自後來。語地則與魯產相違，論時則與宣尼不接，安得以傳聞之說與親見者爭先乎？

> 《左氏》述藏哀伯諫桓納鼎，周內史美其讜言；王子朝告於諸侯，閔馬父嘉其辨說。凡如此類，其數實多。斯蓋當時發言，形於翰墨，立名不朽，播于他邦。而丘明仍其本語，就加編次。……觀二傳所載，有異於此，其錄人言也，語乃齟齬，文皆瑣碎，夫如是者何哉？蓋彼得史官之簡書，此傳流俗之口說，故使隆促各異，豐儉不同。……

> 尋《左氏》載諸大夫詞令，行人應答，其文典而美，其語博而奧，述遠古則委曲如存，徵近代則循環可覆，必料其功用厚薄，指意深淺，諒非經營草創出自一時，琢磨潤色獨成一手。斯蓋當時國史已有成文，丘明但編而次之，配經稱傳而行也。如二傳者記言記事，失彼精華，尋源討本，取諸胸臆。夫自我作故，無所準繩，故理甚迂僻，言多鄙野，比諸《左氏》，不可同年。[10]

9　對劉知幾在《史通》內所使用的時間分段法以及其相關的史論，請參拙撰，〈試論劉知幾的時間觀念及其歷史撰述論〉，《大陸雜誌》75：1（臺北，1987.7），頁30-37。

10　《史通釋評·申左》，頁507-508。

劉知幾在這些話中把史料價值分為親見與傳聞、原始文件與傳說、原始記錄與後來追憶的種種不同。這樣的分類，頗似今日所謂之「第一手資料」和「第二手資料」、「原料」與「次料」或「直接史料」與「間接史料」的分別。此則，在以往的史家未曾全面集中地談到過。劉知幾以其獨特對史學（historiography）的特別關注，使得對史料的控制有一完整而分明的指示，這在史學史上是一項很好的發展。

　　他對中古階段的《史》《漢》《陳志》《范後》等史書所採用的史料，也有所批評。對《史記》而言，有：「昔讀《太史公書》，每怪其所採多是《周書》《國語》《世本》《戰國策》之流」[11]；又有「而太史公述〈儒林〉則不取游、夏之文學，著〈循吏〉則不言冉季之政事，至於〈貨殖〉為傳，獨以子貢居先。成人之美，不其闕如？」[12]

　　對《漢書》而言，則有：「至班固《漢書》，則全同太史，自太初已後，又雜引劉氏《新序》《說苑》《七略》之辭」[13]並對書內之天文、藝文所取錄者，發出尖銳之批評[14]；對陳壽《三國志》言，則有：「……陳壽借米而方傳，此又記言之奸賊，載筆之凶

---

[11]　《史通釋評・雜說上》，頁 564-571。其中《戰國策》應作《國策》。

[12]　同前註。大抵劉知幾評司馬遷或孔子之書者，後世學者持維護孔馬之立場而駁劉知幾者較多。有關本則，可參王鳴盛，《十七史商榷》（臺北：大化書局，1984 再版）卷六，史通駁史記條，則持反（劉）論。見頁 50。

[13]　《史通釋評・採撰》，頁 137。

[14]　《史通釋評・漢書五行志錯誤》，頁 641-664；另〈書志〉，頁 72-83，亦可知劉氏對史料的態度。

人」[15]；對范曄之《後漢書》，云：「爰自范曄，始革其流，遺棄史才，矜衒文采，後來所作，他皆若斯」[16]又：「至范曄增損東漢一代，自謂無慚良直，而王喬鳧（音服）履，出於《風俗通》；左慈羊鳴，傳於《抱朴子》，朱紫不別，穢莫大焉」[17]，雖然劉氏對中古階段史書之取材，略有微言，但總評則常說是：「當代雅言，事無邪僻，故能取信一時，擅名千載」[18]，尚不致過惡。劉氏一方面對後世史家愈後愈喜採述正史以外之材料載入史書一事有所批評，另方面也逐漸接受這個事實。

因此，到近古時期的史家越發大量起用雜書，劉氏的看法與態度就有更明顯的差異了。在「看法」方面，劉氏接受史籍記述方式的轉變這項事實，他說：

> 由是史官所修，載事為博，爰自近古，此道不行。史官編錄，唯自詢採，而左、右二史，闕注起居，衣冠百家，罕通行狀，求風俗於州郡，視聽不該，討沿革於臺閣，簿籍難見。[19]

---

[15] 《史通釋評·曲筆》，頁 232-240。王鳴盛、朱彝尊、杭世駿皆辨其誣。另，彭仲鐸，〈史通增釋〉曾對陳壽記諸葛亮之事有所考解，羅常培氏、程千帆氏皆以為彭考精確不移，亦可輔資瞭解陳壽《國志》記事之真確性。唯彭文今不可見，所引可見羅常培之序，見《圖書季刊》新 5：4。

[16] 《史通釋評·序例》，頁 106。

[17] 《史通釋評·採撰》，頁 138。

[18] 《史通釋評·採撰》，頁 137。

[19] 《史通釋評·忤時》，頁 701。

是說可憑為實錄的起居注、行狀、風俗、簿籍愈到後世愈少用於撰次，反是一些偏記小說在此期通行，這是承繼中古階段以後的風氣而擴大之的一種結果[20]。在劉氏對史料運用的觀念裏，總不以其為美，但前世史家既多取為史料，他祇得把這些雜書，再加以析分為十流：

> 一曰偏紀（一作記），二曰小錄，三曰逸事，四曰瑣言，五曰郡書，六曰家史，七曰別傳，八曰雜記，九曰地理書，十曰都邑簿。[21]

除此之外，劉氏還把「《呂氏》、《淮南》、《玄晏》、《抱朴》，凡此諸子，多以敘事為宗，舉而論之，抑亦史之雜也」[22]也列為史料。這就是前述之正史、雜述之餘第三種的子家近史者。

因此，在看法上，隨著後世的史籍增加幅度之大，史家撰述與取材的態度也有所轉變，正是「雖復門千戶萬，波委雲集，而言皆瑣碎，事必叢殘」之謂也[23]。故而其結果總是後史不如前史，後世諸家之《晉書》《宋書》《魏書》《齊書》終究「難以接先塵於五傳，並輝烈於三史」[24]，不過，劉氏還是接受這項史學發展的結果，而說：

20　《史通釋評‧雜述》，頁 315，有：「是知偏記小說，自成一家。而能與正史參行，其所由來尚矣。」
21　《史通釋評‧雜述》，頁 315。
22　《史通釋評‧雜述》，頁 318-319。
23　《史通釋評‧雜述》，頁 319。
24　《史通釋評‧雜述》，頁 319。

> 然則蒭蕘之言，明王必擇，葑菲之體，詩人不棄，故學者有
> 博聞舊事，多識其物，若不窺別錄，不討異書，專治周孔之
> 章句，直守遷固之紀傳，亦何能自致於此乎？且夫子有云：
> 「多聞，擇其善者而從之」「知之次也」，苟如是，則書有
> 非聖，學者博聞，蓋在擇之而已。*25*

這是間接承認別錄異書等十流的史料性質和其可用性。唯於取捨之
間，當有所「擇」罷了。然而「擇」的功夫，即是史識的運用，表
現於史學之上，不可小視。也就是在眾多史料之中，對史料的價
值，如何者可用？何者當棄？須先分辨清楚；如何者係可信之史
料？何者係可疑之史料？往往並非截然可分，而時常混殽在一起，
此即時須對史料加以分類，並進行評估，然後再取用之，載入史書
之中，如此寫出的史書，正確性與可讀性自然較高，而這兩種性質
的高低多少，端賴乎對史料的「選擇」。

　　在「態度」方面而言，劉氏即幡然改變原調，他對近古階段以
降的史籍批評，即十分嚴厲。由下引諸條可以概見：

> 爰及近古，其言多偽。至於碑頌所勒，茅土定名，虛引他
> 邦，冒為己邑。……在諸史傳，多與同風，此乃尋流俗之常
> 談，忘著書之舊體矣。*26*

> 降及近古，彌見其甚。至於諸子短書，雜家小說，論逆臣則

---

25 《史通釋評‧雜述》，頁319。

26 《史通釋評‧邑里》，頁172。

呼為問鼎，稱巨寇則目以長鯨。邦國初基，皆云草昧；帝王
兆迹，必號龍飛。斯並理兼諷諭，言非指斥，異乎游夏措
辭，南董顯書之義也。如魏收《代史》，吳均《齊錄》，或
牢籠一世，或苞舉一家，自可申不刊之格言，弘至公之正
說。而收稱劉氏納貢，則曰「來獻百牢」；均敘元日臨軒，
必云「朝會萬國」。……持彼往事，用為今說，置於文章則
可，施於簡策則否矣。[27]

晉世雜書，諒非一族，若《語林》《世說》《幽明錄》《搜
神記》之徒，其所載或恢諧小辯、或神鬼怪物。……多採以
為書。……雖取說於小人；終見嗤於君子矣。[28]

至於魏晉已下，則訛謬雷同，榷而論之，其失有五：一曰虛
設，二曰厚顏，三曰假手，四曰自戾，五曰一概。[29]

爰及近代，史臣所書，求其乖失，亦往往而有。[30]

其他類似例子，仍有很多。劉氏對各種史書，從各個不同的角度，
對史料價值作出全面的分析。尤其對近古以下的史籍，多無好評，
除王劭的《齊志》外，幾乎沒有一部史書不被劉氏攻擊得體無完

27　《史通釋評·敘事》，頁 209。
28　《史通釋評·採撰》，頁 138-139。
29　《史通釋評·載文》，頁 148。
30　《史通釋評·品藻》，頁 221。

膚，盔甲全失的。其中又以魏收的《魏書》最甚，沈約的《宋書》次之。劉氏在批判的態度上來說，可一點也不容情，與前述在看法上表現多少同意的言論可謂迥然有別。

總前所言，劉氏在《史通》諸篇之中所批論史料的，大都在選擇史料與批判史料兩方面同時著手，他企圖在選擇與批判之上建立一個史料的價值系統。如親見、原始文物、正史的史料分別要比傳聞、追敘、傳說、雜記、小說等的價值要來得較高；同時他也強調以史料之真偽斷定史料之價值，真史料的價值比偽史料要高出甚多，此固不言可喻。在劉氏個人而言，他最痛恨非實錄的記載，這由他在《史通》諸多篇章一再表現的直筆論可以鑒知[31]。

誠如前述，劉知幾在全面論列史料的言論，是發前人所未發的。然而審諸其言論，也非盡善，至少有下列三點缺陷，於今可為一述：

㈠對史料的真實性與其分類，劉氏論析頗明，但對史料的訂正與考證，則未有詳細的論述。因而《史通》內有極少數劉氏所根據立言的資料，其本身即不甚正確，劉氏未加以過濾即用以立說，以致引起後世學者特別是清朝學者的辯駁，徒增不少紛擾[32]。

---

31 直筆論的說法，請參白壽彝，〈劉知幾的史學〉，《中國史學史論集》（上海：上海人民出版社，1979）第 2 冊，頁 67。許冠三，《劉知幾的實錄史學》全書即以實錄直筆為主旨。另亦可參拙撰，〈試論劉知幾史學思想的本源〉，《史學評論》第 8 期，頁 16-20。

32 詳參呂思勉，〈廣疑古〉，收錄於氏著《史通評》，頁 90-103；又《史通釋評·疑古》頁 453-454，云：「《論語》專述言辭，《家語》兼陳事業……」，《家語》之偽，清范家相《孔子家語證偽》（鑄學齋本）及孫志祖《孔子家語疏證》（式訓堂叢書本）考證甚詳，引見程書，頁 262。

　　㈡真史料與偽史料的價值，固是前者高於後者，此點可不容異議。然而唐朝以前已存在有許多虛偽史料，若能詳加考訂，則虛偽史料仍可當作一真切的史料使用，因為偽史料本身有時也反映出一種歷史情況。劉氏但取實錄真料，似未鑒及於此[33]。

　　㈢劉氏似未注意到史料與史家的關係。劉知幾多就史料是否符合歷史情況著眼，而未瞭解史家個人的見解，也能左右史料的真實性[34]。事實上史料的價值，不僅會隨時代而變，也會隨史家而變。史家能善用史料，則史料的價值即出[35]。歷史的建構，正需史家與史料兩者之間不斷交互溝通而後始成，兩者缺一不可[36]。

　　儘管劉氏對史料的瞭解，有以上三點缺失，但他對史料價值系統的建立，可說發揚了過去史學的優良傳統。實際上，以上所提三點並非糾其缺失，而是用以補罅其說的，史料是歷史最重要的部分之一，以前曾有「沒有史料，沒有歷史」[37]的說法，雖有忽略史家的重要性，但史料與歷史之間密切的關係卻因此而顯。史料的選擇與運用，正是史家三長所必須交匯的第一個焦點。

---

[33]　白壽彝，〈劉知幾的史學〉，頁 100。

[34]　白壽彝，〈劉知幾的史學〉，頁 100。

[35]　杜維運，《史學方法論》（臺北：華世出版社，1979），第九章〈史料析論〉，頁 143-144。

[36]　王任光譯，E. H. Carr 原著，《歷史論集（*What is History*, 1961）》（臺北：幼獅文化公司，1970），頁 23。

[37]　轉引自杜維運，《史學方法論》，頁 131。

三、歷史編纂的型態

在撰次歷史的過程中，史料的選擇確立之後，再決定運用的方針，剩下來恐怕就必須注意史書記載內容的型態這一問題了。《史通》論此者，多在內篇[38]。故於此專取內篇之中有關型態者來看劉氏論史法的第二步。談及史書的編纂，首先必須涉及體裁的問題，劉氏論此頗多，本文擬於下文另闢第四節述之，於此不贅。次者，關於編纂言語的問題，亦頗重要，因體裁是形式，而言語則是歷史學的本體。因為任何形式的歷史學，都必須藉文字來表現其內容，劉知幾在〈敘事〉篇說：「昔夫子有云：『文勝質則史』故知史之為務，必藉於文」正說明其義。劉知幾以為歷史雖係古人之事，但並非寫給古人唸的，而是給當代人唸的，因而基本上他反對歷史的撰述上應用陳死的古代語言，他主張應用當時流行的語言。因而他十分反對擬古仿古，在〈言語〉篇他曾嚴厲批判說：

> 夫天長地久，風俗無恆，後之視今，亦猶今之視昔。而作者皆怯書今語，勇效昔言，不其惑乎！苟記言，則約附《五經》；載語則依憑《三史》；是春秋之俗，戰國之風，亙兩

---

[38] 《四庫全書總目提要》卷 88，云：「內篇皆論史家體例，辨別是非；外篇則述史籍源流及雜評古人得失」，頗可道出《史通》內外篇性質之分。《史通》分內外篇，或本諸古書成例，蓋古多有之。成玄英，《莊子疏序》云：「內以對外立名，內則談於理本，外則語其事迹」；《漢書·藝文志》：「《淮南》內 21 篇，《淮南》外 33 篇」，顏注：「內篇論道，外篇雜說」即是。葛洪《抱朴子》亦自分內外篇。今人著作亦有效其分法者，若余英時《論戴震與章學誠》（香港：龍門書店，1979）即是一例。

　　儀而並存，經千載而如一，奚以今來古往，質文之屢變者
　　哉！ *39*

歷史寫作，不能今古不分真偽相亂之理於焉可明。

　　歷史編纂的體裁和語言決定之後，始可就內容型態而言，下文即擬從編纂題目名稱的問題著手對劉氏史論做一番鉤玄提要的簡述工作。

　　〈題目〉篇主張史書與篇帙都應當有其名，而且標題名稱必須與內容相符才行，不可故意擬古求異，如《史記》寫皇后傳，卻以外戚命章；班固撰一代人表，亦包含先秦史事，都是名實不合[40]。

　　〈斷限〉篇則主斷代為史，所記史實，應有明確的年代與對象，不應超越該朝代之界限，如係一國之史，則非本國之事不書，但劉氏以為《漢書》以後的作者，並未嚴守該律，以致後史多有越限之非，導致體例不清之弊。

　　〈編次〉篇論正史各篇編排應有次序，如紀、志、傳不能倒置，亦不可錯分。〈稱謂〉言稱謂必須「取叶隨時，不藉稽古」，同時諡號與廟號不可弄混，尊卑亦不能約舉雜稱。

　　〈採撰〉〈載文〉兩篇並為記事，求徵信而發。〈採撰〉言記述及口碑可能有因迷信以致失實，如「禹生啟石，伊產空桑」；也有因好奇如皇甫謐作《帝王紀》多存圖讖；甚至亦有因「郡國之記，矜其州里」「譜諜之書，誇其氏族」[41]，乃至譌言難信，傳聞

---

39 《史通釋評‧言語》，頁 180-181。

40 《史通釋評‧題目》，頁 111。

41 《史通釋評‧採撰》，頁 139。

多失，史家編纂時不宜誤采。〈載文〉則論魏晉以降，文辭華靡，不宜作史，史家不能不更一字而輾轉鈔襲。關於此兩者，在前節史料之探求中，亦略有引述，可一併參考。

〈因習〉則說明因襲的弊端與仿古稽古一樣，都不合時代與實際的要求，事實上歷史的時間已改，事情亦異，在不同的時空架構內，不太可能有前後雷同之事，故仿古因習俱足詬病，不合直筆實錄的基本要求。劉氏主張應該注重創造來革除因習之陋。〈邑里〉則主張歷史人物的原籍地或地名應就當時的實際名稱而書，不可故意復古。劉氏這點主張，後世史家多已遵從之[42]。

〈摹擬〉述撰史摹倣古書當取其神似，勿取其貌似，所謂「貌異心同」可也，「貌而心異同」則不可。〈書事〉篇敘史家撰史當本五志：「達道義、彰法式、通古今、著功勳、表賢能」以及三科：「敘沿革、明罪惡、旌怪異」。簡言之，亦即撰述之事必係有意義及大關係者；凡迷信諧謔，以及庸碌平凡之人事，皆不入文。至於〈人物〉篇則論史家所書人物對於後世當有勸善懲惡之作用。此篇須與〈品藻〉〈直書〉〈曲筆〉等篇同等看待，因為這些篇章皆具史文去取之目的，有勸誡功用，吾人固當熟悉之。

後面這些篇章中，都涉及到「史德」的問題，因與三長論有關，須在此略作說明。劉知幾在提出史學三長論時，已把史德融會在史識一論之中了。劉氏以為史家行文敘事的技巧為「才」，史家搜求史料的工夫為「學」，都還比較容易做得到，「識」則最難。劉氏討論「識」的言論有：

---

[42] 後人著《兩唐書》時，有關邑里之記載，都從劉說。

> 假有學窮千載，書總五車，見良直而不覺其善，逢牴牾而不
> 知其失。……而夫子有云：「雖多亦安用為？」其斯之謂
> 也。*43*

是劉知幾以為徒有一身才學，而不能辨史事之良直善惡及分析史料
之牴牾失實，雖多無用，也就是有學而無識，終不能成為善史。此
處值得注意的是，劉氏在說明識比才學重要時，是運用了史家必須
具備的基本道德修養來立論的，所謂「須好正直，善惡必書，使驕
主賊臣所以知懼」的道理即是。劉氏的史德觀念都已包含於史識之
中。比較完整的說法，可見：

> 史之為務，厥途有三焉，何則？彰善貶惡，不避強禦，若晉
> 之董狐、齊之南史，此其上也。編次勒成，鬱為不朽，若魯
> 之丘明，漢之子長，此其次也。高才博學，名重一時，若周
> 之史佚，楚之倚相，此其下也。*44*

古之史家被知幾分為三個等級，雖然上中下三個等級的史家在後世
都已難尋，但可以看出劉氏使用分等的依據，正是史德、史識、史
才與史學。最善者即是「彰善貶惡，不避強禦」的史德，可以證知
劉氏在史識　論之中，史德所佔重要性的比例是居於鰲首。

43　《史通釋評‧雜說下》，頁 634。
44　《史通釋評‧辨職》，頁 326。

　　劉氏一直強調「文直事核，不虛美，不隱惡」[45]，其以彰善癉惡為歷史之功用的意念非常明顯，在《史通》諸多篇章可以審見[46]，並且深斥魏收穢史的最大來由是在於魏氏心術不端的原故[47]，即可知道劉氏重視史德之一斑，故而可以確知史德本是我國史學甚早即有的一種優良傳統，上古即有，不自章學誠始，只是章氏首次以專文形式擴充史德內容，做為正式的論見[48]。其實，史德的芻見在劉知幾已經具備了。因而，本文論及劉知幾史法時，必須才學識兼及，不能孤立去理解，而且，劉氏的史識，實際已含孕史德。具備史識史德，歷史的編纂才有目的和價值。

　　另卷九之〈煩省〉篇，論歷史撰述的煩簡有古今的不同，不能完全由史家之主觀意圖而定篇幅之詳略，劉氏以史學發展趨勢來說明煩省，較之張世偉諸人以煩簡定《史記》《漢書》之優劣高下，似高明過之[49]。

　　以上所述，乃知劉氏在編纂史法上的諸多大要。此中誠如劉氏所云：「所網羅者密矣，其所商略者遠矣」[50]，故知劉氏論史體則反對摸擬經傳，主張引用近體；論言語，則反對憲章虞夏，主張應

---

[45]　新校本《漢書》（臺北：世界書局，1974）第 4 冊，〈司馬遷傳贊〉，頁 2738。

[46]　《史通釋評·曲筆》，頁 234；〈直書〉，頁 227；〈載文〉，頁 151；〈史官建置〉，頁 349-350 等等。

[47]　《史通釋評·曲筆》，頁 233。

[48]　章學誠，《文史通義·史德》，頁 147-149；另〈文德〉，頁 60-61。

[49]　《史通釋評·煩省》，頁 308；程千帆，《史通箋記》（北京：中華書局，1980），頁 165-166，收有多家說法，俱足與劉氏〈煩省〉篇所言相發。

[50]　《史通釋評·自敘》，頁 337。

用今文；論編製，則反對繁文縟詞，主張言事分篇；論敘事，則反對因襲陳說，主張簡要隱晦；論題目，則反對題不對文，主張名實相符；論斷限，則反對越俎代庖，主張不錄前代[51]。劉氏這些鍼砭言論，實凝其卓越史識而鑄成，故堪為後世借鑑者甚多。

四、對正史體例的看法

接下來再看劉氏專論正史，特別是紀傳體正史的體例部分，論史法不能缺此不顧。《史通》之內論正史體例是由第一篇至第十篇，並加上〈序傳〉第三十二。

古人著書，初無定體。後世為方便於歸類，強予立名。劉氏省閱古往今來之史作，窮其原委，權而為論，析流為六，曰：「尚書家、春秋家、左傳家、國語家、史記家、漢書家」[52]。於是，古來史書之例，皆在此局之中，劉氏又於其中再提出「二體」即《左傳》《漢書》所代表之編年、紀傳兩體說[53]。《史通》開章即提「六家」「二體」四字，總領全書，千古史局竟不能越之[54]。後來的史評家，無不以此四字為劉氏特有的成就。劉氏先定下此局面，編次於卷首，再於其後糾舉古往今來之史冊而論，即有所本了。不觀書內所評，於此即可知有其史法了，而二體又較六家之說更為精

51　翦伯贊，《史料與史學》（臺北：宗青圖書公司，1978 景印），頁 108-109。

52　《史通釋評・六家》，頁 1。

53　《史通釋評・二體》，頁 37。

54　浦起龍，〈史通通釋舉要〉，在《史通釋評》正文之前，頁 29。

銳。《史通》分敘六家，統歸二體，則編年與紀傳都是正史[55]。編年經劉氏此倡，似取得與紀傳同等的地位了，但是，劉氏仍偏右紀傳，故於《史通》之中對紀傳之書體及其義例，發論獨詳[56]。劉氏二體之說，迄南宋袁樞創紀事本末體，始有一蹶[57]。然而，即使今日史學受西洋學風之沐浴，仍有其千古不破之理存焉，並未完全失去其真確性。

〈二體〉以下，〈載言〉篇主紀傳表志之外，應更立一「書」，云：

> 若人主之制冊誥令，群臣之章表移檄，收之紀傳，悉入書部，題為「制冊」「章表書」，以類區別。他皆倣此，亦猶志之有禮樂志、刑法志者也。……夫能使史體如是，庶幾《春秋》、《尚書》之道備矣。

55　劉氏之前，阮孝緒《七錄序》標紀傳為國史，編年為注曆；《隋書·經籍志》又改稱紀傳為正史，編年為古史；《舊唐書》仍取紀傳正史之名，別易編年之目，後代史志著錄相沿，莫之或改。故知二體之中，紀傳獨專正史之稱，並非與編年無分軒輊。如《玉海·國史類序》亦云：「編年其來最古，而皆以紀傳便於披閱，號為正史。」

56　程千帆，《史通箋記》，頁24。

57　浦起龍曾批評紀事本末體曰：「此體亦從二體出，非別出也。且降史書為類書，法不參立，故其書不由史館，不奉敕亦編。」見《史通釋評》，頁38。民初國史館館長但燾亦持同論。見氏著，〈國史體例雜議〉，《國史館館刊》1：1，頁2-3。然《四庫提要》卷49，則云：「……每事各詳起訖，目為標題……經緯明晰，節目詳具，前後始末，一覽了然。遂使紀傳、編年，通為一貫，前古之所未見也。」章學誠，《文史通義》外篇三，〈與邵二雲論修宋史書〉，亦承認該體之價值，見頁316。

這在體裁上是一項重要的主張[58]。若能加以採用，一面可以免使鈔錄的文章破壞史事之敘述，一面亦可擺脫史書定型之拘束而可保存較多文獻[59]，只可惜劉氏此說並未獲得後世史家普遍的接納。

〈本紀〉主述其義例在紀天子與編年為紀體，違一不可。故而有《史記‧項羽本紀》之乖謬[60]與「魏著作、李安平之徒，其撰魏晉二史，於諸帝篇，或雜臣下，或兼言他事，巨細畢書，洪纖備錄，全為傳體，有異紀文」之違例。

〈世家〉專記天子以下的王侯，《史記》亦有其失，《漢書》革之，改世家為列傳[61]。

〈列傳〉主專記一人為一傳者，自司馬遷始。惟《史記》項羽當入傳；《後漢書》記后妃六宮之〈皇后紀〉，其實亦傳也[62]；《三國志》載孫劉二帝，其實紀也，而呼之傳，皆未達紀傳之情[63]。

---

58 章學誠，《方志略例》一，〈和州徵敘錄〉，有云：「唐劉知幾嘗惡史傳載言繁富，欲取朝廷詔令，臣下章奏，倣表志專門之例，別為一體，類次紀傳之中，其意可為善矣。然紀傳既不能盡削文辭，而文辭特編入史，亦恐浩博難罄，此後世所以存其說而訖不能行也。」頁 421-422。

59 白壽彝，前引文，頁 101。

60 錢大昕，《十駕齋養新錄》（臺北：世界書局，1977 再版）卷中太史公李延壽條，曾對劉氏之說加以批駁，頁 496。

61 孔子列於世家，後世多無異議；陳涉入世家，《史通》以為不合義例而非之。關於《漢書》無世家，有趙翼，《廿二史劄記》卷一，各史例目異同條，及汪之昌《青學齋集》卷十六漢書無世家說。汪論尤詳。

62 錢大昕，《廿二史考異》卷十，後漢書皇后紀上條，錢氏以為皇后紀非始於范書，范書之前已有華嶠，《漢後書》作皇后紀二卷及王隱，《晉書》，亦嘗為后妃立紀。

63 原見《史通釋評‧列傳》，頁 59。知幾此論，筆者初步以為係劉氏基於方法論（史法）上著眼而立言。至於有關涉及正統論的問題，其中曲折深

〈表曆〉一篇，劉氏以為「夫以表為文，用述時事，施彼譜牒，容或可取；載諸史傳，未見其宜」，頗嫌《史記》表文煩費[64]。但最受劉氏譏彈的還是《漢書‧古今人表》，除〈表曆〉篇外，尚可見之於〈品藻〉〈雜說上〉。關於此則，後世學者如呂祖謙、羅泌、楊慎、鄭樵、章學誠、何焯等人皆同意劉氏所論。

〈書志〉主廢〈天文〉〈藝文〉兩志，改增〈都邑〉〈民族〉〈方物〉三志。天官、天文、瑞符多失之冗廢，去之固不可惜[65]。而藝文、經籍失之汗漫，亦曰：「唯藝文一門，古今是同；詳求厥義，未見其可。愚請凡撰志者，宜除此篇」，則劉氏此見甚有商榷餘地，宜其後賢糾之[66]，筆者亦以此說未妥。然而，氏所認為宜加添的三新志，則頗符史學發展之要旨，南宋鄭樵（1104-1162）有更進一步的闡論[67]。

〈論贊〉則以為論贊煩黷，有云：「夫每卷立論，其煩已多；而嗣論以贊，為黷彌甚，亦猶文士製碑，序終而續之以銘曰；釋氏演法，義盡而宣以倡言。苟撰史若斯，難以議夫簡要者」，劉氏此

微，可參饒宗頤，《中國史學上之正統論》（臺北：宗青圖書公司，1979，景印初版），附錄，資料三，頁 299-300。

[64] 此論與〈雜說上〉自戾，論者皆以〈雜說上〉較勝。

[65] 余嘉錫，《四庫提要辯證》史三，隋書條，反對去掉天文等志，語頗值得參考。然金靜庵、李宗侗兩氏則主去之，皆見兩氏所著《中國史學史》，竊偏後說。

[66] 胡應麟，《少室山房筆叢》（臺北：世界書局，1980 再版），卷三，〈經籍會通三〉，頁 50。朱彝尊，《經義考》，卷 294，著錄篇所言皆足匡劉氏之失。

[67] 鄭樵，《通志二十略》（臺北：里仁書局，1982，臺一版）特立〈氏族略〉〈昆蟲草木略〉詳說，即受劉氏影響。

論，對後史有顯著的影響，後史多存論廢贊，或論贊皆去[68]。

〈序例〉敘作者及篇章旨意，宜貫簡質嚴明。劉氏指出近古（指魏晉以後）的史書序例多不明暢。

〈序傳〉是作者自敘，往往殿於書末。東漢揚雄以降，以誇尚為宗，近古更是誇情，喜稱閥閱，已失其真律。唐宋以來，設立官局，史非一人一家之書，故無序傳之必要了[69]。

以上所述的十一篇，皆專論正史，尤重紀傳體之體例與義例，全是史法的精旨。

本文於此分三層探討之，亦一層緊似一層漸扣史法核心，由外圍史料的問題，次及型態的表現，而後進入撰寫正史所當嚴遵之例法。劉氏之史法，於焉告成。而史法之提出，是劉氏心目中史學史家理想型式的再現，也是劉氏史家三長論的集中表現。無三長（或才）與其理想之歷史意像，無可產生如此精覈的史法主張。

五、結論

史法可說是歷史編纂法則的簡稱，其內容可以包括兩個層次：一是史料學，涉及史料的蒐集、分類、選擇等工作；一是編纂學，關涉史籍體例、義例與內容的問題[70]。本文為更清晰闡述劉氏的史

---

[68]　《史通釋評・論贊》，浦起龍按語：「唐後諸史，有論無贊，皆陰奉其誡。可知劉說之當理也。」其中《元史》紀傳不綴論贊，其凡例述敕旨云：「據事具文，善惡自見也。」更符劉氏原意。見頁 102。

[69]　《史通釋評・序傳》，浦起龍按語，頁 299。

[70]　白壽彝，前引文，頁 96。另陳光崇，《中國史學史論叢》（瀋陽：遼寧人民出版社，1985，第一刷），頁 1-10。

法，在文中另闢劉氏對正史體例的看法一節析述。其所以如此，係因為劉氏在《史通》中，對正史的評價最高，論述也多以正史為本，而後始攤及其他，故特析出以論，較易得其凸顯之處，然實際而論，究應歸之於第三節歷史編纂型態較是。文中雖分三項，但內中引論，都以劉氏三長做為底蘊，無論史料之考訂、選擇或編纂型態之講究、援用，皆足以看出劉氏本人在才學識的功力。其高峻、壑深乃至周延處，歷代乏人可以追及，是以其史法之論，得以變成劉氏獨步古今之學。

　　至於近有學者言謂：「史法比史才、史學、史識、史德重要，因為史才、史學、史識、史德四種是要靠史法來培養及陶冶，才能表現出來，我們可以說史法是上面四者的靈魂」[71]，則適巧與本文前述一番的分論析述相反。以愚見而論，史家三長之才學識甚至史德一長，都在抽象層次，存乎史家如劉知幾、鄭樵、章學誠等諸氏的胸臆之中，無由得見。如欲見之觸之，體現四長的真正存在，則必須由實際具體的作品來審察之，也就是經由作品所表現的史法來看史家四長的具備與否？是四長俱能？抑或如鄭樵只得史識、曾鞏僅有史學可言而已？由之亦可據以判別其所撰述之作品的價值高低。故而，以淺見來言，史法似非才學識德四者的靈魂，更非四長需賴史法來蘊育培養。後面此則所提，聊資以為結尾的附論，並質諸世之治《史通》的方家，未審允當之否？

71　郭紀青，〈劉知幾與史通〉，《臺中師專學報》第 10 期（臺中，1981.6），頁 108。

劉知幾「辨其指歸，殫其體統」
與司馬遷「究天人之際，
通古今之變，成一家之言」
之關係與比較試論[*]

一、前言

　　中國歷代重要史家當中，漢代的司馬遷（c.145-c.87 B.C.）和唐代的劉知幾無疑是其中翹楚[1]。兩人的貢獻，簡要言之，馬遷在其

---

[*]　本文原刊於《興大歷史學報》13（臺中，2002.6），頁 1-23。

[1]　司馬遷生卒年頗多異說。近人王國維作〈太史公行年考〉認為馬遷當生於
　　漢景帝中元五年（145B.C.）至於卒年則不可考，約與武帝相終始，享年
　　六十歲左右。但郭沫若〈太史公行年考有問題〉，《歷史研究》1956：
　　3；施之勉，〈太史公行年考辨疑〉，《東方雜誌》40：16。趙生群，
　　〈司馬遷生年考辨〉，收於氏著《太史公書研究》（西安：陝西人民出版
　　社，1994），頁 110-126。李長之，《司馬遷之人格與風格》（臺北：開
　　明書店，1968）第一章附錄〈司馬遷生年為建元六年辨〉皆主馬遷應生於
　　建元六年（135 B.C.）。施丁，《司馬遷行年新考》（西安：陝西人民教
　　育出版社，1995）則主 145 B.C.-95 B.C.。

《史記》（原稱《太史公書》），首創以人物為中心的紀傳體裁，分本紀、表、書、世家、列傳五體，將互數千年之史事，盡括於一書，使中國史學史著從行之既久，弊端叢現的編年體裁裏，突破有立；讓中國史學擴充內容，體例互相配合，形成完密的撰述體系，而更創生機。終至孕育後世廿五正史綿遠不絕的史學傳統，影響後世極為深遠，實可謂經萬世而長明，與日月並輝烈。而劉知幾之貢獻則在《史通》一書，清初編纂的《四庫全書總目》列之於史評類的第一本書，即肯定是書為首部中國史學批評主義的專著，是劉氏針對唐代以前的史學史著，首次進行系統的總結，並提出一套可行的編纂方法理論而摩勒成書的，後世史家撰述，多有奉之為圭臬者。兩人的重要性，於此可見一斑。

然而馬遷《史記》與劉知幾《史通》雖皆是古來名作，但一為紀傳體裁通史，一則為史學批評名著，性質迥不相侔，似不相干；兩人對後世史學的貢獻，亦截然異趣，各有其要；乍觀之下，亦各領風騷，毫無關連。然披讀兩書之餘，筆者發覺兩人在撰述其書的思想背景上，又隱然似乎可尋繹出一些相關因子，進而闡明兩人志向意趣之所在，以得知兩氏史學之關聯性及一貫性。

自來研索探討司馬遷及其史學者甚多，僅就研究篇章而言，即可編目成書[2]。研究劉知幾者亦夥，然並論兩氏，抉其一端以發言者，似尚不多。筆者有鑑於斯，不揣淺學，顧自願就兩氏撰述其書的最高宗旨來述之，以明其史學之原本根由。

司馬遷的「究天人之際，通古今之變，成一家之言」是他一生

---

[2] 如徐興梅，《司馬遷與史記研究論著專題索引》（西安：陝西人民教育出版社，1995）等等。

從事史職的最高目標，也是繼承其父太史公之職所欲達到的最高理
想，更是他後來撰就《史記》要具體落實的精神指導。這句名言，
並不見於《史記》任何篇章，也未見於其〈自序〉當中，而載之於
〈報任安書〉內，後來班固（32-92）著《漢書》時在〈司馬遷本
傳〉中也收錄此語。這句話按字面解釋並不難，大致是想要用來
探究天與人之間的關係，通貫古代迄於今日的發展變化，寫成個
人的一家著述之言。但其義蘊卻至深至廣，歷來學者多就此撰述
專見，欲闡發其義，啟迪後學，成果亦斐然可觀，幾無餘義可供他
討[3]。大抵史公此話，已演成學史嗜史者的最高抱負，吾人從史公
之後，未見有任何學者提出更高層次的見解主張或說法，即可覘
知，似不必再有異述，即使本文所欲闡述的劉知幾氏，亦是如此；
其他史家，不外若是。這句話可說是司馬遷的歷史哲學，也是中國
史學當中的一家重要歷史哲學，影響中國史學至為深遠，即使今日
史學受到西方學術的衝擊和影響甚大，史公此語仍有其顛撲不破之

3　凡研究司馬遷及其《史記》者大多會針對此話申論之，如許凌雲，《司馬
　　遷評傳》（南寧：廣西教育出版社，1994），頁 115-147，等等。其他專
　　論此話，其中有名者即有阮芝生（資牲），〈試論司馬遷所說的「通古今
　　之變」〉，《沈剛伯先生八秩榮慶論文集》（1976 年 12 月），又收於杜
　　維運、陳錦忠編，《中國史學史論文選集三》（臺北：華世出版社，
　　1980），頁 185-223。又同氏，〈試論司馬遷所說的「究天人之際」〉，
　　《史學評論》第 6 期（1983 年 9 月），頁 39-79。逯耀東，〈論司馬遷
　　「成一家之言」的兩個層次〉，《臺大歷史學報》第 17 期（1992 年 12
　　月），頁 43-64。又同氏，〈司馬遷「通古今之變」的「今」之開端〉，
　　《輔仁歷史學報》（1993 年 12 月）。餘不備舉。

理[4]。

　　關於史公該句名言，究析者已多，筆者不敏，不能逾越之，故於下文，僅就劉知幾「辨其指歸，殫其體統」一語，析述其與史公該語之關聯處，尋繹兩者蘊涵，以觀大史家大思想及其沾溉後學之處。換言之，本文以採述劉知幾者為主，涉及史公該語者始輔述之，不復專述史公該語的精深內涵。下即分三方面述析之。

二、史觀：歷史認識論的角度

　　劉知幾的「辨其指歸，殫其體統」一語，出自《史通·自敘》：

> 若《史通》之為書也，蓋傷當時載筆之士，其義不純。思欲辨其指歸，殫其體統。夫其書雖以史為主，而餘波所及，上窮王道，下掞人倫，總括萬殊，包吞千有。自《法言》已降，迄於《文心》而往，固以納諸胸中，曾不蒂芥者矣。夫其為義也，有與奪焉，有褒貶焉，有鑑誡焉，有諷刺焉。其為貫穿者深矣，其為網羅者密矣，其所商略者遠矣，其所發明者多矣。

4　陳玲華，〈司馬遷的究天人之際探究〉（新竹：清華大學文學研究所碩士論文，1995，未刊）；劉文星，〈究天人之際，通古今之變：司馬遷歷史哲學新探〉（臺南：成功大學歷史語言研究所碩士論文，1995，未刊）；汪榮祖，〈究天人之際通古今之變——歷史生態學試論〉，《中國文化》第 5 期（1991 年 12），頁 111-115。

這裏不厭其煩引出原典，冀一覽究竟，始悉劉知幾撰寫《史通》之
動機緣起、宗旨目的，以及對此書之自我評價、自我期望。一般而
言，〈自敘〉與一般史書的自序類似，相當於全書的前言或後記。
劉知幾將此篇置於內篇卷末，即卷十第三十六篇。學者多建議，要
明瞭撰作《史通》的始末，尚須與〈序錄〉及外篇的〈忤時〉合
看，結合這三篇，即是史通之「前言」。以前筆者撰述舊文，即採
此法[5]。然〈序錄〉述《史通》之命名，〈忤時〉則主述官修史局
之五不可，雖與撰述《史通》都有關聯，但主要的過程，還是在
〈自敘〉才可以看出其中端倪，尤其上文引述該段，更可見其中宏
旨。

　　首先劉氏自承《史通》為什麼而寫？大抵因其有感於當時編寫
史書的人，大多是文士而非史家，對史書編撰的原則掌握得不夠純
篤，所以想要辨清其目的宗旨，窮盡其體裁綱統。《史通》雖然以
歷史為主，但內容所波及影響到的範圍，往上窮盡王道，往下展述
人倫，總括包容萬千不同的各種現象。這裏先從後面的話分析敘述
起，至其「蓋傷當時載筆之士，其義不純」則留置下節再述。

　　劉知幾的目的，在寫成《史通》達到「辨其指歸，殫其體統」
針砭古今史籍之後，還要「上窮王道，下掞人倫」。當然後者雖謂
只是前者的「餘波所及」，但無疑的是包括在前者「辨其指歸，殫
其體統」的命題之內，這也是筆者不以後者「上窮王道，下掞人

5　筆者嘗撰，〈劉知幾的重要生平及史通之撰成〉，《弘光護專學報》第
　　12 期（1984 年 6 月），頁 41-47。後於《史學三書新詮》（臺北：臺灣
　　學生書局，1997）第一章〈三書作者的生平與其著作之關係比較〉亦係如
　　此。

倫」作為題目命意之所在的原因。但究其內涵而言，若劉知幾僅因當時載筆之士，不明史學之體統與指歸，而寫出只涉及史書編纂方法理論典則的《史通》，則似乎立論並不宏遠偉大，那麼《史通》的意義必定重寫，不足以列為史評類的第一本書，在中國與世界的史學領域當中放其光芒。

當然在「上窮王道，下掞人倫」的「王道／人倫」，他是以「上／下」來聯繫貫通的，上下之間，即是王道人倫的關係，也就是天道與人事之間的關係，這是古來史家史官所最關切的命題。司馬遷提出的「究天人之際，通古今之變，成一家之言」，其實正是續其父司馬談太史公之職的終極關懷，只更簡捷扼要、提綱挈領地精化成該句名言而已，但代表著中國傳統史學的承襲與發揚。此中，司馬遷的提辭，也是「天／人」「古／今」的上下關係，這點劉知幾可能受到某種程度的啟發。

何以言之？《史通·自敘》既是研究劉知幾撰述《史通》之經歷、心境、目的、內容之要略的一篇重要作品，但整篇之中，無法直接看到劉知幾自述與《史記》或司馬遷的關係。只知道他從十二歲讀完《左傳》之後，即開始捧讀《史記》[6]，故劉知幾對於司馬遷的「拾遺補藝，成一家之言，厥協六經異傳，正齊百家雜語」的精神，應該會受到一定程度的影響。《史通·六家》有云：

> 《史記》家者，其先出於司馬遷。自《五經》間行，百家競

6　詳〈自敘〉篇：「先君奇其意，於是始授以《左氏》，期年而講誦都畢。……次又讀《史》、《漢》、《三國志》。」參《史通釋評》（臺北：華世出版社，1981），頁333。

> 列，事迹錯糅。前後乖舛，至遷乃鳩集國史，採訪家人，上起黃帝，下窮漢武，紀傳以統君臣，書表以譜年爵，合百三十卷。

在〈二體〉篇又云：「《史記》者，紀以包舉大端，傳以委屈細事，表以譜列年爵，志以總括遺漏，逮於天文地理、國典朝章，顯隱必該，洪纖靡失」都是稱述《史記》的優點，並且從《史記》的「通」字上著眼來推許司馬遷的。劉知幾甚至在他自己的書《史通》的命名上，自稱也是受到司馬遷的影響。言云：「且漢求司馬遷後，封為史通子，是知史之稱通，其來自久，博采眾議，爰定茲名」[7]，可見其命名之所本。事實上，其中也多少透露他心目中比於司馬遷的。

連司馬遷著述《史記》是歸本於《春秋》，劉知幾撰《史通》亦追源於《春秋》。據今之學者研究，漢武帝時，漢興已百年，本當接三代統業，觀三代損益而重新制作一代之大法，但漢武名為興禮重儒，其實則專飾鐘鼓玉帛以欺世，其嚴刑嗜利反甚於前面高、惠、文、景四代，而古代禮樂自此遂不可復見。史遷悲痛武帝失去此一千載難遇之良機，以多欲侈心敗壞上代以往長期休養生息之富裕，深怕重蹈嬴秦覆轍，故效孔子就上下數千年之歷史，申明治道；從通古今之變中達到制治之原，最後「藏之名山，副在京師，

7　見《史通‧原序》。司馬遷本人並未受封為史通子，而是在王莽時，找到司馬遷的後代而封賞的，事見《漢書，司馬遷傳》（臺北：鼎文書局，1984），頁2737。

俟後世聖人君子」[8]。劉知幾著作《史通》目的也是要向孔子的
《春秋》看齊。他曾說：

> 昔仲尼以睿聖明哲，天縱多能，睹史籍之繁文，懼覽者之不
> 一，刪《詩》為三百篇，約史記以修《春秋》，贊《易》道
> 以黜八索，述《職方》以除九丘，討論墳典，斷自唐虞，以
> 迄於周。其文不刊，為後王法。自茲厥後，史籍逾多，苟非
> 命世大才，孰能刊正其失？嗟予小子，敢當此任！其於史傳
> 也，嘗欲自班馬以降，訖於姚、李、令狐、顏、孔諸書，莫
> 不因其舊義，普加釐革，但以無夫子之名，而輒行夫子之
> 事，將恐致驚末俗，取咎時人，徒有其勞，而莫之見賞。所
> 以每握管嘆息，遲回者久之。非欲之而不能，實能之而不敢
> 也。[9]

劉知幾自認可以「出手眼釐定群史，志擬《春秋》」[10]，只是他沒
有孔子的名義來行夫子之事，而深恐取咎於流俗鄙夫，這是他深引
為憾的，但同時卻道出他真正的願望。他在〈自敘〉篇自述《史
通》因「多譏往哲，喜述前非。獲罪於時，固其宜矣。猶冀知音君
子，時有觀焉」亦引孔子所說罪我知我皆《春秋》而自比於其書，
大有「知我者《史通》，罪我者《史通》」之慨。

---

[8] 語見《史記‧太史公自序》（臺北：鼎文書局，1986），頁 3320。本段
引述阮芝生，〈試論司馬遷所說的「通古今之變」〉，收於前揭杜、陳同
編之《中國史學史論文選集》，頁 216-217。

[9] 《史通釋評‧自敘》，頁 334-335。

[10] 《史通釋評‧自敘》浦起龍按語，見頁 335。

　　上追《春秋》，是古來史家共同的願望。不僅司馬遷、劉知幾如此，後世歐陽修（1007-1072）章學誠（1738-1801）亦莫不如此。《春秋》所代表的意義，歷經時代的轉換，已不限於孔子個人的「述而不作」的成就而已，而變成中國史學優良傳統的源頭[11]。司馬遷「通古今之變」歸本《春秋》所得的結論在於「禮義」。因《春秋》以道義而治人，是王道之大者。《春秋》為「禮義之大宗」，不通其旨，則必至於君不君、臣不臣、父不父、子不子，故有國者，為人君父為人臣子者，皆不可不知《春秋》。史遷非常重視《春秋》，認為春秋的禮義，可防患於未然，制治於未亂，保邦於未危，弭亂於未形，乃從根本來解決問題。周衰之後，禮樂崩壞，孔子出而整理六藝，修《春秋》，欲撥亂反正。但孔子之道未行，歷經戰國以迄於秦漢，皆蔑禮法以爭利。故史遷有懲於斯，乃撰述《史記》欲從通古今之變中來達到制治之原。[12]

　　司馬遷的「究天人之際」說，最後亦歸結於孔子的「仁義」，史公從長期的歷史發展當中，理出其經驗法則，發現人有吉凶禍福，事有成敗得失，國有興廢存亡，世有治亂盛衰。其間具決定性的影響因素是在人抑在天？史遷一本古代史官的傳統，亦欲「究天人」之「際」。結果他發現「德」亦即「仁義」是非常重要的。詳

---

[11]　章學誠，《文史通義》（臺北：華世出版社，1980）外篇一，〈立言有本〉：「史學本於《春秋》」，見頁 207；另內篇四，〈答客問上〉亦云：「史之大原，本乎《春秋》」，見頁 138。杜維運，〈史學往哪裡走？〉，《憂患與史學》（臺北：東大圖書公司，1993）亦倡同說。參頁 59-69。

[12]　阮芝生，〈試論司馬遷所說的「通古今之變」〉，頁 216-217。

細的舉證與論述，請參阮芝生先生的鴻文*13*，於茲不能贅。大抵其說在於天人可以交相作用，但以「德」作為感應機樞，人應盡人事以希天合天，人事之盡處，方顯出「天」來，此處即是所謂天人之「際」。阮氏以為史公此說與孔子所說的「不知命，無以為君子也」的意義是一脈相通的，換言之，其「究天人之際」乃從孔子的義命之學轉手而來，只是史遷將此說運用到史事人事的評析上，遂使此一思想顯得宏大、深長而有生命*14*。

　　由上簡述得知，司馬遷「通古今之變」後所肯定的「禮義」與「究天人之際」中所重視的「仁義」，正好相合，惟史遷用錯綜複雜的史事來推究、通貫之，具體的實現，則待《史記》的問世刊布。司馬遷能撰成《史記》，綜述數千年史事而自成一家之言，對於劉知幾而言，雖然他在《史通》當中一再主張斷代為史，而說《史記》紀傳體通史有「同為一事，分為數篇，斷續相離，前後屢出」*15*等等缺點，但私家述史，自成一家獨斷之學，仍是劉知幾無限稱羨，心神嚮往的目標。不過，劉知幾所處的時代，由於官修史局的成立，監修制度的限制以及其官職的束縛，使他原本「嘗欲自班馬已降，訖於姚、李、令狐、顏、孔諸書，莫不因其舊義，普加釐革」也就是他要刪定司馬遷以下的史書，上繼孔子撰成一代不刊典著的美志，變成一種不可能實現的願望。所以歷經多重轉折與思考，最後，他不得不退而私撰《史通》，把他的美志侷限在對古今史書的評論上。在手段與方式上，他採取了與司馬遷不同的路線。

13　阮芝生，〈試論司馬遷所說的「究天人之際」〉，頁 47-79。

14　阮芝生，〈試論司馬遷所說的「究天人之際」〉，頁 79。

15　《史通釋評・二體》，頁 36。

他以錯綜經緯、貫通古今的「通」識觀點，分析研究以往史家史書
的利弊得失和真偽，以「辨其指歸，殫其體統」，從而「上窮王
道，下掞人倫，總括萬殊，包吞千有」。他最大的希望，在於：

> 昔丘明之修傳也，以避時難；子長之立紀也，藏於名山；班
> 固之成書也，出自家庭；陳壽之草志也，創於私室。然則古
> 來賢俊，立言垂後，何必身居廊宇，迹參僚屬，而後成其事
> 乎？是以深識之士，知其若斯，退居清靜，杜門不出，成其
> 一家，獨斷而已。[16]

他要像左丘明、司馬遷、班固、陳壽等人一樣，獨自發揮才學，自
創一家獨斷之學。不同的是左馬班壽所成的是正式史書，他的則是
史評專著。但不管形式如何，其所倚賴的通識觀念，所欲完成的獨
斷之學，則完全是一樣的，這是自古以來的優良傳統，且為後世鄭
樵、章學誠等人所繼承發展下來，迄今猶受正視。

　　劉知幾欲成其一家獨斷之學，跟司馬遷的「成一家之言」也是
相當的。司馬遷在「究天人之際，通古今之變」之後，最後以一家
言的《史記》具體展現其史觀，「究天人之際，通古今之變」的思
想遍布分散在《史記》不同的篇章，故而包世臣說《史記》：「明
為百王大法，非一代良史而已」[17]，阮芝生也說：「《史記》實在
不同於一般所謂的『史學名著』，太史公也實在不同於一般所謂的

16　《史通釋評・辨職》，頁 328。

17　參《史記，六國年表敘》，引自阮氏前揭引文。

『歷史家』或『史學專家』」[18]，這是確鑿的評論，非深悉史公旨意者不能致。劉知幾在寫成其一家自得之言的《史通》，除確實完成「辨其指歸，殫其體統」的作用外，他也說到《史通》之命意：

> 夫其為義也，有與奪焉，有褒貶焉，有鑒誡焉，有諷刺焉。
> 其為貫穿者深矣，其為網羅者密矣，其所商略者遠矣，其所
> 發明者多矣。[19]

《史通》所要表達的義理，對前人史事有評價，有褒貶，有鑒誡，有諷刺。書中所貫穿的年代很深遠，所網羅的史事很詳密，所商討的問題很深入，所闡明的論點很多樣。《史通》的「貫穿」「網羅」「商略」「發明」正是「上窮王道，下掞人倫」的手段方法，類似史遷的「究」天人之際，「通」古今之變。我們可以這樣說：司馬遷的「成一家之言（史記）」在於因為「究天人之際，通古今之變」而來，後兩則是「成一家言」的憑依，也是內涵；「成一家言」則是其實現。這句名言其實可拆解為三，亦可整合為一，完全無礙理解。劉知幾的「一家之言（史通）」相仿於史遷者，是透過貫穿網羅、商略發明去「總括萬殊，包吞千有」來達到窮王道展人倫的，兩大史家的史觀其實都在「天／人」（「王道／人倫」）、「古／今」的大範疇之內，展述他們的見解，最後以不同的形態表

18　阮芝生，〈試論司馬遷所說的「究天人之際」〉，頁 79。阮氏在註 12 引
　　文結尾時亦說《史記》與其他史書最不同處，即在於從古今之變中鳌為郅
　　治之原，為百王之法；絕不可把它當作單純的歷史記載或史料來看待。見
　　頁 217。

19　《史通釋評・自敘》，頁 337。

現出來而已。在大體方面，可以看出兩人都有大氣象大手筆，而且
兩人史學也有若干關聯。

當然，司馬遷與劉知幾也有一些史觀上的相異點，但相較於前
述，已經不那麼重要。故於此僅略提之即可。史遷該句名言的「究
天人之際」，雖說是「天／人」要究，但更要究其「際」。「際」
有「界」「會」二義，故而要闡明該話的深意，即須劃分天人的交
界線，認明天人的會合處，阮芝生氏已申說清楚，上文亦引述人事
盡處，天道始現，即其「際」處。顧此回審劉知幾的「上窮王道，
下掞人倫」在「王道／人倫」之間，並無特別強調兩者之間有所謂
「際」處，或劉知幾的觀念中，此「際」處已融含於其內了，並不
需要再另提了。針對此點，筆者倒以為或可從兩人生身當世來看，
劉氏生於盛唐在五經正義刊行的時代，儒家勢盛，故其言王道人
倫，即是儒家的天道人事；然司馬遷的漢代，則儒家初定於一尊，
其影響力尚未深及於史遷，故史遷之言「天／人」不可盡以儒家解
之，應當更為開廓。即使史遷言天之性亦與稍前之董仲舒（179-104
B.C.）天人感應並不相同，董氏之天是理性的，而史遷則不一定是
理性的[20]。再者，定於一尊之後的儒家與司馬遷崇尚孔子仁義的原
儒，也有差異[21]，何況司馬氏身不入於後儒。由此可知劉知幾之天
道王道，是漢後儒家的人文傳統。但他們兩位也都反映了史學不同

---

[20] 徐復觀，〈論史記〉，對此已有詳析。茲文原載《大陸雜誌》55：5、6
（1977 年 11、12 月），又收於前揭杜、陳同編之《中國史學史論文選
集》，頁 88。

[21] 顧頡剛有〈春秋時代的孔子與漢代的孔子〉一文及傅斯年之評文和〈論孔
子學說所以適應于秦漢以來的社會的緣故〉，傅文見《傅斯年全集》（臺
北：文星書店，1987）第 3 冊，頁 445-460。

時代的文化性。

總前而言，兩人所揭櫫的治史最高原則，實即兩氏的歷史哲學所在，其中相類似者多，差異者極微。何以故？蓋自史遷揭示「究天人之際，通古今之變，成一家之言」並具體落實於《史記》，貫徹其思想之後，後世學者多起而效尤之，形成中國史學的優良傳統之一。唐代劉知幾在評隲歷代史籍彈射各家學者之餘，亦在史觀方面深受馬遷影響，自云「上窮王道，下掞人倫」，透過前述貫穿、網羅、商略、發明的多種不同方式，肆論於《史通》之中，達到「辨其指歸，殫其體統」，建立史學批評的規範典則，而推進後世史學的發展。雖所成的一家之言不同，但卻都是「天／人」「古／今」「王道／人倫」的崇高表現。這是他們兩位都站在更高或謂最高的角度來看待來研究歷史，除了是一種會通的史觀，當然更是一種創新的精神，後世的鄭樵、章學誠也都特別強調這份精神[22]，正可看到史遷、知幾史學的沾濡後學之處。近來常聽到有些人或史家，要求史家本身要有「世界意識」「世界史的精神」也都是類似的意思。

22　章學誠讚譽鄭樵說：「獨取三千年來遺文故冊，運以別識心裁，蓋承通史家風，而自為經緯，成一家言者也。學者少見多怪，不究其發凡起例，絕識曠論，所以斟酌群言，為史學要刪，而徒摘其援據之疏略，裁剪之未定，紛紛攻擊，勢若不共戴天。古人復起，奚足當吹劍之一吷乎？若夫二十略中，〈六書〉〈七音〉與〈昆蟲草木〉三略，所謂以史翼經，本非斷代為書，可以遞續不窮者比，誠所謂專門絕業，漢唐諸儒，不可得聞者也。」章學誠亦主「以史明道」。請參《文史通義‧申鄭》及拙著，《史學三書新詮──以史學理論為中心的比較研究》，頁63-73。

三、載筆：歷史方法論的角度

　　拈出馬遷知幾兩公史學的最高義之後，再回到最早的「若《史通》之為書也，蓋傷當時載筆之士，其義不純」這句創作《史通》初機的話來分析。

　　載筆之士可以是文人也可以是史士，但不管是文人或史士，劉知幾在這裏所談的是作史，是寫歷史文章，不是一般詩詞歌賦之類的所謂詞章之文。兩者之間最大的區別，是詞章之文著重情感、創造、幻想，神思可以無限馳騁發揮，但歷史文章則必須以史料為根據，僅能有限創造。以孟子所談的「事、文、義」來言，修撰歷史，不僅要直書史事，義理昭然，亦要求工於文筆，反映史實。遠古先秦之時，文史一揆，不分文學與史學。兩漢時期文體略變，已是「樹理者多以詭妄為本，飾辭者務以淫麗為宗」，故司馬相如、揚雄、班固、馬融等大家的作品「喻過其體，詞沒其義，繁華而失實，流宕而忘返，無裨勸獎，有長奸詐」[23]，劉知幾以為中古兩漢之文雖稍嫌虛矯，但大抵猶實[24]，到近古的魏晉，則訛謬雷同，妄飾蕪累，更甚於前，劉知幾究其實，即嚴厲糾出「虛設」「厚顏」「自戾」「假手」「一概」等五失，而謂不可取。再推至其當代則是：

23　拙著，〈劉知幾的時間觀念及其歷史撰述論〉，《大陸雜誌》75：1
　　（1987 年 7 月），頁 31。《史通》〈載文〉〈敘事〉〈浮詞〉〈模擬〉
　　〈煩省〉……等篇章中都有論及文體文風之轉變。上引見《史通釋評・載
　　文》，頁 147-148。

24　《史通釋評・載文》，頁 148。

> 大唐修《晉書》，作者皆當代詞人，遠棄史班，近宗徐庾。
> 夫以飾彼輕薄之句，而編為史籍之文，無異加粉黛於壯夫，
> 服綺紈於高士者矣。[25]

又：

> 史之為務，必藉於文。（中略）而今之所作，有異於是。其
> 立言也，或虛加練飾，輕事雕彩，或體兼賦頌，詞類俳優，
> 文非文，史非史，譬夫烏孫造室，雜以漢儀，而刻鵠不成，
> 反類於鶩者。[26]

就十分反對文士修史了。為什麼？因為魏晉隋唐以來，才藝之士多
舞文弄墨「溺於文辭以為觀美之具焉」，而不顧史事之正確與否，
跟古時《左》《國》《史》《漢》都符合「良史莫不工文」為一代
文宗而大不相同，故不宜為史。當然，劉知幾對這些「私徇筆端，
苟衒文彩，嘉辭美句，寄諸簡策」的文士，認為他們「豈知史書之
大體，載削之指歸？」[27]這個「大體」與「指歸」，豈是那些「元
瑜孔璋之才，而處丘明子長之任」[28]的文士所可深解的？知幾曾
說：

25　《史通釋評·論贊》，頁 100。
26　《史通釋評·敘事》，頁 211。
27　《史通釋評·論贊》，頁 99-100。
28　《史通釋評·雜說下》，頁 637。

> 但自世重文藻，詞宗麗淫，於是沮誦失路，靈均當軸。每西
> 省虛職，東觀佇才，凡所拜授，必推文士。遂使握管懷鉛，
> 多無銓綜之識；連章累牘，罕逢微婉之言，而舉俗共以為
> 能，當時莫之敢侮。**29**

原來劉知幾反對的理由主要在於文士多無「銓綜之識」。這是一份
史事綜合，陶鑄成文的能力，不是私矜一家機巧，文筆亂加點竄，
再外敷飾彩即可勝任的，非莫有史才史識不可成文。這就是劉氏所
說「其義不純」的背後最大的理由。

那麼載筆之士要怎麼寫，才能義例純正呢？這就是劉知幾撰述
《史通》欲「辨其指歸，殫其體統」，從古來史冊，一一評析，其
中「有與奪焉，有褒貶焉，有鑒誡焉，有諷刺焉」從中建立規範，
為後世史學之藥石。《史通》內外篇20卷，共49篇的內容，就是
要建立這些典則，他設置題目，分立篇章，以〈六家〉〈二體〉牢
籠千古史局，定下體例，再循義例撰定〈本紀〉〈世家〉〈表曆〉
〈書志〉〈列傳〉；基本態度是〈直書〉莫〈曲筆〉，〈採撰〉要
廣，〈探賾〉宜深；〈敘事〉簡要，〈煩省〉有度，切莫〈浮
詞〉；要用當世〈言語〉，不可盡〈因襲〉往例，〈品藻〉〈人
物〉，可知〈覈才〉〈辨職〉之難等等**30**，劉知幾胸有定見，執法

29　《史通釋評，覈才》，頁290-291。

30　筆者嘗試以《史通》內篇篇名，寫成類似歌訣一般的辭句，略可淺見其內
　　容，但畢竟不能窺其全豹。除精讀原文內容是了解各篇旨意的最佳途徑之
　　外，各篇篇旨可參劉虎如，〈史通導讀〉，《史通選註》（臺北：文星書
　　店，文星集刊，1965）敘文。又可參邱添生，〈劉知幾的史通與史學〉，
　　《國立臺灣師範大學歷史學報》第9期（1981年5月），頁51-72。

甚嚴，故肆而立言之下，古來名著多難逃其刻意之評判。劉氏的目的並非標新立異，也非要推翻所謂「正史」的型態，而是要透過對自古以來史書的徹底批判，來確定撰述正史的正確方法，換言之，就是「殫其體統，辨其指歸」。再說確切一點即是劉知幾就其心目中理想的寫史形式、態度以及如何才是一部理想的正史都透過史評的過程與方式，來告訴「載筆之士」以後應當如何落筆才合乎義例純正的要求。

　　當然殫其體統，義例純正並不容易達到，不說前述的詞章之士不夠資格，連專職的史士也未必做得到，在劉知幾的觀念看法裏，一定要合乎「史才三長論」的人才能臻於此境。「三長謂才也，學也，識也」[31]，是劉知幾對於史家才具條件的看法，也是劉知幾及後世學者持以評論史家高低的準則之一。這是劉知幾的特識，在盛唐時期即能重視歷史主體——史家的作用，並提出三長的條件說，成其系統理論，不僅在中國史學史，恐在世界史學史當中亦極其難能。我們知道史家的品質會決定歷史真實的可信度，才、學、識（含德）俱佳者，其所撰之史必善。然三長俱有者，古來史家並不多見，即使具有其中史識一長，便足為良史矣[32]。鄭樵曾稱述劉知幾、司馬遷為「二良史」[33]，本節且據此以論二氏在載筆方面，是否有足可稱述者？有關三長論的文章不少，有關史公的論述更多，單

31　《舊唐書・劉子玄本傳》（臺北：鼎文書局，1979），頁 3171。《唐會要》及《冊府元龜》（卷五五九）也都收有此語。

32　章學誠有云：「才學識三者，得一不易，而兼三尤難」（《文史通義・史德》）又云：「鄭樵有史識而未有史學」（《文史通義・和州志志隅自序》，頁 398）鄭樵僅具三長中最重要的史識，即被章氏所稱揚，可悉。

33　《通志略・氏族序》，頁 1。

述二氏作品自可從略，本文擬以劉知幾的三長論衡量，並結合史公的「究天人之際，通古今之變」，看兩氏的識見高瞻與撰史功力。

從史學方法論的角度入手，司馬遷寫《史記》的目的是「網羅天下放失舊聞，王迹所興，原始察終，見盛觀衰」[34]，其所用的方法是以本紀、表、書、世家、列傳五體來綜合表達。先說〈本紀〉，史遷說：「論考之行事，略推三代，錄秦漢，上記軒轅，下至於茲，著十二本紀，既科條之矣」，這就是以「通古今之變」的觀點，考察五帝以來迄於今上（武帝）的「王迹所興」，因「著十二本紀」。茲為省篇幅亦為扣緊題旨計，僅舉三代本紀略論，〈夏本紀〉中記述大禹治水之豐功偉績，頌其聰明機智，精力充沛，吃苦耐勞，克奉道德，仁慈可親，講話信用，聲音和悅，舉止規矩，辦事謹慎，勤勉端重，乃百官之典範。然至末世，夏桀不講德行，憑武力侵犯他族，又囚禁殷族首領湯於夏臺，不久釋放之，而湯修養德行，諸侯咸歸服之，最後伐桀，桀放鳴條而死。在〈殷本紀〉裏，史公詳載帝紂荒淫無道，而西伯昌卻修德行善，終至「諸侯多叛紂而往歸西伯。西伯滋大，紂由是稍失權重」，後武王牧野誓師，代天行道，率八方諸侯伐紂。貫竄這三篇本紀，甚至其前的〈五帝本紀〉，史遷都以「明德」「仁德」來反映世代嬗替的看法，從上節的引述當中，已知「德」為天人感應機樞，天道常與人為善，有德者居之，故悉史遷一方面「通古今之變」，一方面也在「究天人之際」。這是他的「原始察終，稽其成敗興壞之紀」。再以〈秦本紀〉〈秦始皇本紀〉更可看出這個道理。史公在這兩篇本紀詳述秦自襄公護衛平王東遷，始封諸侯，歷文公營岐雍，穆公修

---

[34] 《史記‧太史公自序》，頁 3319。

伯政，獻公雄諸侯，孝公變成法，凡百有餘年，始由西陲夷狄小
國，逐漸變為爭霸稱雄的強國，最後在始皇時統一六國，併吞天
下。接著引用漢初賈誼之論析述秦之所以得與失天下之因。到〈高
祖本紀〉，史公就說：「秦政不改，反酷刑法，豈不繆乎？故漢
興，承敝易變，使人不倦，得天統矣」。劉邦得天下，是因為能
「承敝易變」的結果，除去暴秦苛法，收攬民心，終是有德者居天
下，與前述的分析實是一脈相承，始終如一。

　　次說〈表〉，表的作用可使隱微之事變得比較鮮明，它可與
紀、傳互為經緯，擴大紀、傳記事的範圍。史遷把本紀、世家、列
傳中的複雜內容綜合起來用簡明形式的〈表〉來展現一個時代的總
貌和天下大勢，既可囊括複雜史事，又可看出歷史發展的線索和階
段性，對紀、傳所載的史事具有穿針引線的作用。簡言之，表頗能
對史事的發展，帶有宏觀的看法。茲再以漢興以來的歷史舉例，略
作具體說明，史遷以六表即〈漢興以來諸侯王年表〉〈高祖功臣侯
者年表〉〈惠景間侯者年表〉〈建元以來侯者年表〉〈建元以來王
子侯者年表〉和〈漢興以來將相名臣年表〉寫當代歷史，分析漢興
以來如何加強中央集權，以迄於武帝的大一統時代。史遷記述此百
餘年諸侯王的興亡變化，他指出：「臣遷謹記高祖以來至太初諸
侯，譜其下益損之時，令後世得覽。形勢雖強，要之以仁義為本」
35從諸侯王強盛和削弱的情況，得出「仁義」應作為立國之本。亦
與上節之析述謀合，可見「究天人之際」常是在「通古今之變」中
呈現出來的，而上效孔子及其《春秋》為百王明法，制治之原，也
一直是史公「成一家之言」的現實目標。

35　《史記・漢興以來諸侯王年表序》，頁803。

　　復說〈書〉，史公說：「禮樂損益，律曆改易，兵權山川鬼
神，天人之際，承敝通變，作八書」[36]，意思是說八書是記載國朝
典章制度及其沿革變化的專篇。〈禮書〉述略協古今之變，〈樂
書〉述移風易俗，〈律書〉講兵法之變，〈曆書〉述曆法變易，
〈天官書〉論天文，〈封禪書〉述祭諸神山川之禮，〈河渠書〉講
治水，〈平準書〉敘貨殖，觀事變。所以司馬貞注解八書時即說：
「此之八書，記國家大體」[37]。茲舉其中的〈平準書〉作例，略申
史公作史手法與其寓意。有云：

> 至今上即位數歲，漢興七十餘年之間，國家無事，非遇水旱
> 之災，民則人給家足，都鄙廩庾皆滿，而府庫餘貨財。京師
> 之錢累巨萬，貫朽而不可校。太倉之粟陳陳相因，充溢露積
> 於外，至腐敗不可食。眾庶街巷有馬，阡陌之間成群，而乘
> 字牝者儐而不得聚會。守閭閻者食粱肉，為吏者長子孫，居
> 官者以為姓號。故人人自愛而重犯法，先行義而後絀恥辱
> 焉。當時之時，網疏而民富，役財驕溢，或至兼并豪黨之
> 徒，以武斷於鄉曲。宗室有土公卿大夫以下，爭于奢侈，室
> 廬輿服僭於上，無限度。物盛而衰，固其變也。[38]

史公寫史的高妙處即在於當大卜人陶醉在歌舞昇平的盛世之中，其
眼力卻能穿透歷史現象的表徵，直射事象內部，探察盛衰關係，並

36　《史記‧太史公自序》，頁3319。
37　司馬貞，《史記‧禮書‧索隱》，頁1157。
38　《史記‧平準書》，頁1420。

從盛世之中看出衰象之兆。前段引文，史公頗費辭多，形容武帝初時一幅盛世景象，然筆鋒一轉隨即帶出「役財驕溢」「爭于奢侈」，賣官鬻爵，與民爭利之事。這種機兆是史遷「見盛觀衰」的述史來由，完全體現了其「通變」的觀點。史遷把歷史過程看成是會變化的，具有盛衰波動的過程。這個看法與前例之「原始察終」「承敝通變」，都是史遷「通古今之變」的思想，他通過述往事達到思來者，實現「志古自鏡」的目的，並予執政者借鑑。

至於〈世家〉，史公在〈自序〉中明確指出：「二十宿環北辰，三十輻共一轂，運行無窮，輔拂股肱之臣配焉，忠信行道，以奉主上，作三十世家」。這些「輔拂股肱」之臣，自周至漢，皆有功於社稷及澤德於民。其中史公以吳太伯因遜位季歷，逃奔荊蠻，為孔子讚為至德，故列為百家之首。又列孔子、陳涉入世家，一在「追修經術，以達王道，匡亂世反之於正，見其文辭，為天下制儀法，垂六藝之統紀於後世」，一在開反秦之首，「其所置遣侯王將相竟亡秦」，皆於其〈自序〉中敘明兩人實質有功於社稷。當中，除〈楚元王世家〉迄於〈三王世家〉是專敘漢初開國功臣或漢室宗戚外，其餘皆可按年代與〈三代世表〉、〈十二諸侯年表〉、〈六國年表〉相照應，甚至與諸〈本紀〉對讀，皆可看到史公寫史「通古今之變」的用意深刻。

末說〈列傳〉，卷數最多，共七十篇。篇篇所記盡是超人風範，扶持正義，建立功業，流芳百世的各類人傑，史公以時代先後為序，採專傳、合傳、類傳的方式立傳，不拘常格，皆有深寓，足為法式。總之，史遷以此五體結構的紀傳體裁的形式，一改《尚書》只記言事，《春秋》《左傳》編年的舊史記載習慣，用開闊的歷史視野，將三千年史事，囊括於其《史記》一書之內，內容不僅

涉及諸夏四夷，遠及絕域，涵蓋中外，亦且經濟、文化、民族、社會乃至自然，亦皆網羅入列，其記載之廣度與深度，都是前無古人的。而且以其開創的史學方法，為後世史家提供典範，影響極為深遠。清代學者趙翼在《廿二史劄記》（卷一）說：「司馬遷參酌古今，發凡起例，創為全史。……然後一代君臣政事，賢否得失，總匯於一編之中。自此例一定，歷代作史者，遂不能出其範圍，信史家之極則也。」章學誠也說：「夫史遷絕學，《春秋》之後，一人而已。其範圍千古，牢籠百家者，為創例發凡，單見絕識，有以追古作者之原，自具《春秋》家學耳」[39]。

　　史遷開創紀傳體裁，沿為世纘，二千多年的編纂傳統中，它依然有巨大作用。但開創體裁是一件事，運用方法撰述又是另一件事，僅靠一種較新較好的體裁就以為可以寫出好的史書，那可能是一種近乎幼稚天真的想法。茲舉南宋袁樞（1131-1205）創「本末體」來論，這個新體裁與編年、紀傳足可鼎立而三，它因事分論，排比得法，翦裁審慎，克服編年與紀傳之「年不一事，事不一人」的弊端，而自成貫穿古今的一系統。此體「文省於紀傳，事豁於編年」[40]，對於一事之本，原始要終，足以觀其會通。袁樞此體實有所承襲亦有所創發，讚譽者或稱其為《通鑑》之戶牖，功同司馬之撰述；或稱其為紀事之別格，史學之捷徑；或稱其為舊史界進化之極軌，新史之開山。就其開創出來的本末體裁而論，卻與司馬遷創紀傳體有相同的作用，但論及其寫作實質，則袁樞就落得「依人作

---

[39]　《文史通義·申鄭》，頁136。

[40]　《文史通義·書教下》，頁15。

嫁」「才不足以副」的批評了[41]。而史遷除開創體裁外，他也開創了一種新的歷史方法，更難能可貴的是他不拘泥方法，變化圓通而不離其旨。用章學誠的話就是它「體圓用神」。當然，要達到這種境界，一定要史家有高邁的識見，卓越的才幹，淵博的知識始能臻此。而從《史記》來看，司馬遷確實呈現上列的特質，並作最佳綜合的表現，讓後世史家難以企及，永遠學習。

用劉知幾的史才三長論來看司馬遷，其實不一定必要。主要理由在劉氏後出，豈有以後人的戒尺強加於前賢者？但反面思之，若探討的結果有益於史學的發展與進化，則又何妨？因而筆者採取後義，勉強以三長論來衡量史公，其意亦止於斯哉。做為一名優秀的史家，必須具備才、學、識的修養，這是劉知幾回答當時禮部尚書鄭惟忠所問：「自古以來，文士多而史才少，何也？」而提出的。有關「三長論」，拙著專書曾闢專節闡說之，大致談到才、學、識的內涵與彼此之間的關係，並說明了史識一長之中，已隱含史德，章學誠後來另論「史德」「文德」，但卻從來沒說要補劉知幾之說而成為史才四長論的[42]。近人如梁啟超、許冠三、許凌雲等等，皆以四長謂為章學誠新見，其實並不十分妥當，但「識」中隱含「德」，比起「識」「德」並立，當然後者較為明顯。只要吾人在談及或運用史才四長時，能明瞭其確切背景，其實就沒那麼重要，但我們倒可從中再次了解劉知幾的史才三長論也被章學誠所承繼並發揚之，形成一傳統，因此拿來衡量古來史家，似無不妥，當然用

---

[41]　章學誠評袁樞作紀事本末「初無其意，且其學亦未足與此，書亦不盡合於所稱」，參同註40。

[42]　請參拙著，《史學三書新詮》第三章第三節，頁190-207。

來檢視史公，又何不可？

「才」是指史書的表達形式，包括文字表達和編纂形式，文字表達即文采。「學」是指史家的知識學問，以及掌握和鑒別史料的能力。「識」是指研究歷史的觀點和方法。至於「德」則是著書者的心術。四者俱是歷史主體——史家應有的修養，得一不易，兼四尤難。史公的「史才」，編纂形式以五體結構，綜括史事，已具前論，茲可不復。此處僅略及文字表達，亦即文采。歷史文章仍須藉文作為外在形式，來記實存真，傳達看法。求真是第一要務，文采次之，不可顛倒，亦不可偏缺。真實是史學生命，文采則是史學營養。若只有真實而無文采，則如陳年爛賬，令人不忍卒讀，很快遺忘；若只有文采而無真實，則全失歷史本質，僅成浪漫虛幻，而不值一顧，故結合兩則，才能勃發歷史生機。吾人讀史公文章，如〈項羽本紀〉中的「垓下圍」「鴻門宴」，人物如現眼前，情節緊湊、扣人心弦，令人恍如置身其中而不自知。史公為文發于情，肆于心，不囿於字句，不拘於史法，故能讓人「讀〈游俠傳〉，即欲輕生，讀〈屈原賈誼傳〉即欲流涕，讀〈莊周魯仲連傳〉即欲遺世，讀〈李廣傳〉即欲立鬭，讀〈石建傳〉即欲俯躬，讀〈信陵平原君傳〉即欲養士也」[43]，魯迅謂之「史家絕唱，無韵離騷」誠然也。《史記》不僅信實可靠，而藝術高妙；不僅是一代史著，且一代文宗。諒無異言。因此史公史才不只具備，且是高乘境界。

次敘史公「史學」。史公的知識來源，主要來自家學（司馬談）淵源，名師（董仲舒、孔安國）指導，得以成就其兼綜百家之學

---

[43] 原係魯迅引茅坤所言，見《魯迅全集》（北京：人民文學出版社，1981）第 9 卷，頁 420。

44，以及成年的壯遊，讓他「閱盡名山，江山入懷抱；體察民情，風情啟宏思」為日後撰史述史儲備豐富資糧。班固說他「博物洽聞」45，郭沫若說他「學殖空前富，文章曠代雄」是最佳寫實。

至於掌握史料運用史料之能力與方法，〈太史公自序〉講得很清楚：

> 漢興百年之間，天下遺文古事，靡不畢集太史公，遷為太史令，紬史記石室金匱之書。

史遷以其太史令職務之便，負責保管、整理、編次、使用整個石室金匱即皇家圖書館之所有藏書文獻檔案資料，加之訪之朋友，考之游歷，徵之銘碣46，終至完成一部傳信的實錄巨製。故知以史「學」論，史公的治史方法，為後世建立最佳榜樣，乃無可置疑。

復論「史識」「史德」。史識（德）較史才、史學尤要。史公能洞破編年體，開創紀傳體，即是卓有史識；其內之五體結構，雖皆有本源，然並陳於《史記》之中，作為體例，既包羅宏富，又能形象動人，誠由其「識」而得，故此體一出，即以巨大的優越性取代編年史的地位，蔚為綿遠廿五史傳統之首。再就五體之內部來

44　李長之，《司馬遷之人格與風格》，頁 212，說司馬遷之學──百科全書式的人物。

45　班固，《漢書・司馬遷傳》：「烏呼，以遷之博物洽聞，而不能自全。既陷極刑，幽而發憤，書亦信矣。其所以自傷悼，《小雅・巷伯》之倫。夫唯《大雅》『既明且哲，能保其身』，難矣哉！」見頁 2738。

46　具體事例，請參張孟倫，《中國史學史》（蘭州：甘肅人民出版社，1983）上冊，頁 116-120。

說，如創立〈平準書〉〈貨殖列傳〉乃記述社會經濟史的專篇，反映史公之經濟思想，之後班固承繼並改寫成〈食貨志〉，唐代杜佑《通典》更首列〈食貨〉，都是延續史公創意的名例。史公尚首創學術史傳，綜論古今學術，辨別源流得失，如於〈太史公自序〉全文著錄其父之〈論六家要指〉，並評述《春秋》；〈列傳〉之中並為各家如儒之孔子及其弟子、荀孟；法家之商鞅、申不害、韓非、李斯；道家之老、莊；兵家之司馬穰苴、孫武、孫臏、吳起等等人都立了傳，亦可由之觀各家學說精華。八書之中的〈禮〉〈樂〉〈律〉〈曆〉〈天官書〉也都是學術文化的總結，體現了歷史與文化的結合，是史公「善擇（識）」而得。再更進一層而言，則如本紀之中為何寫〈呂后紀〉廁於〈高祖紀〉後？為何列孔子、陳勝於〈世家〉？為何韓非老子同〈列傳〉？其取舍之由焉在？蓋皆史公有其識理存焉。待吾人後輩小子深思抉發之而後已。至於「太史公曰」的史評，就更不必說明即可知之了。由上面的舉例，從外部體裁宏構迄於內部章節細旨，都可看到史公的史識高邁而且細緻。孰曰《史記》非史公精識而得？

　　以上是準依劉知幾史才三長論度量史遷之才學識。然劉知幾本人並未在《史通》一書篇章中以三長論史公。吾人只可看到類似的褒語：

> 史之為務，厥有三途焉。何則？彰善貶惡，不避強禦，若晉之董狐，齊之南史，此其上也。編次勒成，鬱為不朽，若魯之丘明，漢之子長，此其次也。[47]

47　《史通釋評・辨職》，頁 326。

或他批評監修史臣應該是「直若南史，才若馬遷，精勤不懈若揚子雲，諳識故事若應仲遠」[48]德才兼備的人才夠格領導史局，看出他極讚史公之才情。

　　史公三長具備，應無問題。因而他能夠「罔羅天下放失舊聞，考之行事，稽其成敗興壞之理，凡百三十篇，亦欲以究天人之際，通古今之變，成一家之言」[49]為千古良史。倒是創三長說的劉知幾是否也三長兼得呢？頗值得玩味。筆者細思他回答鄭惟忠的內容來看，至少他本人是自認是有的。從他為建立載筆的範則，評彈古書，傷於苛刻[50]，然在「辨指歸，殫體統」的目的之下，亦多有體例嚴正，百代不移之論，是亦知其為良史之一，吾人信乎鄭樵稱讚二氏為良史是道業相知、毫不虛誣之言。

四、功用：歷史本體論的角度

　　最後本節再從歷史的功用這一層面來論兩氏史學的關係。歷史的功用和歷史的本質，也就是歷史是什麼？歷史作什麼用？都同屬歷史本體論的範疇。歷史的功用，劉知幾早有定見：

　　　使後之學者，坐披囊篋，而神交萬古，不出戶庭，而窮覽千載，見賢而思齊，見不賢而內自省。若乃《春秋》成而逆子懼，南史至而賊臣書。其記事載言也則如彼，其勸善懲惡也

---

[48]　《史通釋評・辨職》，頁 326-327。

[49]　見〈報任安書〉，亦收於《漢書・司馬遷傳》，頁 2735。

[50]　焦竑，《焦氏筆乘》（上海：上海古籍出版社，1986）卷 3，頁 96。

又如此，由斯而言，則史之為用，其利甚博，乃生人之急
務，為國家之要道，有國家者，其可缺之哉？[51]

又：

史之為務，申以勸誡，樹之風聲。其有賊臣逆子，淫君亂
主，苟直書其事，不掩其瑕，則穢迹彰於一朝，惡名被於千
載。[52]

說明歷史功用極大。就個體來說，歷史可以提供個人修心養性之
資；就群體來說，亦可供勸善懲惡之社會教化功能，可見歷史有經
世作用，既可以史為鑑，又可闡揚教化，甚至可以「以史制君」
[53]。劉知幾用「生人之急務，國家之要道」來形容，已是極致，其
餘就不用再細說了。但是歷史要有功用，必定要有個前提，即所記
之史事，必是事實，也就是實錄，則一切才有意義。否則「事不
實，不足為鑑」。換句話說歷史的功用，要受到「直書實錄」客觀
求真的制約。再看劉知幾在《史通・曲筆》所說：

蓋史之為用也，記功司過，彰善癉惡，得失一朝，榮辱千
載。苟違斯法，豈曰能官？但古來唯聞以直筆見誅，不聞以

51　《史通釋評・史官建置》，頁 349-350。

52　《史通釋評・直書》，頁 227。

53　以史制君的觀念，已有多位學者談及，筆者也贊同確有這種功能，但懷疑
　　其實效的廣泛普遍性。反面效果似亦頗大。

曲詞獲罪。是以隱侯《宋書》多妄，蕭武知而勿尤；伯起
《魏史》不平，齊宣覽而無譴。故令史臣得愛憎由己，高下
在心，進不憚於公憲，退無愧於私室，欲求實錄，不亦難
乎？嗚呼！此亦有國家者所宜懲革也。

文中除談歷史的功用外，還談到歷史的主體──史官，如果不能記
功過、明鑑戒與直書實錄，反致輕事塵點，曲筆偽錄，則「豈曰能
官？」在〈人物〉篇，劉知幾明確指出史官的職責：「夫人之生
也，有賢不肖焉。若乃其惡可以誡世，其善可以示後，而死之日，
名無得而聞焉，是誰之過歟？蓋史官之責也」。史官一定要「平」
（公平、平心），才能無愧，才能達到實錄。所以彰顯史家主體意
識，撰述實錄史書，是不二職責。蓋一經撰述，即成史料（當然亦
為史學，此點道理易曉，本文不及敘明），即不再變化，也不可能變化，
對歷史客體──歷史本身來講影響很大。所以文中劉知幾深斥《魏
書》穢史，《宋書》多妄，道理即在作者身為史官未盡史職，則其
勸戒作用、人倫教化、經世致用都談不到了。

　　再舉一例，劉知幾在〈申左〉篇中推許《左傳》為一代實錄。
文曰：「至於實錄，付之丘明，用使善惡畢彰，真偽盡露。……尋
《左傳》所錄，無愧斯言。此則傳之與經，其猶一體，廢一不可，
相須而成，如謂不然，則何者稱為勸戒者哉？」可見左丘明因繼承
孔子「春秋之義」，使得「善惡畢彰，真偽盡露」。由此知劉知幾
倡實錄直書，本身即具善惡畢彰的功用，進而有勸戒的目的。後來
的章學誠在其《文史通義》亦一再申說「史書之書，其所以有裨風
教者」，「綱常賴以扶持，世教賴以撐柱」，都可說著眼於闡揚人
倫教化，有益世道人心所致。

　　司馬遷的《史記》，是不是實錄呢？從上節論載筆之士的三才
論即知它絕對是一本實錄。班固評論史遷時也說：

> 然自劉向、揚雄博極群書，皆稱遷有良史之才，服其善序事
> 理，辯而不華，直而不俚，其文直，其事核，不虛美，不隱
> 惡，故謂之實錄。**54**

劉知幾受到影響，在撰〈鑒識〉篇時即說：「夫史之敘事，當辯而
不華，直而不俚，其文直，其事核，若斯而已可也」文字幾全由
《漢書》移植而來，可見劉知幾眼中的史遷是良史之才，其所撰乃
實錄。如此，則《史記》一書的功用何在呢？前述第二節已談過
了，茲處不重複，若一言以蔽之，則「經世」亦可也。

　　由上可知實錄的意義，並不僅止於靜態地保存記錄客觀真實的
歷史，實錄還應有書法無隱、善惡必書的要求，使得人君憚於憲章
及明人倫益教化以史為鑒的作用。劉知幾從研究、批判史學史著出
發，欲「辨其指歸，殫其體統」在其《史通》中大倡「實錄史
學」，最後提昇到「王道人倫」的層次，書中談實錄者多，談其微
旨者少，似乎實錄的工具性意義大於其目的性意義。然從功用的觀
點來論，實錄要經世，「以化成天下」「以察興亡」**55**，實亦頗有

54　《漢書·司馬遷傳贊》，頁 2738。

55　《史通通釋·載文》有云：「夫觀乎人文，以化成天下；觀乎國風，以察
　　興亡。是知文之為用，遠矣大矣。若乃宣、僖善政，其美載於周詩；懷襄
　　不道，其惡存乎楚賦。讀者不以吉甫、奚斯為諂，屈平、宋玉為謗者，何
　　也？蓋不虛美，不隱惡故也。是則文之將史，其流一焉，固可以方駕南
　　董，俱稱良直者矣。」見頁 123。

通古今明變化之效，這點與司馬遷的「究天人之際，通古今之變」，及後世鄭樵的「會通之義」「極古今之變」，章學誠的「綱紀天人，推明大道」都具有相同的意義。他們都透過歷史或史學的發展，來明其「變通弛張之故」，亦即由考察世變，而取為世用，此點應是傳統史學之中理論層次較高的一種經世思想，古來史家能真正做到此點的恐怕不多[56]，然史公知幾即是其中人龍。

五、結語

司馬遷的名言「究天人之際，通古今之變，成一家之言」是其一生史職史志的最高宗旨，透過《史記》來表達與完成。是句名言可拆解為三，各含其義，亦可合而為一，在《史記》中交織錯綜，橫豎經緯，顯揚其高識。史公此言既出，百代迄今不易，允為史界共奉之典則。即為後出之劉知幾，身豫史職卅餘年，志擬《春秋》，效法史公，欲自《史記》而下，撰述一代國史，藏諸名山。然官設史局，監修無學，分程立限，竟至嘿然無述，鬱憤填膺，最終退而私撰《史通》彈射古今史籍，以「辨其指歸，殫其體統」，然論評之餘，猶「上窮王道，下掞人倫」，直追史公精神。

文中分述兩史氏之史觀、載筆、功用三方面內容，從歷史之認識論、方法論、本體論的層面析述之，得悉兩史氏雖各自標題不同名言，然論其高識所蘊含之內理，操觚所秉持之才識，實錄所寓託之史意，無寧皆有其關連性，文中已略加闡釋，從而審悉兩氏名言

56　胡自逢，〈史學的經世作用和科學性〉，《探索與爭鳴》，1992：2，頁9。

之間，實亦有其一貫性。質言之，兩氏史學之精意、方法、用途在漢唐之間，互七八百年之久，實亦有其傳承因習處，不因面貌殊異而有所不同，並由之看出整個中國史學思想的優良傳統。是乃本文之一愚得。若就此點出發再看，則本文無疑又替「通古今之變」作一註腳。

　　□□ □□□□ □□□□ □□□□□ □□ □ □□ □□ □□□□。
□□□□□□□□，□□□□□□□□，□□□□□ □□□□ □□□□。
□□。□□□□□ □□□□□□□□□□□。□□□ □□□□ □□
□□□。□□□□□□□□□□□□□□□□。

劉知幾論史家品格[*]

一、前言

　　唐代史官劉知幾，在睿宗景雲元年（710）寫成《史通》之後，其摯友徐堅（659-729）即說：「居史職者，宜置此書於座右」[1]；唐末宰相柳璨批評其書曰：「妄誣聖哲」[2]；北宋宋祁則說：「知幾以來，工訶古人而拙於用己」[3]；焦竑也說：「余觀知幾指摘前人極其精核，可謂史家之申、韓矣；然亦多肆譏評，傷於苛刻」[4]等等，可知劉知幾對於唐代以前的人物史家，頗多評見，極為犀利，以致唐後學者，多謂其論「精核」「苛刻」，為史家之中的法家兼審判者。

　　劉知幾的《史通》分內、外共 49 篇，其中內篇 10 卷，計 36

＊　本文原刊於《南臺科技大學學報》27（臺南，2002.12），頁 213-223。
1　《舊唐書·劉子玄傳》（臺北：鼎文書局，1979），卷 102，頁 3171；《新唐書·劉子玄傳》（臺北：鼎文書局，1979），頁 1207。
2　柳璨，《史通析微》（又稱《柳氏繹史》），收在晁公武，《郡齋讀書志》（臺北：臺灣商務印書館，國學基本叢書，1968），卷 7，頁 793。
3　宋祁，《新唐書·劉子玄傳贊》，卷 132，頁 4542。
4　焦竑，《焦氏筆乘》（上海：上海古籍出版社，1986），卷 3，頁 96。

篇,「皆論史家體例,辨別是非」;外篇亦 10 卷,共 13 篇,「則述史籍源流及雜評古人得失」[5]。其所肆論者,固以史學方法層面為主,尤以歷史編纂學為大宗,從評述唐代以前各家史著的得失優劣入手,以至於建立其個人的一家之言。然歷代史書之優劣,固是史家作者功力具體展現的成果,但其中史家個人的品格修養亦佔決定性的作用。本文擬專就人品修養方面,審視劉知幾對唐前史家有何批評?其批評是否能夠持平?亦即是否有過當或失偏之處?何以致此?後世學者對其批評,是否有再批評?若有,則其批評又是何?這一連串的問題,即是本文的重心所在,是本文所擬敘述、討論並加以客觀分析的。

唯古來史家極多,《史通》一書所列名批判者亦多,各分述於內、外篇之中。本文限於篇幅,不能一一舉述,否則必致蕪累不堪,難以卒讀,因而本文所選擇的史家,大都是歷代之中最具代表性的史家若干名,詳細論析,以概見劉知幾史學批評的高論。至於稍詳之例,筆者從《史通》〈外篇〉10 卷之中,按年代先後次序排列劉知幾所評論的對象,主要內容與出處說明,已製作成一表,列於第三節之驥末,即請繙閱參考。內文中則以相對重要的〈內篇〉為主來採述分析。兩者既可相互參證,又可避免重複;既可節省篇幅,又可便覽通觀,對本文題旨的撰述與理解,或不為無益。

二、劉知幾史家品格論之理論核心:直筆論

古來歷代史家的人品修養,在上古先秦的史官,已為後世立下

5　《四庫全書總目提要》(北京:中華書局,1968),卷 88,頁 807 下。

良好的楷模。《左傳》襄公二十五年（578 B.C.）記齊國崔杼派人弒
其國君莊公後，太史記載其事的遭遇：

> 太史書曰：「崔杼弒其君」。崔子殺之。其弟嗣書，而死者
> 兩人。其弟又書，乃舍之。南史氏聞太史盡死，執簡以往。
> 聞既書矣，乃還。

此例說明史官欲「書法無隱」，隨時都可能身家不保。然上古史家
的齊太史、南史氏、晉董狐等都遵循這個法度，不畏強禦，直書其
事，這個優良傳統一直為後世所繼承，既是史家所倡的一種精神境
界，也是後人評價史家的一個標準。南朝劉勰評論史學時，曾說：
「辭宗邱明，直歸南、董」[6]；北周柳虯（500-554）亦說：「南史抗
節，表崔杼之罪；董狐書法，明趙盾之愆，是知直筆於朝，其來久
矣」[7]。兩者都說「直書」的重要，也都舉南、董的可貴，直筆已
形成是一種史學傳統，也是對史家的一種要求。史家的品德與史家
的成就都與此深有關聯。

劉知幾在《史通》裏，談到南、董的地方不少，茲舉內篇〈辨
職〉為例：

> 史之為務，厥途有三焉。何則？彰善貶惡，不避強禦，若昔
> 之董狐，齊之南史，此其上也。編次勒成，鬱為不朽，若魯

---

[6] 劉勰，周振甫注，《文心雕龍·史傳·贊》（臺北：里仁書局，1984），
頁 297。

[7] 《北周書·柳虯傳》（臺北：鼎文書局，1980），頁 681。

> 之丘明，漢之子長，此其次也。高才博學，名重一時，若周
> 之史佚，楚之倚相，此其下也。

知幾盛讚董狐、南史的「彰善貶惡，不避強禦」，這是一種史家最重要的品格，是史家最須優先具備的條件之一。比左丘明、司馬遷所擅的「編次勒成，鬱為不朽」及史佚、倚相所長的「高才博學，名重一時」更為重要，史家必須具備「彰善貶惡，不避強禦」的道德品質，才能落筆直實。

按劉知幾的三長論來說，史佚、倚相符合「史學」，左丘明、司馬遷符合「史才」，南、董則符合「史識」，劉知幾以為「史識」一論最為重要，其論點包含兩方面的涵意：㈠在於對史實的分析和評價，及鑑識歷史的觀點；㈡是反映歷史事實的原則和立場，即撰史的態度，此點構成了他的直筆論。綜述這兩方面，即是史家在直書撰史之餘，並要達到「彰善癉惡」的目的，此目的益處至大，他說過：

> 使後之學者，坐披囊篋，而神交萬古，不出戶庭，而窮覽千載，見賢而思齊，見不賢而內自省。若乃《春秋》成而逆子懼，南史至而賊臣書。其記事載言也則如彼，其勸善懲惡也又如此。由斯而言，則史之為用，其利甚博，乃生人之急務，為國家之要道，有國有家者，其可缺之哉？[8]

8　劉知幾著，浦起龍釋，呂思勉評，《史通釋評·史官建置》（臺北：華世出版社，1981），頁349-350。

又：

> 史之為務，申以勸誡，樹之風聲。其有賊臣逆子，淫君亂王，苟直書其事，不掩其瑕，則穢迹彰於一朝，惡名被於千載。[9]

這些都可見劉知幾寓史德於史識當中，尤其他以「生人之急務，國家之要道」來形容，範圍極廣，目的極高，可以概知其旨。除此之外，《史通・曲筆》還可看到：

> 蓋史之為用也，記功司過，彰善癉惡，得失一朝，榮辱千載。苟違斯法，豈曰能官？但古來唯聞以直筆見誅，不聞以曲詞獲罪。是以隱侯《宋書》多妄，蕭武知而勿尤；伯起《魏史》不平，齊宣覽而無譴。故令史臣得愛憎由己，高下在心，進不憚於公憲，退無愧於私室，欲求實錄，不亦難乎？嗚呼！此亦有國家者所宜懲革也。

歷史要有功用，必定有個前提，即所記之史事，必須是事實，也就是實錄，則一切才有意義，否則事不實，不足為鑑。易言之，歷史的功用須受到「直書實錄」客觀求真的制約。上文劉知幾一貫地熔直筆撰史的史識與彰善癉惡的史德於一爐當中，他還談到了歷史的主體──史官，如果不能記功過、明鑑戒與撰實錄，反致輕事

9　《史通釋評・直書》，頁227。

塵點，曲筆偽錄，則「豈曰能官？」[10]。在《史通‧人物》篇，劉知幾明確指出史官的職責：「夫人之生也，有賢不肖焉。若乃其惡可以誡世，其善可以示後，而死之日，名無得而聞焉，是誰之過歟？蓋史官之責也」。史官一定要「平」，也就是公平、平心，才能無愧，才能達到實錄。所以彰顯史家的主體意識，撰述實錄史書，是史官的不二職責。上文引述劉知幾深斥《魏書》穢史，《宋書》多妄，即是作者身為史官，未盡史職之故。具體言之，由於魏收（506-572）、沈約（441-513）的史識、史德有不合於其所倡的三長論之條件，以致於對歷史客體——歷史本身來說影響極大，所記多有不實。因而劉知幾心目中的史官，其模範典型乃有上文所揭示的「上等／史識／董狐南史」、「中等／史才／左丘明司馬遷」、「下等／史學／史佚倚相」[11]。

劉知幾在內篇之中，尚有〈直書〉、〈曲筆〉兩篇專門敘述正直品格的重要並說明是一個史家是否得為「良史」的基本修養條

---

[10] 程千帆，《史通箋記》（北京：中華書局，1980），頁 139，引《呂氏春秋‧本生》注：「官，正也。」；《史記‧孝文紀‧索隱》：「官，公也。」故姚松等，《史通全譯》（貴陽：貴州人民出版社，1997）即引其師《箋記》之注，解為「公正」。趙呂甫校注，《史通新校注》（重慶：重慶出版社，1990），頁467，注72，則引《荀子‧解蔽》：「則萬物官矣」解為「官，謹守職分」。筆者觀此句上下文意，所談皆史官史臣曲筆之謬事，故前解雖能通，但以趙注較勝。

[11] 劉知幾將古代著名史家分為上中下三等，其所依據之理論即其史才三長論，詳可參拙稿，《史學三書新詮——以史學理論為中心的比較研究》（臺北：臺灣學生書局，1997），頁 190-207。此處筆者特別籲請勿以為劉知幾所云之下等即不重要，其所舉之史佚、倚相，亦鮮人能及的古代良史。

件，劉知幾在這幾篇之中，常常使用「正直」、「良直」、「直詞」、「直道」這些詞彙，主要即在說明「直書」、「直筆」的含意。正直的表現是「仗氣直書，不避強禦」、「肆情奮筆，無所阿容」。史學史上有名的例子，劉知幾常舉「齊史之書崔弒，馬遷之述漢非，韋昭仗正於吳朝，崔浩犯諱於魏國」為典範，期許自己與世人「成其良直」。東漢劉向、揚雄、班固稱讚司馬遷「有良史之材，服其善序事理，辨而不華，質而不俚，其文直，不虛美，不隱惡，故謂之實錄」[12]，亦即說明了「直書」的各個方面的含意，是「直書」的楷模。

　　劉知幾雖然寫了〈曲筆〉篇，用意還是在強調直書的重要，他說「舞詞」、「臆說」、「誣書」、「妄說」、「謗議」、「諛言」、「不直」都是史家極不負責任的行為，史家藉曲筆或阿時或媚主，或誣人之惡，持報己仇；或假人之美，藉為私惠；或掩飾自家醜行，誇張故舊美德，最終都是嚴重斲傷了歷史本質，令人對歷史產生根本的懷疑，則其罪惡也大。故劉知幾對於曲筆與直書的對立，他從稟賦上認為這是「小人之道」與「君子之德」的對立，他說：

　　　　夫人稟五常，士兼百行，邪正有別，曲直不同。若邪曲者，
　　　　人之所賤，而小人之道也；正直者，人之所貴，而君子之德
　　　　也。[13]

12　《漢書·司馬遷傳》（臺北：鼎文書局，1981），頁 2738。
13　《史通釋評·直書》，頁 227。

史家不能從實記載，不能直書，其品格即低，即如小人之道。古來
這種現象，並未少見。所以劉知幾又說：「然世多趨邪而棄正，不
踐君子之迹，而行由小人者，何哉？語曰：『直如弦，死道邊；曲
如鉤，反封侯。』故寧順從以保吉，不違忤以受害也」。劉知幾所
說是人性之常，也是從現實出發而作的歷史概括，自有其理，然
「史之為用，記功司過，彰善癉惡，得失一朝，榮辱千載」的作用
及影響，都有待正直的史家，發揮其史識、史德，從實直書，保留
歷史之真相與人間之直道。劉知幾本身為貫徹這種思想、看法，當
然這是他從古來的歷史歸納、批評而得的。他在出任史官二十年之
後，終於向頭頂上司的宰臣監修蕭至忠上書「五不可」而欲辭卸史
職，其中第三、四兩不可即充分說明唐代史館之中，直書與曲筆嚴
重對立的狀況。史官無法在君王宰輔、權門貴族對史學的干擾之
下，還能夠不曲筆阿附？以致於實錄難求的。史家品格的幽暗面，
導致曲筆的出現，但像劉知幾上書五不可，私撰《史通》，都是正
直的史家以直書為自己之天責和本份。此一優良傳統，一直不絕如
縷，以致於古來史學，一直都能保有直書的要求，歷代總有「寧為
蘭摧玉折，不作瓦礫長存」的史家出現，這是中國傳統史學吸引人
的地方。

三、劉知幾論歷代史家品格：兼述評其論

「直道」既是劉知幾史論的核心，是劉氏持以衡量古來史家之
才能與品格的好壞高低。本節即摭其「直道」之說，審視《史通》
〈內篇〉所肆論於古來歷代史家品格的批評專見，以悉其史論之高
縱。至於有關史家之才藝，則請俟諸另文。

　　按年代先後為序來論，上古先秦史家以南、董最著，因不畏強禦，能夠直書，故「令賊臣逆子懼」[14]，達到彰善癉惡的功能，故其品自高。其次論述孔子（551-479 B.C.）「賤為匹夫，栖皇放逐，而能祖述堯、舜，憲章文、武，亦何必居九五之位，處南面之尊，然後謂之連類者哉！」[15]孔子刪《尚書》「疏通知遠」，修《春秋》述「屬辭比事」。劉知幾肯定此二書「諒以師範億載，規模萬古，為述者之冠冕，實後來之龜鏡」[16]，對孔子實無限崇敬，更要效法孔子撰述不利之典，為後王立法。

　　然孔子刪《尚書》，修《春秋》，是建立在世道衰微，邪說暴行的社會背景之上，故其書多賦有強烈的社會作用，意味撥亂世反諸正，包有孔子對當時的社會責任感與使命感。但從上文所述史家的直道或心術的角度來看，孔子的史學卻有可以再檢討的地方。孔子刪《尚書》時，刪去許多他以為鄙陋的史實，如「孔父之截翦浮詞，裁成雅誥，去其鄙事，直云『慚德』，豈非欲滅湯之過，增桀之惡者乎？」[17]又有許多地方常為賢者諱，本國諱，「情兼向背，忘懷彼我。……非所諱而仍諱，謂當恥而無恥，求之折衷，未見其宜」[18]，有時又忽略了大事，卻撿取小事，與懲惡勸善的目的又相違背，有關國家，事無大小，一旦涉及君主名譽，便覺可恥隱諱不書，甚或改變事實，以致欺騙後世，此種史例，實在不少[19]。

14　《史通通釋·曲筆》（上海：上海古籍出版社，1978），頁198。

15　《史通通釋·摹擬》，頁222。

16　《史通釋評·書事》，頁196。

17　《史通通釋·疑古》，頁387。

18　《史通通釋·惑經》，頁402。

19　《史通通釋·惑經》，頁402-415。

　　孔子修《春秋》在記載他國大事時，全憑這些國家的通告，不做求證、更動，結果依循他國之說，常將罪名強加予無辜之人，真正有罪者又逍遙於史筆之外，許多亂臣賊子缺而不錄，實在有失懲惡勸善的功能。此外，孔子與一般人一樣不能擺脫私人的情感，著述時亦不能忘卻私念，在著述中他不斷稱美顏淵即是明顯之例。這些都是孔子史學的缺失，在本節史家品格論的範圍內，作為史家的孔子雖仍被後世無限景往，仍是至聖。但在嚴格意義的史家來說，孔子其實未符直道而仍有改進的餘地，但因名教之故，責備者寡鮮[20]。劉知幾的直道，一旦碰到儒家所謂的「名教」時，則不論是史學理論或史學批評，都受到拘制，這是劉知幾史家品格論的侷限處。

　　之後，左丘明也被賦予善評，如「至於實錄，付之丘明，用使善惡畢彰，真偽盡露。向使孔經獨用，《左傳》不作，則當代行事，安得而詳哉？」[21]又：「史者固當以好善為主，嫉惡為次。若司馬遷、班叔皮，史之好善者也；晉董狐、齊南史，史之嫉惡者也。必兼此二者，而重之以文飾，其唯左丘明乎！自茲已降，吾未之見也」[22]，劉知幾對左丘明特別寫〈申左〉篇以譽揚之，是史家品格論中的佼佼者。

　　至漢司馬遷、班固（32-92），則《史通》多就撰史之體例、義例發言，如評史遷於〈本紀〉不當列項羽，〈世家〉不宜述孔子、

---

20 詳可參瞿林東，〈心術與名教——史學批評的道德標準和禮法原則〉，《中國古代史學批評縱橫》（北京：中華書局，1994），頁 110-118。

21 《史通通釋‧申左》，頁 421。

22 《史通通釋‧雜說下》，頁 528。

陳涉，〈列傳〉不應以伯夷、叔齊居首等等[23]；評班固《漢書》之〈天文志〉「實附贅尤甚者」[24]，其〈古今人表〉不符斷代體例[25]，這些都未涉及史家人品，即使劉知幾合論馬、班，有云：「尋班、馬二史，咸擅一家，而各自彈射，遞相瘡痏。夫自卜者審，而自見為難，可謂笑他人之未工，忘己事之已拙。上智猶其若此，而況庸庸者哉！」[26]筆者以為仍屬常情，未涉品格一事。大抵劉知幾評司馬遷者，後世學者不乏起而衛護史遷，而反詆劉氏未悉史公「史意」，只就「史法」立論，祇有顯示自己淺薄而已[27]；評班孟堅者，雖不少學者贊成〈古今人表〉確不符體例，然亦有如錢大昕（1728-1804）者為班固辯護[28]，可謂莫衷一是，各有其見。以史家品格而論，司馬遷並無問題，倒是班固略有瑕疵。《史通‧曲筆》篇上，記載「班固受金而始書，陳壽借米而方傳」[29]，似是班固與陳壽在人品上的一大瑕疵。劉知幾甚至謂之「記言之奸賊，載筆之凶人，雖肆諸市朝，投畀豺虎可也」，語氣十分嚴峻，不能不予以正視。然揆諸事實，經學者研究，「受金而始書」與「借米而方傳」

23　《史通通釋‧人物》：「斷以夷、齊居首，何齷齪之甚乎？」見頁238。

24　《史通通釋‧覈才》，頁249。

25　《史通通釋‧自敘》，頁289。

26　《史通通釋‧書事》，頁230。

27　程千帆，《史通箋記》，頁29；許凌雲，《劉知幾評傳》（南京：南京大出版社，1994），頁218-234。

28　張須，《通志總序箋》（臺北：臺灣商務印書館，1965 臺一版），云贊同者有唐顏師古、宋黃履翁、清何焯、錢大昕、章學誠、梁玉繩等。

29　《史通通釋‧曲筆》，頁196，陳壽（233-297）係晉人應在下段論述，茲因原文連文故附論於此。

皆是子虛，乃知幾之未深察[30]。

至魏晉（含十六國）時，王隱、虞預皆「舞詞弄札，飾非文過……用舍由乎臆說，威福行乎筆端，斯乃作者之醜行，人倫所同疾也」[31]；王沈（？-266）、陸機，一則《魏錄》「濫述貶甄之詔」，一則《晉史》「虛張拒葛之鋒」[32]，與前述陳壽「借米而方傳」一樣，都是奸賊凶人，殺之可也。他們都是「事每憑虛，詞多烏有；或假人之美，藉為私惠；或誣人之惡，持報己仇」，所犯錯誤皆是故意曲筆，顛倒是非，善惡不分，喪失史家的直道。以上諸人之中，尤以王沈之《魏錄》最甚。劉知幾不僅在〈曲筆〉篇撻伐之，更在〈書事〉篇說：

> 論王業則黨悖逆而誣忠義，敘國家則抑正順而襃篡奪，述風俗則矜夷狄而陋華夏。此其大較也。必伸以糾摘，窮其負累，雖握髮而數，庸可盡邪！子曰：「於予何誅？」於此數家見之矣。

知幾以事理乖違論述王沈之非，語氣亦重。這段話適用對象尚有孫盛、魏收與令狐德棻之流。魏收與德棻且置後文再述，茲且再舉孫盛述之，知幾除於〈書事〉篇述其乖違書事之理，並於〈探賾〉篇謂之：「盛既疑丘明之擯吳、楚，遂誣仲豫之抑匈奴，可謂強奏庸

---

30 詳參程千帆《史通箋記》，頁 134-137，文中舉王鳴盛、趙翼等諸家專見，頗可參。

31 《史通通釋·曲筆》，頁 196。

32 《史通通釋·曲筆》，頁 196。

音，持為足曲者也」，亦質疑孫盛直道不足。

南朝史家之中，裴子野、沈約都被劉知幾批評為：

> 其有舞詞弄札，飾非文過，若王隱、虞預毀辱相凌，子野、
> 休文釋紛相謝。用舍由乎臆說，威福行乎筆端，斯乃作者之
> 醜行，人倫所同疾也。[33]

知幾對裴子野尚有善評，對沈約則不假辭色，在〈曲筆〉同篇，亦謂「《宋書》多妄」[34]，其肇因除史家才藝外，史家品格之因素居多。

北朝史家人物中，則屬北齊的魏收被劉知幾批評得最厲害。在魏收撰《魏書》始成之時，便在朝廷上引起軒然大波，以致北齊之高洋、高演、高湛三帝都不能不親自過問此事，魏收也奉詔兩度修改，但一直聚訟紛紜，不能定於一是。其中癥結在於書中對於北魏、東魏一些人物的門第、郡望、譜系、功業的記載，偶或失真，而其子孫仍為北齊顯宦，於是眾口喧然指摘《魏書》不實。但當時也有另類評論之聲，尚書陸操認為魏收的《魏書》博物宏才，有大功於魏室。左僕射楊愔也曾對魏收說：「此謂不刊之書，傳之萬古。但恨論及諸家枝葉親姻，過為繁碎，與舊史體例不同耳」。

隋文帝時，命魏澹另撰《魏書》，改以西魏為正統，此舉易知，蓋隋承北周，北周承西魏而來，故重修《魏書》乃爭正統而來。唐初太宗時，議修前代史，眾議魏史已有魏收、魏澹二史，遂

33　《史通通釋・曲筆》，頁 196。
34　《史通通釋・曲筆》，頁 199。

不復修，但貞觀十年（636），李百藥（565-648）修撰《北齊書‧魏收傳》時，詳載《魏書》之風波，並借「諸家子孫」的口吻，把《魏書》稱為「穢史」，此後《魏書》即與「穢史」幾乎劃上等號，說由此起。不過後來李延壽（590-678）在稍後晚出的《北史‧魏收傳》後之「論」裏，即推崇魏收之才學，說他「勒成魏籍，追蹤班、馬，婉而有則，繁而不蕪，持論序言，鉤深致遠」又分析其書之所以引起爭議，乃是他「意存實錄，好抵陰私，至於親故之家，一無所悅，不平之議，見於斯矣」，又批評魏收「憑附時宰，鼓動淫刑」的失德行為。可見李百藥、李延壽兩氏對魏收的認知與批評並不盡相同。

其後，劉知幾亦承襲「穢史」說，指斥魏收《魏書》：

> 詔齊氏，于魏室多不平，既黨北朝，又厚誣江左。性憎勝己，喜念舊惡，甲門盛德與之有怨者，莫不被以醜言，沒其善事。遷怒所至，毀及高曾。……詔收於尚書省與諸家論討。前後列訴者百有餘人。時尚書令楊遵彥，一代貴臣，勢傾朝野，收撰其家傳甚美，是以深被黨援。諸訟史者皆獲重罰，或有斃於獄中。群怨謗聲不息。……武成嘗諸群臣，猶云不實，又令治改，其所變易甚多。由是世薄其書，號為「穢史」。[35]

劉知幾把「諸家子孫」的「眾口喧然」，改為「由是世薄其書」，號為穢史。再其後宋人劉攽（1023-1089）、劉恕（1032-1078）撰〈舊

---

[35]　《史通通釋‧古今正史》，頁365。

本《魏書》目錄敘〉，更將魏收寫成「黨齊毀魏，襃貶肆情，時論以為不平」，「眾口沸騰，號為穢史」[36]，魏收的魏書，號為穢史，於焉遂為定論。之後，清趙翼（1727-1814）、章學誠（1738-1801）均持此論，魏收一時也翻不了身。清乾嘉時期的王鳴盛（1722-1797），獨對《魏書》被批評為穢史，頗致不平之意。

　　不過，魏收引進一批沒有史才的文士，在其領導之下，利用修史職權假公濟私，作威作福，如云：「何物小子，敢共魏收作色，舉之則使上天，按之當使入地」[37]，確實品格低劣。到最後，「齊亡之歲，收冢被發，棄其骨於外」[38]，倒是古代史官境遇之中，相當特殊的一案例了。

　　邇來，史學界對魏收的研究已較能客觀了。周一良、張孟倫、瞿林東諸氏都有公允的評見，可資參考[39]。在劉知幾的《史通》裏，被批評得最差的「人評」史家人物即是魏收及其《魏書》，其次是沈約的《宋書》。在劉氏當時，正史只有十三部，《魏書》、《宋書》居其末，若以後世的二十五史來論，筆者以為或當不至於殿後。然史官品格要正，要直，則是千古鐵律，不容絲毫變更。一

---

[36]　《魏書》（臺北：鼎文書局，1980）書後〈舊本魏書目錄敘〉，頁 3063-3064。

[37]　《北齊書‧魏收傳》（臺北：鼎文書局，1980），頁 488。

[38]　《北齊書‧魏收傳》，頁 495。

[39]　周一良，〈魏收之史學〉，《燕京學報》第 18 期（1935 年 12 月），內容多為魏收辯解；張孟倫，《中國史學史》（蘭州：甘肅人民出版社，1983）上冊，頁 254-257；瞿林東，《中國古代史學批評縱橫》，頁 167-169。都有較公平的評見，而《史通》各篇之中詆《魏書》者凡 40 條，此係傳振倫氏之統計，見其《劉知幾年譜》（臺北：臺灣商務印書館，1967），頁 109。

部完整的史學批評史，都可以證明這個道理。

　　《史通》的〈曲筆〉說：「魏史不平」；〈探賾〉篇又云：「假言崔志，用紓魏羞」、「收之矯妄，其可盡言乎！」[40]魏收私心造言，為害歷史最烈，宜乎穢史之名。北朝人物中則闞駰為劉知幾所褒，言云：「言皆雅正，事無偏黨」[41]，甚為難得。

　　逮至隋唐，李百藥對魏收的《魏書》有善評，稱其書實錄，劉知幾則評李氏曰：「蓋以重規亡考未達，伯起以公輔相加，字出大名，事同元歡，既無德不報，故虛美相酬」[42]；另對王劭則稱其「抗詞不撓，可以方駕古人」，又說其「書法不隱，取咎當時」[43]；至於令狐德棻（583-666）被劉知幾拿來與王沈、孫盛、魏收之流同論，實有點出人意料之外，一如王劭竟得知幾善評，都恐怕是知幾個人的主觀評價未得其平允所致。

　　凡上大都從《史通》的內篇抉發而論，資料仍不夠周全，但為避開行文過於蕪雜，因而就外篇採以「表」的形式，按年代先後為序，分先秦上古、秦漢、魏晉、南北朝、隋唐，列出劉知幾所品評的史家，及其主要內容，以利吾人系統瞭解劉氏對這些古來著名史家品格的看法，及其所評論之根據。

40　《史通通釋・探賾》，頁 212-213。
41　《史通通釋・雜述》，頁 276。
42　《史通通釋・曲筆》，頁 198。
43　《史通通釋・曲筆》，頁 198。

附　表

時代	人物	劉評	出處
上古	南史	1. 南史至而賊臣書，其記事載言也則如彼，其勸善懲惡也又如此。	史官建置，303.325
		2. 史之嫉惡者也。	雜說下，511.528
	董狐	史之嫉惡者也。	雜說下，511.528
	孔子	1. 夫子修春秋也，多為賢者諱。……情兼向背，志懷彼我。……夫非所諱而仍諱，謂當恥而無恥，求之折衷，未見其宜。	惑經，402
		2. 夫子之修春秋，皆遵彼乖僻，習其訛謬，凡所編次，不加刊改者矣。何為其間則一褒一貶，時有弛張；或沿或革，曾無定體。	惑經，407
		3. 夫子之論太伯也，……云「可謂至德」者，無乃謬為其譽乎？	疑古，391
		4. 自夫子之修春秋也，蓋他邦之篡賊其君者有三，本國之弒逐其君者有七，莫不缺而靡錄，使其有逃名者。	惑經，412
		5. 危行言遜，吐剛茹柔，推避以求全，依違以免禍。	惑經，413-414
	左丘明	1. 夫以同聖之才，而膺受經之託。	申左，418
		2. 君子之史也。	雜說下，528
		3. 史者固當以好善為主，嫉惡為次。……必兼此二者，而重以文飾，其唯左丘明乎！	雜說下，528
秦漢	王逸（叔師）	1. 多竊虛號，有聲無實。……叔師研尋章句，儒生之腐者也。……豈能錯綜時事，裁成國典乎？	史官建置，326
	劉歆	雄、歆褒美偽新，誤後惑眾，不當垂之後代者也。	古今正史，338

	揚雄	1. 雄、歆褒美偽新，誤後惑眾，不當垂之後代者也。	古今正史，338
		2. 鑒物有所不明。	雜說下，519
		3. 鄙哉！	雜說下，520
	賈逵	撰《左氏長義》……但取悅當時，殊無足採。	申左，416
	劉向	故立異端，喜造奇說。	雜說下，529
		多肆奢言。……何其妄也。	五行志雜駁，562
	司馬遷 （子長）	1. 君子之史也。	雜說下，528
		史之好善者也。	雜說下，528
	班叔皮 （彪）	史之好善者也。	雜說下，528
魏晉	衛覬	其書（魏書44卷）多為時諱，殊非實錄	古今正史，346
	繆襲	其書（魏書44卷）多為時諱，殊非實錄	古今正史，346
	韋誕	其書（魏書44卷）多為時諱，殊非實錄	
	應璩	其書（魏書44卷）多為時諱，殊非實錄	
	王沈	其書（魏書44卷）多為時諱，殊非實錄	
	阮籍	其書（魏書44卷）多為時諱，殊非實錄	
	孫該	其書（魏書44卷）多為時諱，殊非實錄	
	傅玄	其書（魏書44卷）多為時諱，殊非實錄	
	干寶	1. 其書〔晉紀二十二卷〕簡略，直而能婉。	古今正史，350
		2. 向聲背實，捨真從偽，知而故為，罪之甚者。	雜說中，482
	公師彧	公師彧……甚得良史之體。	雜說中，358
	凌修	凌修譖其（公師彧）訕謗先帝。	雜說中，358
	杜預	君子哉若人也！長者哉若人也！	雜說下，524
南朝	吳均	齊春秋三十篇。其書稱梁帝為齊明佐命，帝惡其實。	古今正史，355
	沈約	多詐	疑古，394

北朝	魏收	1. 收所取史官，懼相凌忽，……收詔齊氏，於魏室多不平。既黨北朝，又厚誣江左。性憎勝己，喜念舊惡，甲門盛德與之有怨者，莫不被以醜言，沒其善事。遷怒所至，毀及高曾。……詔收於尚書省與諸家討論。前後列訴者百有餘人。時尚書令楊遵彥，一代貴臣，勢傾朝野，收撰其家傳甚美，是以深被黨援。諸訟史者皆獲重罰，或有斃於獄中。群怨謗聲不息。……武成嘗訪諸群臣，猶云不實，……由是世薄其書，號為「穢史」。	古今正史，365
		2. 事有可恥者，則加減隨意，依違飾言。……休文宋典，誠曰不工，必比伯起魏書，更為良史。……是嫫母而誇西施，持魚目而笑明月者也。	雜說中，488
		3. 小人之史也。	雜說下，528
	宋孝王	其所記也，喜論人帷簿不修，言貌鄙事，訐以為直，吾無取焉。	雜說下，529
隋唐	王劭	1. 王劭、魏澹展效於開皇之朝……亦各一時也。	史官建置，317.324
		2. 直書	忤時，591
		3. 浮辭者……唯王劭所撰齊志，獨無是焉。	雜說下，514
		4. 其所記也，喜論人帷簿不修，言貌鄙事，訐以為直，吾無取焉。	雜說下，529
	李仁實	1. 以直辭見憚，……此其善惡尤著者也。	史官建置，318
		2. 載言記事，見推直筆。	古今正史，373
	許敬宗	1. 許敬宗之矯妄，……此其善惡之尤著者也。	史官建置，318

		2.許敬宗所作紀傳，或曲希時旨，或猥飾私憾，凡有毀譽，多非實錄。必方諸魏伯起，亦猶張衡之蔡邕焉。	古今正史，373
	牛鳳及	鳳及以暗聾不才，而輒議一代大典，凡所撰述，皆素責私家行狀，而世人敘事罕能自遠。或言皆比興，全類詠歌，或語多鄙樸，實同文案，而總入編次，了無釐革。	古今正史，373
	武承嗣	史官之愚，其來尚矣。今之作者，何獨笑武承嗣而已哉！	點煩，440
	虞世南	其理並以命而言，可謂與子長同病者也	雜說上，463
	李百藥	志在文飾，……遂使中國數百年內，其俗無得而言。	雜說中，495.499
	令狐德棻	1.周氏一代之史，多非實錄者焉。2.周史，……其書文而不實，雅而無檢，真跡甚寡，客氣尤煩。	雜說中，501雜說中，500

資料來源：《史通通釋》（上海：上海古籍出版社，1978）〈外篇〉，出處係指外篇篇名及頁數。

四、結論

　　劉知幾所撰的《史通》是中國史學史上第一部史評類的專著，在史學史上有其特殊的意義。本文從史家的品格這一角度出發，析述劉知幾對先秦上古以迄於隋唐當代的著名史家品格之論評是何？以及為何作此論評？其根據及看法何在？藉本研究，吾人發現劉知幾以其「直道」為底蘊，考察古來之史家，若史家識、德皆不足。如唐初許敬宗撰史「曲希時旨」、「猥飾私憾」，結果被劉知幾評

為「凡有毀譽、多非實錄」[44]；又有統治者如劉聰之誅公孫彧、石虎之刊削國史、苻堅怒焚其國史，以及拓拔燾之誅崔浩、夷三族、殺同作、廢史官都使歷史真相蒙蔽，有害史實的理解。劉知幾對此等品格之史家，乃至君相，其批評都是相當嚴肅而且有力量的。

　　由史家品格這一面相看歷來迄於唐代的著名史家，固不足以完整描敘古來史學的發展，但史學的進展無法離開史學主體——史家這一重大因素，而影響史家之撰述成果者，無疑品格是居於樞紐的作用。劉知幾即以「直道」審視古來史家，肆其論評於《史通》之上，竟成其一家獨斷之學，獨步古今而輝耀於史學之上。

　　雖然如此，劉知幾的直道，有時遇到儒家名教的問題時，即畏首畏尾，迴避轉向，應是其侷限[45]。但此恐非僅止劉知幾一人的問題而已，古代學者大多不外若是，吾人或不應苛責唐代的劉知幾。而由前述本文之所析論，吾人發現透過劉知幾的批評。可以認識中國傳統史學中豐富的批評史學的內容和遺產，值得後人惕勵自勉和學習上進。史家品格淳美，則所撰史書必益於世道。由此而言，則筆者不禁要指出劉知幾而後歷代史家之品格到底是如何？是值得繼續研究的一個課題，期待史學同好繼續前進。

44　《史通通釋‧古今正史》，頁 373。

45　《史通釋評‧曲筆》：「史氏有涉君親，必言多隱諱，雖直道不足，而名教存焉」，頁 232。本文引《史通》原文或採《史通通釋》或採《史通釋評》，而未一致；其原因蓋在撰寫本文時《釋評》置於家中，《通釋》放在學校，而草稿則攜來帶去，皆隨在何處撰寫而定，絕非筆者故弄玄虛所致。然兩書差異。僅在《釋評》本多加入呂思勉之《史通評》而已，餘皆同。

劉知幾論史家技藝[*]

一、前言

　　盛唐史家劉知幾在睿宗景雲元年（710）撰成其傳世名作《史通》之後[1]，後世學者多謂劉氏對唐代以前的人物史家，評論極為犀利，亦甚精核，為史家中之申、韓[2]，故清代編纂《四庫全書總目》時列之為史評類的第一本書，在史學史上有突出的重要地位。

　　劉知幾的《史通》分內、外兩篇，其中內篇有 10 卷，36 篇，「皆論史家體例，辨別是非」；外篇亦 10 卷，共 13 篇，「則述史籍源流及雜評古人得失」[3]。書中所肆論者，多以史學方法層面為主，尤以歷史編纂學為大宗，從評述唐代以前各家史著的得失優劣

---

[*]　本文原刊於《興大人文學報》33（臺中，2003.6），頁 681-698。

[1]　參傅振倫，《劉知幾年譜》（臺北：臺灣商務印書館，1967），頁 100。

[2]　宋祁，《新唐書・劉子玄撰・贊》（臺北：鼎文書局，1979）：「知幾以來，工訶古人而拙於用己」，見卷 132，頁 4542。焦竑，《焦氏筆乘》（上海：上海古籍出版社，1986），卷 3，亦云：「余觀知幾指摘前人極其精核，可謂史家之申、韓矣；然亦多肆譏評，傷於苛刻」，見頁 96。

[3]　《四庫全書總目提要》（北京：中華書局，1968），卷 88，頁 807 下。

入手，以至於建立其個人的一家之言。然歷代史書的優劣，固是史家本身功力具體展現的成果，其中史家個人品格修養之好壞與史才技藝之巧拙都扮演決定性的作用。因筆者已有專文論述史家品格[4]，於茲乃擬專就史才之高低及技藝之巧拙方面，審視劉知幾對唐前史家有何批評？其批評是否有道理？是否能夠持平？後世學者對其批評，是否有再批評？若有，則其批評又是如何？這一連串的問題，即是本文的重心所在，是本文所擬敘述、討論並加以客觀分析的。

　　在論析之前，茲有一事須先聲明者，是《史通》一書所列名批判的史家及史書頗多，分述於內、外篇之中。本文限於篇幅，不能一一舉述，否則必致蕪穢不堪，無法卒讀。因而本文所選擇的，大都是就歷代之中最具代表性的史家若干人，詳細分析，以概見劉知幾在史學批評的高論。至於稍詳之例，筆者從《史通》外篇十卷之中，按年代先後次序排列劉知幾所評論的人物對象、主要內容與資料出處，已製作成一表，列於第三節之驥末，即請翻閱參考。正文則以相對重要的內篇為主來採述分析。行文與附表既可相互參證，又可避免重複；既可節省篇幅，又可遍覽通觀，對本文題旨的撰述與理解，或不無助益。

4　拙稿，〈劉知幾論史家品格〉，《南臺科技大學學報》第 27 期（臺南，2002.12），頁 213-223。

二、劉知幾論史家技藝之基礎理論：史才三長論

　　所謂技藝，是指史家撰史的能力與方法。若史家修史之能力與方法俱強者，其所修之史必善，可稱為良史。然古時並無史料說明到底何種人，具備何種條件？始得出任為史官。劉知幾是首位提出與史家技藝相關理論的人，他首次系統地提出才、學、識「三長說」。做為對於史家才具的要求標準，史家必須在才、學、識三者之中或多或少地符合，才夠資格擔當史官。這個看法不僅是劉知幾，也是後代學者拿來作為評論史家高低的準則之一，影響後世極大，有必要在此略詳述論之。

　　「三長說」的提出，原不在《史通》的內、外篇當中，而是劉知幾在回答當時的禮部尚書鄭惟忠所問：「自古已來，文士多而史才少，何也？」所說的，他的回答是：

> 「史才須三長，世無其人，故史才少也。三長謂才也，學也，識也。夫有學而無才，亦猶有良田百頃，黃金滿籯，而使愚者營生，終不能致於貨殖者矣。如有才而無學，亦猶思兼匠名，巧若公輸，而家無梗柟斧斤。終不果成其宮室者矣。猶須好是正直，善惡必書，使驕主賊臣所以知懼，此則為虎傅翼，善無可加，所向無敵者矣。脫苟非其才，不可叨居史任，自夐古已來，無應斯目者，罕見其人。」時人以為

　　知言。[5]

　　這段話後為《舊唐書》、《唐會要》、《新唐書》所收羅。因所言關乎史學理論，故屢為後世學者所援引發論。其中，對於「三長」僅說明是才、學、識而已，至於其內涵是什麼？劉知幾本人並「未加以解釋」[6]，因而本文擬從兩方面來加以梳理並闡說之：一方面從《史通》來尋求補充三長論的合理解釋；另方面則就上文回答鄭惟忠的原文來尋繹。

　　上文劉知幾以比喻的手法，先說「有學而無才」來強調「才」的重要，他說好比「有良田百頃，黃金滿籯，而使愚者營生，終不能致於貨殖者矣」。良田百頃與黃金滿籯猶比有「學」，「學」是本，但因無「才」，以致於只是個笨商人，而不能貨殖營生賺大錢，所以史「才」甚要。《史通·覈才》有云：

> 夫史才之難，其難甚矣。《晉令》云：「國史之任，委之著作，每著作郎初至，必撰名臣傳一人。」私蓋察其所由，苟非其才，則不可叨居史任。

顯然，這裏用「撰名臣傳一人」來考驗是否具備史家敘述才能一長。故可知史才是指史家編纂能力及敘述文采之優劣。

5　《舊唐書·劉子玄本傳》（臺北：鼎文書局，1979），頁 3172。又可參《冊府元龜》（臺北：臺灣中華書局，1967），卷 559。

6　梁啟超，《中國歷史研究法並補篇》（臺北：臺灣中華書局，1973，臺三版），頁 13。

　　其次，劉知幾以同樣手法，再論「有才無學」以強調「學」，他的比喻是「思兼匠名，巧若公輸，而家無梗柟斧斤。終不果成其宮室者矣」，是說有「才」若公輸班之巧，但「家無梗柟斧斤」之工具以喻其「學」，終究還是成就不了其屋室宮殿，有如撰成一部史著一般，可見「學」亦甚要。《史通・雜說下》有云：

> 觀世之學者，或耽玩一經，或專精一史。談《春秋》者，則不知宗周既隕，而人有六雄；論《史》、《漢》者，則不悟劉氏云亡，而地分三國。亦猶武陵隱士，滅迹桃源，當此晉年，猶謂暴秦之地也。假有學窮千載，書總五車，見良直而不覺其善，逢牴牾而不知其失，葛洪所謂藏書之箱篋，《五經》之主人。而夫子有云：雖多亦安用為？其斯之謂也。

此則提及「學」與「識」的關係，亦可用來說明其「學」。知幾文中善以喻說理，指明史家窮於一隅而蔽三隅，所見當有限，或徒具學問如「藏書之箱篋，五經之主人」，卻無「識」以辨良直善惡，故「學」雖多，亦安用為？是知「學」當指史家豐富的知識，而「識」即是鑑定史事的判斷力。劉知幾在此史學、史識並舉，針對此則又說：

> 子曰：「吾猶及史之闕文。」是知史文有闕，其來尚矣，自非博雅君子，何以補其遺逸者哉？蓋珍裘以眾腋成溫，廣廈以群材合構。自古探穴藏山之士，懷鉛握槧之客，何嘗不徵求異說，採摭群言，然後能成一家，傳諸不朽。觀夫丘明受經立傳，廣包諸國，蓋當時有《周志》、《晉乘》、《鄭

> 書》、《楚杌》等篇，遂乃聚而編之，混成一錄。向使專憑
> 魯策，獨詢孔氏，何以能殫見洽聞，若斯之博也？……此並
> 當代雅言，事無邪僻，故能取信一時，擅名千載。[7]

此謂史家收集史料宜廣，「徵求異說，採摭群言」必賴其「學」
博。而所徵採者，又必皆「當代雅言，事無邪僻」，方能「取信一
時，擅名千載」。因此，取材不能只為標新立異，街談巷議，道聽
塗說，難免乖濫損實。雖或可採，但必須嚴格甄別，此時即需要
「識」。《史通・雜述》也強調史家的鑑別能力，有云：

> 然則蕘堯之言，明王必擇；葑菲之體，詩人不棄。故學者有
> 博聞舊事，多識其物，若不窺別錄，不討異書，專治周、孔
> 之章句，直守遷、固之紀傳，亦何能自致於此乎？且夫子有
> 云：「多聞，擇其善者而從之」「知之次也」，苟如是，則
> 書有非聖，言多不經，學者博聞，蓋在擇之而已。[8]

「博聞舊事，多識其物」「窺別錄，討異書」都是「學」的功夫；
「善擇」指鑑別的能力，則是「識」的功夫。在前述劉知幾回答的
話當中，依照劉知幾開端所言「三長謂才也，學也，識也」的邏輯
順序來看，在強調「學」之後，接下「猶須好是正直，善惡必書，
使驕主賊臣所以知懼，……自敻古已來，無應斯目者，罕見其人」

7　〔唐〕劉知幾撰、〔清〕浦起龍釋、〔民國〕呂思勉評，《史通釋評・採
　　撰》（臺北：華世出版社，1981），頁137。

8　《史通釋評・雜述》，頁319。

正好緊扣著鄭惟忠提出「自古已來，文士多而史才少，何也？」的問題，此句應該即是劉知幾「史識」的正面敘述[9]。

結合《舊唐書》及《史通》中補述有關三長說的論點，大致可以知道劉知幾除有善惡必書的直書態度之外，尚要達到「使驕主賊臣所以知懼」，兩者俱體現了他一再傳達的「懲惡勸善」，垂訓鑑戒的思想[10]。要而言之，劉知幾在三長的才學識論當中，他認為史識一論最重要，其論含有兩方面的涵意：㈠在於對史實的分析和評價，及鑑識歷史的觀點；㈡是反映歷史事實的原則和立場，即撰史的態度，此點構成了他的直筆論。綜述這兩方面，即能從直書撰史之餘，來達到「彰善癉惡」的目的，此目的對「生人之急務，國家之要道」有相當的益處，他說過：

> 使後之學者，坐披囊篋，而神交萬古，不出戶庭，而窮覽千古，見賢而思齊，見不賢而內自省。若乃《春秋》成而逆子懼，南史至而賊臣書。其記書載言也則如彼，其勸善懲惡也又如此，由斯而言，則史之為用，其利甚博，乃生人之急

9　姜勝利，〈劉、章「史識」論及其相互關係〉，《史學史研究》1983：3，頁 56。宋家復，《章學誠的歷史構想與比較研究》（臺北：臺灣大學歷史所碩士論文，1993，未刊），亦主張：「與其將史德視為對劉知幾史家三長的另一個添補，毋寧說它乃是章學誠思想系統中作為斷定『史義』能力之史識的一個成雙並立韻項（Correlative）來得恰當」，見頁 62。但也有人不同意這種說法，認為這段話講的是史識的表現，但不足以代表史識的全部。參許凌雲，《劉知幾評傳》（南京：南京大學出版社，1994），頁 295。

10　參鈴木啟造，〈《史通》勸善懲惡論〉，《歷史民眾文化—酒井忠夫先生古稀祝賀紀念論集—》（東京：國書刊行會，1962），頁 237-251。

務，為國家之要道，有國有家者其可缺之哉？[11]

又：

> 史之為務，申以勸誡，樹之風聲。其有賊臣逆子，淫君亂
> 主，苟直書其事，不掩其瑕，則穢迹彰於一朝，惡名被於千
> 載。[12]

這些都可見劉知幾寓史德於史識當中，尤其他以「生人之急務，國
家之要道」來形容，範圍極廣，目的極高，可以概知其意旨。除此
之外，《史通・曲筆》篇還可看到：

> 蓋史之為用也，記功司過，彰善癉惡，得失一朝，榮辱千
> 載。苟違斯法，豈曰能官？但古來唯聞以直筆見誅，不聞以
> 曲詞獲罪。是以隱侯《宋書》多妄，蕭武知而勿尤；伯起
> 《魏史》不平，齊宣覽而無譴。故令史臣的愛憎由己，高下
> 在心，進不憚於公憲，退無愧於私室，欲求實錄，不亦難
> 乎？嗚呼！此亦有國家者所宜懲革也。

歷史要有功用，必定有個前提，即所記之史事，必須是事實，也就
是實錄，則一切才有意義。否則「事不實，不足為鑑」。換言之，
歷史的功用要受到「直書實錄」客觀求真的制約。上文劉知幾一貫

11　《史通釋評・史官建置》，頁 349-350。
12　《史通釋評・直書》，頁 227。

地熔直筆撰史的「史識」與彰善癉惡的「史德」於一爐當中，他還談到歷史的主體——史官，如果不能記功過，明鑑戒與撰實錄，反致輕事塵點，曲筆偽錄，則「豈曰能官」[13]？在《史通·人物》篇，劉知幾明確指出史官的職責：「夫人之生也，有賢不肖焉。若乃其惡可以誡世，其善可以示後，而死之日，名無得而聞焉，是誰之過歟？蓋史官之責也」。史官一定要「平」，也就是公平、平心，才能無愧，才能達到實錄。所以彰顯史家的主體意識，撰述實錄史書，是史官的不二職責。文中劉知幾深斥《魏書》穢史，《宋書》多妄，即是作者身為史官未盡史職之故。具體言之，由於魏收（506-572）、沈約（441-513）的史識史德有不合於其所倡的三長論之條件，以致於對歷史客體——歷史本身來說影響極大，所記多有不實。劉知幾心目中的史官，其模範典型有如以下：

> 彰善貶惡，不避強禦，若晉之董狐，齊之南史，此其上也。
> 編次勒成，鬱為不朽，若魯之丘明，漢之子長，此其次也。
> 高才博學，名重一時，若周之史佚，楚之倚相，此其下也。[14]

13　程千帆，《史通箋記》（北京：中華書局，1980），頁 139，引《呂氏春秋·本生》，注：「官，正也。」；《史記·孝文紀·索隱》：「官，公也。」故姚松等，《史通全釋》（貴陽：貴州人民出版社，1997）即引其師《箋記》之注，解為「公正」。趙呂甫校注，《史通新校注》（重慶：重慶出版社，1990），頁 467，注 72，則引《荀子·解蔽》：「則萬物官矣」解為「官，謹守職分」。筆者觀此句上下文意，所談皆史官史臣曲筆之謬事，故前解雖能通，但以趙注較勝。

14　《史通釋評·辨職》，頁 326。

知幾將古代著名史家分為上中下三等，其所依據正是三長論，而最上等的，則必須具備「彰善貶惡，不避強禦」的道德品質，才能落筆真實[15]。

　　敘論至此，可知劉知幾的才學識三長論，是古來史官所應具備的條件，其中以史識一長最要，亦最難，具此一長，足為良史；至於兼三，更為難尋，或僅南、董、史遷足以當之而已[16]。雖然《舊唐書》的資料不夠全備，但從《史通》各篇補輯相關的言論，略可對劉知幾史才三長論有一較為完整的印象。劉知幾此論一出，後世竟倚之為評判史家的標準之一，形成一優良傳統，則恐怕是他當初回答禮部尚書的質疑時，所始料未及的。

三、劉知幾論歷代史家技藝：兼述評其說

　　「三長論」既是劉知幾史論的核心，是劉氏持以衡量古來史家技藝才能的好壞高低。本節即摘其三長之說，審視《史通》〈內篇〉所肆論於古來歷代史家撰述技藝才能的批評專見，以悉其史論之高縱。本文並不準備全面舉例論述，僅擬就具有代表性的數例來

15　詳可參拙稿，《史家三書新詮——以史學理論為中心的比較研究》（臺北：臺灣學生書局，1997），頁 190-207。此處筆者特別籲請勿以為劉知幾所云之下等即不重要，其所舉之史佚、倚相，亦鮮人能及的古代良史。

16　除《史通·辨職》所分三等之史家，皆為劉知幾心目中之良史外，筆者近撰，〈劉知幾「辨其指歸，殫其體統」與司馬遷「究天人之際，通古今之變，成一家之言」之關係與比較試論〉，《興大歷史學報》第十三期（2002.6），第三節「載筆：歷史方法論的角度」嘗試申論司馬遷符合劉知幾上評唐代以前史家史著所得之才學識三長論，堪為良史，足為法式。

看劉氏之評見，復就其評見，加以分析再批評，茲按年代先後為序來論。

　　首就先秦上古之史家舉例來述，由於先天上先秦史料即較少，且由於上古文字使用的語法習慣，今日看來已較簡古，語意上並不如今日之精確準當，故劉知幾沿用之以為批評之根據所在，亦有含糊不精之處。茲舉劉知幾評上古之「史佚、倚相，譽高周楚」[17]為例，我們可以發現這只是粗略的總評，表示周之史佚、楚之倚相，兩位古代史官在當時享有全國的知名度，是所謂的古之良史，然具體事例仍無法審知，即究竟屬於史家品格方面呢？或是史家技藝方面？或兩方面俱長呢？實無法進一步肯定。清代章學誠（1738-1801）沿用劉知幾的說法，也說：「董狐、南史之直筆，左史倚相之博雅，其大較也」[18]，「直筆」之南、董，是史識的具體顯現，而左史、倚相之「博雅」，則表示才、學兩長的肯定。

　　對孔子（551-479 B.C.）而言，劉知幾謂其「修春秋也，乃觀周禮之舊法，遵魯史之遺文；據行事，仍人道；就敗以明罰，因興以立功；假日月而定曆數，籍朝聘而定禮樂；微婉其說，志晦其文；為不刊之言，著將來之法，故能彌歷千載，而其書獨行」[19]，是相當正面的評價。然劉知幾就事論事，就史法論技藝，則孔子在撰述

17　《史通通釋・史官建置》（上海：上海古籍出版社，1978），頁 304。

18　《文史通義・和州志前志列傳序列》（臺北：華世出版社，1980，新編本），頁 416。

19　《史通釋評・六家》，頁 7。另〈自敘〉篇亦云：「昔仲尼以睿聖明哲，天縱多能，睹史籍之繁文，懼覽者之不一，刪《詩》為三百篇，約史記以修《春秋》，贊《易》道以黜八索，述《職方》以除九丘，討論墳、典，斷自唐、虞，以迄於周。」

方法技巧上亦有若干缺失。孔子刪《尚書》時，刪去許多他以為鄙陋的史實，如「孔父之截翦浮詞，裁成雅誥，去其鄙事，直云『慚德』，豈非欲滅湯之過，增桀之惡者乎？」[20]，又有許多地方常為賢者諱、本國諱，「情兼向背，忘懷彼我。……非所諱而仍諱，謂當恥而無恥，求之折衷，未見其宜」[21]，有時又忽略了大事，卻撿取小事，與懲惡勸善的目的又相違背，有關國家，事無大小，一旦涉及君主名譽，便覺可恥隱諱不書，甚或改變事實，以致欺騙後世，此種史例，實在不少[22]。

孔子修《春秋》在記載他國大事時，全憑這些國家的通告，不做求證、更動，結果依循他國之說，常將罪名強加予無辜之人，真正有罪者又逍遙於史筆之外，許多亂臣賊子缺而不錄，實在有失懲惡勸善的功能。此外，孔子與一般人一樣不能擺脫私人的情感，著述時亦不能忘卻私念，在著述中他不斷稱美顏淵即是明顯之例。這些都是孔子史學的缺失。另外，可請參閱後面附表所列四則，即可概觀，茲可省略，以免雜遝。

就左丘明而說，劉知幾評其寫《左傳》：「其言簡而要，其事詳而博，信聖人之羽翮，而述者之冠冕」[23]；又：「若斯才者，殆將工侔造化，思涉鬼神，著述罕聞，古今卓絕」[24]，可謂極讚其技藝之佳，至所謂「將工侔造化，思涉鬼神」之善譽。不特如是，知幾還在《史通》外篇，專撰〈申左〉揚之，這是歷代史家品評當

20　《史通通釋·疑古》，頁387。
21　《史通通釋·惑經》，頁402。
22　《史通通釋·惑經》，頁402-415。
23　《史通通釋·六家》，頁11。
24　《史通通釋·雜說上》，頁559。

中，少有的待遇。丘明有知，或當自慶。

至秦漢時，劉知幾對太史公（145 或 135-? B.C.）實際亦讚賞多於貶抑。在技藝方面，茲舉一、二例說明之。如「《史記》者，紀以包舉大端，志以總括遺漏，逮於天文、地理、國典、朝章，顯隱必該，洪纖靡失，此其所以為長也；若乃同為一事，分在數篇，斷續相離，前後屢出，……此其所以為短也」[25]，此就體裁而作的批評，頗符實情。又：「創表，……使讀者閱文便睹，舉目可詳」[26]，確是史遷在歷史編纂學上的一大貢獻。至於劉氏認為司馬遷用〈本紀〉記天子，諸侯則入〈世家〉，基本上是贊同的，唯於〈項羽本紀〉、〈陳勝世家〉有相當的惡評，唐代以後，此類爭論已多[27]，本文不擬在此詳論，大致護衛史公者，多批評劉知幾淺薄，未深悉史公旨意；贊同者，則以劉氏所言有理，蓋項羽、陳勝非真正之王、侯。用最簡單淺顯的話來說，贊同史公與贊同劉知幾，其實用「史意」與「史法」來說，即可區分清楚。史公的「史意」，決非劉知幾的「史法」可以牢籠的，一在內在精神、史學宗旨的層面著眼，一在外在歷史編纂學層面立言，可說各有立場，不同標準，其間並無絕對的對錯是非可言。

至於為《史記》補綴的褚少孫，在巨星當前之下，他被批評為「辭多鄙陋」[28]，顯係史才，特別指撰文之文采，有所不足。

就班固（32-92）及其《漢書》而言，基本上，劉知幾主斷代，

---

[25] 《史通釋評・二體》，頁 36。

[26] 《史通通釋・雜說上》，頁 466。

[27] 唐代以後學者爭議較多，吾人則可參程千帆，《史通箋記》，頁 29-30。
　　張舜徽，《史學三書平議》（北京：中華書局，1983），頁 10-20。

[28] 《史通通釋・古今正史》，頁 337。

對其書頗有好評，在〈採撰〉篇有云：「自太初已後，又雜引劉氏
〈新序〉、〈說苑〉、〈七略〉之辭。此並當代雅言，事無邪僻。
故能取信一時，擅名千載」；〈論贊〉篇又云：「孟堅辭惟溫雅，
理多愜當。其尤美者，有典誥之風，翩翩奕奕，良可詠也」，皆表
示對班固之史才的肯定。即使如此，劉知幾在外篇還是立了專篇
〈漢書五行志錯誤第十〉述其書牴牾蕪累，並定為四科曰：「一曰
引書失宜，二曰敘事乖理，三曰釋災多濫，四曰古學不精」。〈覈
才〉篇則謂其「天文志之於漢史，實附贅之尤甚者也。」；尤其
〈古今人表〉不符斷代體例，知幾頗致言其無識[29]。

　　循此以下迄於魏晉南北朝，本文再舉少數有名史家做例。如晉
陳壽（233-297）修《三國志》事，可論者有二：㈠壽書「載孫、劉
二帝，其實紀也，而呼之曰傳。考數家之所作，其未達紀、傳之情
乎？」[30]，知幾批評陳壽《國志》載孫吳、劉蜀之帝應入本紀，卻
寫成列傳，不達史意。其評似亦有理，然若考慮陳壽本蜀漢之人，
入魏晉，尤其於晉武帝年間撰述《三國志》，則陳壽以魏為正統，
稱述吳蜀之帝於列傳之中，其情可愿。然知幾以史法糾之，不問其
他，亦可知其執法甚嚴。不僅陳壽如此，范曄的《後漢書》，把后
妃、六宮列為本紀，也被劉知幾糾彈，以為應入列傳才對[31]，其他
魏收立傳，黜陟不公；牛私撰史，愛憎無準，都被知幾議評一番，

29　《史通通釋・表曆》，頁 54。

30　《史通釋評・列傳》，頁 59。

31　《史通通釋・列傳》，頁 47。其實皇后作紀本不自范曄始，華嶠作《漢
　　後書》97 卷，其中帝紀 12 卷，后紀 2 卷，係最早為后妃立紀者。其後尚
　　有王隱《晉書》，亦在范書之前立有后紀。詳見程千帆，《史通箋注》，
　　頁 35。

以為不得史體。㈡《三國志》一般被肯定為「銓敘可觀，事多審正」，章學誠對前四史，含《國志》在內，都認為是撰述之業，不是記注之書。然其書「失在於略，時有所脫落」確有其弊，故宋文帝命裴松之注其書，因而裴氏乃以「補闕」、「備異」、「懲妄」、「論辨」之法，詳細注解《三國志》，注解文字有 54 萬字之譜，超出原書兩倍多，引述資料，依趙翼認真鉤稽，亦有 151 種之多，對《三國志》原書的幫助不可謂不大。然觀劉知幾的評價則是：「次有好事之子，思廣異聞，而才短力微，不能自達，庶憑驥尾，千里絕筆，遂乃掇眾史之異辭，補前書之所闕。若裴松之《三國志》……之類是也」[32]。大致而言，只有最後一句話是肯定「補闕」的作用，但在整體的看法上，他是持否定的批評態度的。然而，在唐代的劉知幾距離南朝劉宋之時，時間上並不久遠，裴松之引用徵實的資料，劉知幾或尚可看到，固嫌其補注太過繁冗。然截至近代，裴氏所引之書，率多散佚，不得復見，裴注無形中保存舊有史料，貢獻變大，則是劉知幾所未預見。至於裴注的補注方法，不依舊書之訓詁章句，而採以史實史料作注，其法為前所未有，知幾未見，實亦其失。

　　再者，劉氏詆評此期的沈約、魏收亦屬。《史通‧採撰》篇有云：

> 沈氏著書，好誣先代，於晉則故造奇說，在宋則多出謗言，前史所載，已譏其謬矣。而魏收黨附北朝，尤苦南國，承其詭妄，重以加諸。遂云馬叡出於牛金，劉駿上淫路氏，可謂

---

32 《史通通釋‧補注》，頁132。

助桀為虐，幸人之災。尋其生絕胤嗣，死遭剖斲，蓋亦陰過
之所致也。

在史學方法上的搜輯資料來言，沈約喜造奇說，稱元帝牛金之子，
以應牛繼馬後之徵。而魏收深嫉南朝，幸書其短，尤其他身在北
朝，無所顧忌，則已甚之辭，轉加變屬。從採撰的角度看，不符客
觀實證的原則，尤其魏收在南北對峙之時，刻意醜化南朝，立破異
情，主客相非，似比沈約更遜一籌，是以其書，世人目為穢史，殆
非偶然[33]。

另外，在〈序例〉篇上，劉知幾評「魏收作例，全取蔚宗，貪
天之功，以為己力，異乎范依叔駿，班習子長。攘袂公行，不陷穿
窬之罪也？」劉知幾對序例的寫法，強調二點，一是要在「詞煩而
寡要」的情況，二是有例不依的情況，並說例不可破，法不可違。
若以古人為師，則亦不可隱瞞，然魏收撰寫的史學體例，全部取自
范曄（398-445），卻貪為己有，故知幾嚴評之。此則不僅攸關史家
技藝，更有關於史家品格。唯在〈論贊〉篇中有云：「魏收稱爾朱
可方伊、霍，或言傷其實，或擬非其倫」一語，劉知幾言魏收言過
其實，雖亦合理，但亦有謂是劉知幾誤解魏收原意，以至發難的
[34]。

在魏晉南北朝的史家中，在修史技藝方面被惡評的，大致還有
丁孚、王沈、車頻、阮籍、皇甫謐、韋誕、傅玄、葛洪、嵇康、衛

---

[33] 張舜徽，《史學三書平議》，頁55。

[34] 程千帆，《史通箋記》，頁 53。文中舉《四庫提要》卷 45〈魏書條〉及
周一良，〈魏收之史學〉之論述，可參。

覬、應據、繆襲、吳均、張敞、陸瓊、劉義慶、刁柔、宋孝王、辛元植、崔鴻等等；善評者，則有干寶、王銓、王隱、公師彧、杜預、華嶠、董統、何法盛、裴子野、柳虯等等。其人其事略可見諸本節最後所附之表，茲不一一敘之。

最後再及隋唐史家。大抵劉知幾對此期的王劭頗多好評，如〈敘事〉篇謂之：「近有裴子野《宋略》，王劭《齊志》，此二家者，並長於敘事，無愧古人。……君懋志存實錄，此美惡所以為異也」，又〈載文〉篇：「為王劭撰齊、隋二史，其所取也，文皆詣實，理多可信，至於悠悠飾詞，皆不之取。此實得去邪從正之理，捐華摭實之義也」，然由魏徵（580-643）的《隋書・王劭傳》看來，其喜以陰陽符瑞之說，諂媚隋文帝，所言亦多怪迂奇異之事看來，其史家技藝似也不高，其品格若時常諂媚君王以獲得利祿來看，則劉知幾所說的「志存實錄」，不能不讓人持幾分懷疑，此即後世史家大都批評劉知幾偏好王劭，導致變成《史通》之微疵。至於魏澹、劉炫、諸葛穎，大致亦有好評。

至唐朝當代則李仁實、敬播一以「直辭見憚」（李），一以「敘事推工」（敬），令狐德棻、于志寧之撰國史，「時有可觀」。其餘如許敬宗、牛鳳及等人則是惡評，如許氏被比喻成魏收之流，牛鳳及則是「發言則嗤鄙怪誕，敘事則參差倒錯。故閱其篇第，豈謂可觀；披其章句，不識所以。由是皇家舊事，殘缺殆盡」[35]顯然史家技藝不足。

劉知幾對唐初史家批評者多，褒獎者少，大抵對其同道諸友如朱敬則、徐堅、吳兢以及其從祖劉胤之都有善評，但總體來言，知

35　《史通通釋・古今正史》，頁331-374。

幾的評價仍然不高,這是由於唐初史館招致不少文士修史,由於這些文士只有文采可言,銓綜之識全無,故不得史法,不達史體,以致所修諸史,已不能上比私家撰述的《史記》《漢書》了。

總之,劉氏衡量史家史著的高低,必以其才、學、識（德）之三長論做為標準,以上林林總總之史家,都難逃劉氏之評斷,其評斷實甚有益於後世史學的發展。

附　表

時代	人物	劉評	出處
上古	孔子	1. 孔父截鄀浮詞,裁成雅誥,去其鄙事,直云慚德,豈非欲滅湯之過,增桀之惡者乎?	疑古,387
		2. 國家事無大小,苟涉嫌疑,動稱恥諱,厚誣來世,悉獨多乎!	惑經,405
		3. 夫子之修春秋,皆遵彼乖僻,習其訛謬,凡所編次,不加刊改者矣。何為其間則一襃一貶,時有弛張:或沿或革,曾無定體。	惑經,408
		4. 夫子之所修者,但因其成事,就加雕飾,仍舊而已,有何力哉?加以史策有闕文,時月有失次,皆存而不正,無所用心。	惑經,411
秦漢	司馬遷 (史公) (史遷) (太史公)	1. 夫以可除而不除,宜取而不取,以斯著述,未睹厥義。	雜說上,458
		2. 創表,……使讀者閱文便睹,舉目可詳。	雜說上,466
		3. 自敘如此,何其略哉!……令讀者難得而詳。	雜說上,460

		4. 敘傳也，始自初生，及乎行歷，事無巨細，莫不備陳，可謂審已。而竟不書其字！	雜說上，469
		5. 識有不該，思之未審。	雜說上，461、463
		6. 司馬遷、習鑿齒之徒，皆採為逸事，編諸史籍，疑誤後學，不其甚邪！	雜說下，521
		7. 「約其辭文，去其煩重。」……「其文約，其辭微。」觀子長此言，實有深鑒。及自撰《史記》，榛蕪若此，豈所謂非言之難而行之難乎？	點煩，445
	褚先生	褚先生更補其缺，……辭多鄙陋，非遷本意也。	古今正史，337
	劉珍	劉、曹二史皆當代所撰，能成其事者，蓋唯劉珍、蔡邕、王沈、魚豢之徒耳。	史官建置，326
	蔡邕	劉、曹二史，皆當代所撰，能成其事者，蓋唯劉珍、蔡邕、王沈、魚豢之徒耳。	史官建置，326
	班固	1. 紀、志所言，前後自相矛盾者矣。	雜說上，466
		2. 仍其本傳，了無損益……致守株。	雜說上，469
		3. 同理異說，前後自相矛盾。	雜說上，472
		4. 錯綜乖所，分布失宜。	雜說下，507
		5. 略大舉小，其流非一。	雜說下，508
		6. 科條不整，尋繹難知。	五行志錯誤，539
	曹人家（班昭）	曹人家博學能文。	古今正史，339
	陸賈	……尤劣者，方諸前代，如陸賈、褚先生之比歟！	雜說中，477
	劉向	1. 及自造洪範、五行，及新序、說苑、列女、神仙諸傳，而皆廣陳虛事，多構偽辭。……後生可畏，何代無人，而輒輕	雜說中，516、517

		忽若斯者哉！……故為異說，以惑後來，則過之尤甚者矣！	
		2. 事寔懸殊，言何倒錯？	五行志雜駁，558
		3. 輕引災祥，用相符會。白圭之玷，何其甚歟？	五行志雜駁，565
魏晉	魚豢	劉、曹二史，皆當代所撰，能成其事者，蓋唯劉珍、蔡邕、王沈、魚豢之徒耳。	史官建置，326
	王沈	劉、曹二史，皆當代所撰，能成其事者，蓋唯劉珍、蔡邕、王沈、魚豢之徒耳。	史官建置，326
	阮籍（嗣宗）	多竊虛號，有聲無實。……嗣宗沉湎麴糵，酒徒之狂者也。豈能錯綜時事，裁成國典乎？	史官建置，326
	華嶠	自斯已往，作者相繼，……推其所長，華氏居最。	古今正史，342
	丁孚	孚、峻俱非史才，其文不足記錄。	古今正史，346
	項峻	孚、峻俱非史才，其文不足記錄。	古今正史，346
	王隱	1. 隱，博學多聞……西都事跡，多所詳究。 2. 隱雖好述作，而辭拙才鈍。……章句混漫者，必隱所作。	古今正史，350 古今正史，350
	王銓	王銓有著述才	古今正史，349
	董統	慕容垂稱其敘事富贍，足成一家之言。但褒述過美，有慚董、史之直。	古今正史，358
	車頻	（吉）翰乃啟頻纂成其書〔前秦史〕，……而年月失次，首尾不倫。	古今正史，359
	檀（道鸞）	王、檀著書，是晉史之尤劣者……道鸞不挾淺才，好出奇語，所謂欲益反損，求妍更媸者矣。	雜說中，477
	習鑿齒	詞人屬文，……偽立客主，假相酬答。	雜說下，521

		……司馬遷、習鑿齒之徒，皆採為逸事，編諸史籍，疑誤後學，不其甚邪！	
	稽康	1. 以園史之寓言，騷人之假說，而定為實錄，斯已謬矣。	雜說下，522
		2. 夫識理如此，何為而薄周、孔哉？	雜說下，523
	葛洪	故立異端，喜造奇說	雜說中，477
南朝	何氏（法盛）	東晉之史，作者多門，何氏中興，實居其最。	雜說中，478
	臧氏（榮緒）	夫識事未精，而輕為著述，此其不知量也。	雜說中，478
	張勔	抄撮晉史，……不從沙汰，最又甚矣。	雜說中，484、485
	裴幾原（子野）	芟煩撮要，實有其力。而所錄文章，頗傷蕪穢。不加銓擇，豈非蕪濫者邪？	
	沈約（休文）	1. 修文宋典，誠曰不工。	雜說中，488
		2. 沈約晉書，喜造奇書。	雜說中，490、491
		3. 錯綜乖所，分布失宜。	雜說下，507
		4. 故立異端，喜造奇說，……甚也	雜說下，529
北朝	刁柔	刁、辛諸子並乏史才，唯以仿佛學流，憑附得進。	古今正史，365
	辛元植	刁、辛諸子並乏史才，唯以仿佛學流，憑附得進。	古今正史，365
	蘇綽	綽文雖去彼淫麗，存茲典實。而陷於矯枉過正之失，乖夫適俗隨時之義。	雜說中，501
隋唐	牛弘	牛弘追撰……略敘紀綱，仍皆抵忤。	古今正史，369
	于志寧	因其舊作〔唐國史〕，綴以後事，雖云繁雜，時有可觀。	古今正史，373
	牛鳳及	其有出自胸臆，申其機杼，發言則嗤鄙怪誕，敘事則參差倒錯。故閱其篇第，豈謂可觀；披其章句，不識所以。既而悉收	古今正史，374

		姚、許諸本，欲使其書獨行。由是皇家舊事，殘缺殆盡。	
	王劭 (君懋)	1. 載齊言也，則淺俗如彼，……實。	雜說下，510
		2. 浮辭者……唯王劭所撰齊志，獨無是焉。	雜說下，514、515
		3. 其所記也，喜論人帷簿不修，言貌鄙事，訐以為直，吾無取焉。	雜說下，529

資料來源：《史通通釋》（上海：上海古籍出版社，1978）〈外篇〉，出處係指外篇篇名及其頁數[36]。

四、結論

　　劉知幾所撰的《史通》是中國史學史上第一部史評類的專著，在史學史上有其特殊的意義。本文從史家的技藝這一角度出發，析述劉知幾對古來迄於隋唐當代的著名史家技藝才能的論評是何？以及為何作此論評？其根據看法何在？藉本研究，吾人發現劉知幾皆以其「史才三長論」中的才、學兩長為主發論，這兩長大多顯現在方法論的層面上，如史料的蒐集、整理、運用和撰筆的能力與文采之兼顧，都是劉知幾下評斷考慮的要點。如阮籍、嵇康乃至唐初史官之中的文士，劉知幾的批評「嗣宗（阮籍字）沉湎麴糵，酒徒之狂者也，斯豈能錯綜時事，裁成國典乎？」[37]；批評嵇康：「以園

36　本附表係筆者訂下「人評」一目，由研究生助理卓季志君幫忙整理《史通》之外篇而成，特此申謝。內篇亦可採此法羅列成表，唯本文以內篇為主採述文字分析，外篇則期收便覽通觀之效。

37　《史通釋評‧史官建置》，頁372。

吏之寓言，騷人之假說，而定為實錄，斯已謬矣」[38]等等，皆見文人之識與史氏之識是無法一致的，是知僅有才、學依然不足，需有銓綜之識，始足為良史。然世之良史，正如劉知幾回答當時禮部尚書鄭惟忠的話，本是極少，所以劉氏從史家技藝層面批評傳統史家者，因而充斥於《史通》之中。

透過上文的析論，足證劉知幾既是史家（官）、史學理論家，當然更是史學批評家，由其在《史通》所肆論和批評者，確實發現中國傳統史學中豐富的批評史學內容和遺產，無怪乎其所評論者，竟成其一家獨斷之學，獨步古今而輝耀於史學史之上。亦因其說有「三長論」做基礎，熔史識史德於一爐，甚為注重道德層面，以是可知其所代表的中國史學方法，頗與近代西方史家之中多重客觀實證之流者有所不同。

---

[38] 《史通通釋‧雜說下》，頁 522。

．

史學批評的批評：
《史通》中的《史記》論析[*]

一、前言

　　司馬遷（145-87 B.C.）撰述的《史記》（原稱《太史公書》），首創以人物為中心的紀傳體裁，分本紀、表、書、世家、列傳五種體例，敘盡上自黃帝下迄孝武的三千年錯綜複雜史事於一書，使中國史學史書從行之既久，弊端已叢現的編年古體裏突破有立；也讓史學擴充內容，體例之間互相配合，形成完密的撰述體系，而更創生機。終至蘊育後世廿五正史綿遠不絕的史學傳統，影響後世極為深遠。其人其書實可謂經萬世而長明，與日月並輝烈。

[*]　本文原在 2008 年 5 月 27-29 日由佛光大學人文社會學院歷史學系主辦與新加坡國立大學中文系協辦之「第一屆世界漢學中的《史記》學國際學術研討會」宣讀，拙文承評論人及與會學者提供卓見參改；既投母系學報之後，復承兩位秘密審查委員備極辛勞，字字過目，詳細披覽，指正錯誤，潤修文辭，以致本文若能粗備一格，實由於以上諸賢不吝指正，始能臻此，謹在此敬申謝忱。後本文正式刊載於《臺灣師大歷史學報》第 40 期（臺北，2008.12），頁 31-56。

　　司馬遷而下數百年，至盛唐劉知幾（661-721）擔任史官廿年，
撰述不刊典著如《史記》的夙願無法在史館制度下實現完成，乃退
而私撰以史學批評為主的《史通》，肆論古今載籍，形成中國史籍
分類上第一部史評類的專著。該書除散佚 3 篇之外，今存者 49
篇，計內篇 10 卷 36 篇，「皆論史家體例，辨別是非」；外篇亦
10 卷共 13 篇，「則述史籍源流及雜評古人得失」。[1]其所論述
者，多以史學方法層面為主，尤以歷史編纂學居要，從評述唐代以
前各家史著的得失優劣入手，進行系統總結，並提出一套可行的撰
述理論而摩勒成書。後世史家，多有奉之為圭臬者。

　　劉知幾在《史通》所肆論者，範疇廣泛，舉凡從正史到雜述，
從皇朝實錄至巷閭小說，皆在範圍之內；其中劉知幾以為正史最重
要，故論評的比率最大，篇章最多。而《史記》是正史之首，自然
多所評隲。經筆者實際統計，有實質批評內容的，約有 30 篇，於
此可見《史記》在劉知幾心目中的份量。若不計書內專論《左
傳》、《漢書》等專史及點到為止無實質批評內容的篇章，則幾乎
可說無篇不與。由此而轉來看《史通》中如何評論《史記》，則亦
有其意義存焉。一來可以看出劉知幾看待史公《史記》的言見態
度，作為唐代史學對《史記》論述的一個個案研究，二來放在中國
史學史長遠的脈絡來看，又可知道《史記》、《史通》兩書的意義
其間的若干演變。

　　久來學者大都偏重劉知幾及其《史通》的整體研究，《史通》

1　清·永瑢，《四庫全書總目》（北京：中華書局，1968），卷 88，頁 807
　　下。

依憑的史料甚多，據統計有 265 名史家、249 部史書。[2]《史記》雖是其中最重要的史籍之一，但學者大多偏《史》《漢》相較以甲班乙馬或揚班抑馬孰優孰劣作為討論重點；甚或以斷代通古析論兩書體裁長短為主要內容，換言之，即多係專著的部分章節，似非全面專論《史通》之肆評《史記》者；[3]即容或有，與本文取徑當有不同。本文主從《史通》內容篇章析述《史記》的編纂方法論者，是周覽書內所表述文字即可獲悉者，故本文以表層視之；至於史家才具表現於書中識見之高低，則須更進一步由外往內透視分析，本文則以裏層視之；然史學方法論、史學理論之具體呈現者，實又由於史家個人之史學思想於觀念界上的凝聚落實而始克臻於此境，絕無憑空臆想即可成其體系之理，故本文視之為具有指導作用之高層，下述本文即分㈠歷史編纂學㈡史才三長論㈢史學思想三個層次闡述本文課題之內涵所在，由外層而內層進至高層，以析述劉知幾對司馬遷的史學批評。

二、歷史編纂學

　　《史通》全書中論及史書體裁、體例、義例、流別及史料的蒐

2　趙俊、任寶菊著，《劉知幾評傳——史學批評第一人》（南寧：廣西教育出版社，1997），頁 3。

3　研《史通》之論述，煩參拙稿，《劉知幾史通之研究》，臺北：文史哲出版社，1987；《史學三書新詮——以史學理論為中心的比較研究》，臺北：臺灣學生書局，1997；《中國傳統史學的批評主義——劉知幾與章學誠》，臺北：臺灣學生書局，2003，三書所附「徵引書目」大抵可悉研究情形。

集、鑒別、甄選者，占最多篇幅，其中尤以論述紀傳體史書編纂法的居多。首先就體裁方面，審視其書論及史公或《史記》之處。

《史通》內篇開卷即〈六家〉、〈二體〉兩篇，對唐代以前的史籍做一分類並述其源流。〈六家〉篇有云：「古往今來，質文遞變，諸史之作，不恆厥體。權而為論，其流有六：一曰《尚書》家，二曰《春秋》家，三曰《左傳》家，四曰《國語》家，五曰《史記》家，六曰《漢書》家」。[4]隨後即依序介紹六家之起源並論述其衍流，篇末最後作結說：「考茲六家，商榷千載，蓋史之流品，亦窮之於此矣。而朴散淳銷，時移世異，《尚書》等四家，其體久廢，所可祖述者，唯《左氏》及《漢書》二家而已」。[5]於是緊接著在第二篇〈二體〉申論編年、紀傳二體的得失。在唐代以前的中國史學發展情形，劉知幾的觀察確是有其提綱挈領的作用，令人一目了然，了然會心。為其作通釋，增廣其流通的浦起龍（二田，1679-1760）對此評說甚好：

> 《史通》開章提出四個字立柱棒，曰「六家」，曰「二體」。此四字劉氏創發之，千古史局不能越。自來評家認此四字者絕少，此四字管全書。[6]

〈六家〉舉史體之大全，〈二體〉定史家之正用，[7]兩篇內容都不

4　唐・劉知幾著，清・浦起龍釋，民國・呂思勉評，《史通釋評》（臺北：華世出版社，1981），〈六家〉，頁 1。

5　《史通釋評》，〈六家〉，頁 23。

6　浦起龍，《史通釋評》，〈史通通釋舉要〉，序頁 29。

7　《史通釋評》，〈二體〉，浦氏按語，頁 37。

可避免地提到《史記》，因為它是通古型紀傳體裁的始祖。針對此體，《史通》批評《史記》所記載的「疆宇遼闊，年月遐長，而分以紀傳，散以書表。每論家國一政，而胡、越相懸；敘君臣一時，而參、商是隔」且「多聚舊記，時採雜言，故使覽之者事罕異聞，而語饒重出」，[8]是明顯的缺失。然所設計的五體，各有作用，互相支援，所謂「紀以包舉大端，傳以委曲細事，表以譜列年爵，志以總括遺漏，逮於天文、地理、國典、朝章、顯隱必該，洪纖靡失」則是此體的長處。[9]

《史記》體裁的缺點，是《漢書》轉而僅記一代之史的契機所在，[10]也是編年體裁未毀墜捐棄迄今沿用的理由；《史記》而後，斷代正史成為歷代史官操觚的準向，編年體也繼續沿襲下去，與紀傳體並立，且二體之間互濟短窮，互蒙其益。

然從《史通》歸結出六家最後僅剩二體依舊盛行於世，而史記家與尚書家、春秋家、國語家等三家俱已「其體久廢」，則此四家顯然禁不起時代考驗而一蹶不振了。《史通》之言似有其理，然《史記》所創出的五種體例，除世家一體係因後世客觀情勢發生實質變化，漢代諸侯盡皆劉姓已不具有兩周諸侯國的態勢而無復記載必要之外，[11]其餘本紀、列傳、表、書（志）皆從《史記》之例而不稍改易，尤其體例之下的義例，《漢書》仍然師法效從，不作更

8　《史通釋評》，〈六家〉，頁 19。

9　《史通釋評》，〈二體〉，頁 36。

10　東漢・班固，《漢書》（北京：中華書局，1962），〈敘傳〉，述斷代之由，見頁 4235。

11　參張孟倫，《中國史學史》（蘭州：甘肅人民出版社，1983），上冊，頁 133、156。

動，頂多略作增損而已。[12]

　　再說劉知幾於前述論《史記》通史之弊時有云：「《通史》以降，蕪累尤深……且撰次無幾，而殘缺逾多，可謂勞而無功，述者所宜深誡也」，[13]可見對通史頗肆譏彈，此固與唐代確立史館修史制度，所修史書多為斷代，知幾所論，無越斯道所致。更何況《漢書》而下，歷代修史，率以斷代為宗，知幾當然不免就此論彼，然所幸多就史體發言，不至偏差太大。否則通代斷代各有其功能，不可互替，甚至仍可相互為用，不能偏執一方。尤其張舜徽先生指出「今歷代史乘，充積棟宇，前後相犯，蕪雜難理。正患無碩學雄才，創殊例，成要刪，甄綜古近，通為一書耳。安得以茲事體大，規為不易，而遽沒其體製之善哉！」[14]正可糾補劉知幾過甚之辭。

　　〈六家〉、〈二體〉通論史書體裁完後，開始於〈本紀〉第四迄於〈書志〉第八逐篇分論紀傳體正史內容應有的編纂方法；〈論贊〉第九、〈序例〉第十、〈序傳〉第卅二則是紀傳體與編年體共有部分的專論。本部分率涉到史書體例與義例層面，是編纂學的實質內涵。本文僅擇與《史記》相關者加以評述。

　　〈本紀〉篇劉知幾主張「既以編年為主，唯敘天子一人。有大事可書者，則見之於年月。其書事委曲，付之列傳，此其義也」，[15]而司馬遷自解則是「網羅天下放失舊聞，王迹所興，原始察終，見盛觀衰，論考之行事，略推三代，錄秦漢，上記軒轅，下至於

12　張舜徽，《史學三書平議》（北京：中華書局，1983），頁6。

13　《史通釋評》，〈六家〉，頁19。

14　張舜徽，《史學三書平議》，頁16-17。

15　《史通釋評》，〈本紀〉，頁48。

茲，著十二本紀，既科條之矣」，[16]兩者之間，顯而易見是有點差距，史公原意不一定專指帝王天子，而是天下號令在某人，則某人為本紀。[17]故十二本紀之中，〈五帝本紀〉是記載夏代之前傳說中的五位帝王（實際可能是部落聯盟酋長較符真況），夏迄於秦四本紀則是一朝代一本紀，秦之後則有始皇、項羽、漢高祖、呂后、文帝、景帝、武帝七本紀，實際即發號施令有實權者，如此比無實權的皇帝為之立紀無疑更為寫實，史公創例時，考量是從「王迹所興」來「原始察終，見盛觀衰」作歷史考察的，自比拘泥於正統名教之下的斷代本紀更靈活更實際。試以〈項羽本紀〉作例，簡單說明。若以劉知幾或班固的意見，則應立〈懷帝本紀〉較為寫實，然懷帝由項羽置廢，一如後來元、明之際的韓林兒，政非己出，故不可立紀。而項羽曾宰制天下，諸侯聽命，自當立紀。[18]是知劉知幾雖以「史法」自命，立言猶未完全通達。

　　〈世家〉篇云：「案世家之為義也，豈不以開國承家，世代相續」，下文便述陳勝起自羣盜，不當入世家一體。[19]劉知幾以「名實無準」來責備賢者。然史公在〈太史公自序〉即早已說明：「秦失其政，而陳涉發迹。諸侯作難，風起雲蒸，卒亡秦族」；史公在〈秦楚之際月表〉又將陳涉與項羽、劉邦並論，說是「號令三

16　漢·司馬遷，《史記》（北京：中華書局，1959），〈太史公自序〉，頁3319。

17　見徐時棟，《煙嶼樓讀書志》，卷12，引自張舜徽，《史學三書平議》，頁24。

18　朱一新，《無邪堂答問》，卷3，引自張舜徽，《史學三書平議》，頁24。關於項羽，他家說法仍多。

19　《史通釋評》，〈世家〉，頁52。

嬗」，其推尊可知。至於《史記》中非諸侯而入世家者，尚有孔子（551-479B.C.）一人。《史通》並未談及，或係限於名教？然〈太史公自序〉針對此者有稱：「孔子為天下制儀法，垂六藝之統紀於後世」，亦隱然以孔子身繫斯文之重，有世代相承不絕一如諸侯之世家者然。

〈列傳〉篇云：「夫紀傳之興，肇於《史》、《漢》。蓋紀者，編年也；傳者，列事也。編年者，歷帝王之歲月，猶《春秋》之經；列事者，錄人臣之行狀，猶《春秋》之傳。《春秋》則傳以解經，《史》、《漢》則傳以釋紀」。[20]傳以釋經，是以往的傳統；傳以釋紀，則似是劉知幾的發明。[21]專制帝王之時，皇帝是最高權威，反映在史學上當然以帝王為中心；反映在編纂學的史書體例上來說，則正史率以本紀為首，而後始及於表、志、列傳。故紀者編年，傳者列事；紀以包舉大端，傳以委曲細事即是此理。《漢書》以後的確是「傳以釋紀」，不過司馬遷的原意並非如此，有關〈本紀〉，已見前文，此處〈列傳〉在司馬遷的寫法，是與本紀、世家，各有分工而不相重踏。劉知幾顯然是以後來的觀念糾繩前人草創初室的理念。

〈人物〉篇中，劉知幾對《史記》〈列傳〉的排序，有一較激烈的意見，言云：

> 又子長著《史記》也，馳騖窮古今，上下數千載。至如皋陶、伊尹、傅說、仲山甫之流，並列經誥，名存子史，功烈

20　《史通釋評》，〈列傳〉，頁58。

21　許凌雲，《劉知幾評傳》（南京：南京大學出版社，1994），頁220。

> 尤顯，事迹居多。盡各採而編之，以為列傳之始，而斷以
> 夷、齊居首，何齷齪之甚乎？[22]

張舜徽（1911-1992）以為皋陶諸人，書闕有閒，遺事無多。雖欲為
傳，不可得也。而以夷、齊居於七十列傳之首，則〈太史公自序〉
已云：「末世爭利，維彼奔義。讓國餓死，天下稱之。作〈伯夷列
傳〉第一」，可知史公排序，自有其微旨存焉。[23]何可用激烈字辭
如齷齪者形容之？

　　〈表歷〉篇載：「夫以表為文，用述時事，施彼譜牒，容或可
取，載諸史傳，未見其宜」，[24]顯然對史書設表是持否定態度。對
《史記》十表迺言：

> 天子有本紀，諸侯有世家，公卿以下有列傳，至於祖孫昭
> 穆，年月職官，各在其篇，具有其說，用相考覈，居然可
> 知。而重列之以表，成其煩費，豈非謬手？[25]

所說亦似有理，唯只看到「煩費」，而忽略「雖燕越萬里，而於徑
寸之內，犬牙可接；雖昭穆九代，而於方寸之中，雁行有序。使讀

22　《史通釋評》，〈人物〉，頁 278。

23　張舜徽，《史學三書平議》，頁 89-90。然〈探賾〉篇，則又有不同看
　　法，可參《史通釋評》，頁 248-249。

24　《史通釋評》，〈表曆〉，頁 67。

25　《史通釋評》，〈表曆〉，頁 67。

者閱文便睹，舉目可詳」，[26]這種執簡馭繁的便捷性，尤其十表最能看出史公的通古今之變的思想，展現歷史進程的階段性。其實史傳作表，則紀、傳篇幅可以減少，也可以與紀傳「相為出入」，更甚者還可濟紀傳之窮，[27]可惜《史通》缺論。

　　〈書志〉全篇主旨亟言〈天文〉、〈五行〉、〈藝文〉三者可以刪汰；另增〈都邑〉、〈氏族〉、〈方物〉三志。與《史記》有關者，僅〈天官書〉而已，其基本言論在於：「夫兩曜百星，麗於玄象，非如九州萬國，廢置無恆。故海田可變，而景緯無易。古之天猶今之天也，今之天即古之天，必欲刊之國史，施於何代不可也？」[28]劉知幾此見未必平允。蓋古之天與今之天必不一致，定有變化，即使天不大變，人對天的認識卻一直在變。〈天官書〉是司馬遷認為「星氣之書，多雜譏祥，不經；推其文，考其應，不殊。比集論其行事，驗于軌度以次」而後才成就斯篇的。[29]是目前所知最古老的天文學專著，顯示了司馬遷豐富的天文學知識和嚴肅的科學態度，不過劉知幾卻主張廢除。其實劉知幾所主張的新增三志，後世史籍都遙承其旨而增闢之，可見有識；唯〈天文〉、〈藝文〉兩志，本不當刪除，後世遂議變其體，權衡取捨，實亦受知幾啟迪。因不及本文題旨，故止而不論。

　　以上就《史通》評論《史記》紀傳體的體例義例而述，並檢驗

26　《史通釋評》，〈雜說上〉，頁 574。按內外篇兩說互戾，當以外篇雜說較為審諦。

27　參顧炎武，《日知錄集釋》（長沙：岳麓書社，1994），卷 26，頁 902。引朱鶴齡，《愚菴小集》，卷 13 語。

28　《史通釋評》，〈書志〉，頁 74。

29　《史記》，〈太史公自序〉，頁 3306。

兩方內容之是非得失。以下再就《史通》論述《史記》的史料問題，做最基礎的探討。

如所周知，史料記載是史書流傳的客觀條件，無史料即無史籍，更無史學。而史籍敘事的繁簡、詳略也多取決於史料的多寡。而史料之多寡，即端視能否「博采」而定，故〈采撰〉篇上即說：

> 蓋珍裘以集腋成溫，廣廈以群材合構。自古探穴藏山之士，懷鉛握槧之客，何嘗不徵求異說，采摭群言，然後能成一家，傳諸不朽。[30]

並說明丘明、馬、班諸史，無不博徵，必求雅正，所以可貴。學者設不「博聞舊事，多識其物」或「不窺別錄，不討異書，專治周、孔之章句，直守遷、固之紀傳」，[31]則必不能博聞多識，裒成一家之言。故首要步驟，即在廣采博聞。但博采並非「務多為美，聚博為功」，仿若「道聽塗說」、「街談巷議」亦皆搜羅，則有違理損實之弊。[32]必須別加研覈，練其得失，明其真偽，慎重去取，則成書當是嘉史。劉知幾引夫子之言曰：「多聞，擇其善者而從之」並說「學者博聞，蓋在擇之而已」，[33]即是有識之言。

班彪（3-54）曾說馬遷著作，採獲古今，貫穿經傳，至廣博

30　《史通釋評》，〈采撰〉，頁137。
31　《史通釋評》，〈雜述〉，頁319。
32　《史通釋評》，〈采撰〉，頁140。
33　《史通釋評》，〈雜述〉，頁319。

也，[34]然《史記》采撰偶或爽失，《史通》亦不放過。如〈雜說上〉說：「斯則遷之所錄，甚為膚淺，而班氏稱其勤者，何哉？」[35]即是說《太史公書》取材不周（漏掉《左氏內傳》）。延至南宋鄭樵（1104-1162）即從而和之而謂《史記》有「博不足」之恨也。[36]另同篇又載：「太史公撰〈孔子世家〉，多採《論語》舊說。至〈管晏列傳〉則不取其本書」，知幾譏之曰：「夫以可除而不除，宜取而不取，以斯著述，未覩厥義」。[37]

〈暗惑〉篇亦有數例如舜入井中，匿空而去；優孟假扮孫叔敖，楚莊王以為孫氏復生，欲重用為相；有若因貌狀像孔子，被孔子弟子共立為師，後終被驅走。[38]此等事例分別見之於《史記》〈五帝本紀〉、〈滑稽列傳〉、〈仲尼弟子列傳〉，然其事荒誕奇怪，不符自然規律，所述定是偽造無疑，不當據以入史。餘例尚有，茲不備舉，可見《史記》取材疏略之失。亦可見劉知幾對史料考辨之篤也。

三、史才三長論

劉知幾的史才三長論，原不在《史通》的內外篇當中，而是當

34　劉宋・范曄，《後漢書》（臺北：鼎文書局，1983），〈班彪傳〉，頁1327。

35　《史通釋評》，〈雜說上〉，頁565。

36　宋・鄭樵，《通志》（臺北：新興書局，1977），〈總序〉，頁1。

37　《史通釋評》，〈雜說上〉，頁567。然張舜徽氏有析辯之文，見張舜徽，《史學三書平議》，頁134-135。其辯有理。

38　《史通釋評》，〈暗惑〉，頁682-687。

時的禮部尚書鄭惟忠向劉知幾提問：「自古已來，文士多而史才少，何也？」劉知幾的回答是：「史才須三長，世無其人，故史才少也。三長謂才也、學也、識也」。[39]這段話後為《舊唐書》、《唐會要》、《新唐書》、《冊府元龜》所收載。三長論的內涵是何？劉知幾本人並未「加以解釋」，[40]唯歷來學者已多加申說，其論已明，不必贅述。[41]本文此處欲以其說來審視史公《史記》是否合乎三長論的要求，而具備良史的條件。使用後世學者的戒尺，強加前賢身上，其實並不必然合理。但反面思之，若探討的結果有益於史學的發展與進化，則又何妨？何況三長論本是劉知幾心中的定見，為其史學理論的一部分，雖未在《史通》書中申說，但必以其尺度盰衡古今載籍及史家，也是淺顯易明的道理。南宋史家鄭樵即曾稱述劉知幾、司馬遷為「二良史」，[42]正合本文題旨所在，茲處即以三長論檢視其所以為良史之由。

「才」是指史官造史的表達形式，包括文字表達技巧和編纂形式，文字表達即文采。「學」是指史家的專業知識學問，以及掌握和鑑別史料的能力。「識」是指研究歷史的觀點和方法。三者俱是歷史主體──史家應有的修養，得一不易，兼三尤難。史公的「史

[39] 後晉・劉昫，《舊唐書》（臺北：鼎文書局，1979），〈劉子玄本傳〉，頁3172。

[40] 梁啟超，〈補篇〉，《中國歷史研究法附補篇》（臺北：臺灣中華書局，1973），頁13。

[41] 參拙稿，〈史官條件說──三長抑四長？〉，《中國傳統史學的批評主義》（臺北：臺灣學生書局，2003），第三章第二節所引述資料即可周悉，頁101-120。

[42] 宋・鄭樵，《通志略》（臺北：里仁書局，1982），〈氏族序〉，頁1。

才」，編纂形式以五體結構，綜括史事，已具前論，茲可不復。此處僅略及文字表達技巧，亦即文采。歷史文章仍須藉文作為外在形式，來記實存真，傳達看法。求真是第一要務，文采次之，不可顛倒，亦不可偏缺。真實是史學生命，文采則是史學營養。若只有真實而無文采，則如陳年爛賬，令人不忍卒讀，很快遺忘；若只有文采而無真實，則全失歷史本質，僅成浪漫虛幻，而不值一顧，故結合兩則，才能勃發歷史生機。吾人讀史公文章，如〈項羽本紀〉中的「垓下圍」「鴻門宴」，人物如現眼前，情節緊湊、扣人心弦，令人恍如置身其中而不自知。史公為文發于情，肆于心，不囿於字句，不拘於史法，故能讓人「讀〈游俠傳〉，即欲輕生，讀〈屈原賈誼傳〉即欲流涕，讀〈莊周魯仲連傳〉即欲遺世，讀〈李廣傳〉即欲力鬥，讀〈石建傳〉即欲俯躬，讀〈信陵平原君傳〉即欲養士也」，[43]魯迅謂之「史家絕唱，無韻離騷」誠然也。《史記》不僅信實可靠，而且藝術高妙；不僅是一代史著，且為一代文宗。諒無異言。因此史公史才不只具備，且是高乘境界。

次敘史公「史學」。史公的知識來源，主要來自家學（司馬談）淵源，名師（董仲舒、孔安國）指導，得以成就其兼綜百家之學，[44]以及成年的壯遊，讓他「閱盡名山，江山入懷抱；體察民情，風情啟宏思」為日後撰史儲備豐富資糧。班固（32-92）說他「博物洽

43　原係魯迅引茅坤所言，見《魯迅全集》（北京：人民文學出版社，1981），第 9 卷，頁 420。

44　李長之，〈說司馬遷之學──百科全書式的人物〉，《司馬遷之人格與風格》（臺北：開明書店，1976），頁 212。

聞」，**45**是最佳寫照。

　　至於掌握史料運用史料之能力與方法，〈太史公自序〉講得很清楚：「百年之間，天下遺文古事，靡不畢集太史公」，「遷為太史令，紬史記石室金匱之書。」史公以其太史令職務之便，負責保管、整理、編次、撰述，使用整個石室金匱即皇家圖書館之所有藏書文獻檔案資料，加以訪之朋友，考之游歷，徵之銘碣，**46**終至完成一部傳信的實錄巨製。故知以史「學」論，史公的治史方法，為後世建立最佳榜樣，乃無可置疑。

　　復論「史識」。史識較史才、史學尤要。史公能洞破編年體，開創紀傳體，即是卓有史識；其內之五體結構，雖皆有本源，然並陳於《史記》之中，作為體例，既包羅宏富，又能形象動人，誠由其「識」而得。故此體一出，即以巨大的優越性取代編年史的地位，蔚為綿遠廿五史傳統之首。再就五體之內部來說，如創立〈平準書〉〈貨殖列傳〉乃記述社會經濟史的專篇，反映史公之經濟思想，之後班固承繼並改寫成〈食貨志〉，唐代杜佑《通典》更首列〈食貨〉典，都是延續史公創意的名例。史公尚首創學術史傳，綜論古今學術，辨別源流得失，如於〈太史公自序〉全文著錄其父之〈論六家要旨〉，並評述《春秋》；〈列傳〉之中並為各家如儒之孔子及其弟子、荀孟；法家之商鞅、申不害、韓非、李斯；道家之老、莊；兵家之司馬穰苴、孫武、孫臏、吳起等人都立了傳，亦可

<hr>

45 漢‧班固，《漢書‧司馬遷傳》：「鳴呼，以遷之博物洽聞，而不能自全。既陷極刑，幽而發憤，書亦信矣。其所以自傷悼，《小雅‧巷伯》之倫。夫唯《大雅》『既明且哲，能保其身』，難矣哉！」見頁2738。

46 具體事例，請參張孟倫，《中國史學史》，上冊，頁116-120。

由之觀各家學說精華。八書之中的〈禮〉、〈樂〉、〈律〉、〈曆〉、〈天官〉也都是學術文化的總結，體驗了歷史與文化的結合，是史公「善擇（識）」而得。再更進一層而言，則如本紀之中為何寫〈呂后紀〉厠於〈高祖紀〉後？為何列孔子、陳勝於〈世家〉？為何韓非老子同〈列傳〉？其取捨之由焉在？蓋皆史公有其識理存焉。待吾人後輩小子深思抉發之而後已。至於「太史公曰」的史評，就更不必說明即可知之了。由上面的舉例，從外部體裁宏構迄於內部章節細旨，都可看到史公的史識高邁而且細緻。孰曰《史記》非史公精識而得？

以上是準依劉知幾史才三長論度量史遷之才學識。在《史通·辨職》篇中，劉知幾即以史「學」褒獎史公：

> 史之為務，厥有三途焉。何則？彰善貶惡，不避強禦，若晉之董狐，齊之南史，此其上也。編次勒成，鬱為不朽，若魯之丘明，漢之子長，此其次也。

或他批評監修史臣應該是「直若南史，才若馬遷，精勤不懈若揚子雲（53B.C.-A.D.18），諳識故事若應仲遠」，[47]此等德才兼備的人才夠格領導史局，看出他極讚史公才情。

史公三長具備，應無問題。因而他能夠「罔羅天下放失舊聞，考之行事，稽其成敗興壞之理，凡百三十篇，亦欲以究天人之際，通古今之變，成一家之言」為千古良史。[48]倒是創三長說的劉知幾

47　《史通釋評》，〈辨識〉，頁326-327。
48　見〈報任安書〉，《漢書·司馬遷傳》，頁2735。

是否也三長兼得呢？頗值得玩味。筆者細思他回答鄭惟忠的內容來看，至少他本人是自認有的。從他為建立載筆的範則，評彈古書，傷於苛刻，[49]然在「辨指歸，殫體統」的目的之下，亦多有體例嚴正，百代不移之論，是亦知其為良史之一，吾人信乎鄭樵稱讚二氏為良史是道業相知、毫不虛誣之言。

四、史學思想

　　兩書之間的裏層（第三節）外層（第二節）的關係，上文大致作了相當的釐清工作，本節再來看高層次的思想指導層面。勿庸贅言，史家的著述，往往都是其史學思想落實的產物，絕非可以憑空虛擬而出的，其間內部關聯密切，必有其概念化與邏輯性的抽繹及推演過程而後始可得之，因而本節擬就《史通》與《史記》之間思想層次的對應關係，略作疏通，俾更能較為周延地瞭解兩書的內蘊。唯研究方法上，因資料性質所限，已不能如前兩節一樣可以專就《史通》之內談及《史記》的內容加以實際分析，必須改弦更轍，略作調整，採取反向的思考，由《史記》出發，再來審視《史通》受到啟發受到影響的痕跡，而尋繹兩氏史學的關聯性。畢竟，《史通》後出《史記》七百年以上，不可能《史通》影響了《史記》的撰述。

　　緣於上者，本文從司馬遷的名言「究天人之際，通古今之變，成一家之言」入手析述，此話是史公一生從事史職的最高目標，也是繼承其父太史公之職所欲達致的最高理想，當然更是他後來撰就

---

[49]　焦竑，《焦氏筆乘》（上海：上海古籍出版社，1986），卷3，頁96。

《史記》要具體落實的精神指導。此句名言出自〈報任安書〉，已見諸前文。史公身為漢代太史令，精通天人古今，不論從天官傳承，或史家之學，他都能將天人理論與史學著述兩者結合在一起，提出其個人的獨到體會，並具體呈現在其一家之言的《史記》當中，可謂對天人之際有所承繼，也有所突破。

　　天人思想是中國古代歷史哲學的範疇，是講究天道（自然界）與人道（社會界）的關係，並非史公所獨創。然史公用之以研究五帝迄於孝武今上三千年來史事，都發現天人無時不有關係，人可藉由自己的體認、或藉龜卜、或由天象、或由夢境、或由瑞應來求得，其道則不一。[50]阮芝生在其研究中已指出史公對遠古五帝及三代治亂興亡的關鍵看法，莫不在「仁義」即廣義的「德」一字。[51]帝王如果有德，則上天授與天命，降與福祿；如果失德，則終奪其天命，施與罪罰。黃帝之興，在於「修德振兵」；帝堯則「能明馴德，以親九族」，其至德尤在「不以天下之病而利一人」；帝舜以孝聞，試位典職，四海之內咸載其功，於是有所謂「天下明德皆自虞帝始」；其事皆見於《史記·五帝本紀》。反之，如孔甲好方鬼神，事淫亂，「夏后氏德衰，諸侯畔之」，「夏桀不務德」。反觀此時「湯修德，諸侯皆歸湯」，湯代桀，遂代夏而有天下。同樣，商最後亡於紂，在《史記·殷本紀》篇末，史公詳述紂王種種淫虐失德、自取滅亡之事，而此時代商而興的乃是「積善累德」的西

50　可參簡松興，〈西漢天人思想研究〉（臺北：輔大中文系博士論文，1998），頁 248-272。

51　阮芝生，〈試論司馬遷所說的「究天人之際」〉，《史學評論》6（臺北，1983.9），頁 43-52。

伯。〈周本紀〉中敘周八百年國祚，盛在累世修德，衰在厲王之專利，可見治亂盛衰雖說都有天命，卻都是人為自致的。

　　明乎此，則知人應修德以配天道，順天而行，藉以獲得天命或常保天命；至少，盡人事尚可格天心、回天意。人力雖有限，但仍可掌握若干力量，不能只待天命。天命賴德以配，天道之成立，有賴於人道之向上，故一切仍須從人事做起。必須盡其在我，然後才能求之於天。盡人事以待天命，進而希天合天，助天道之化行，方能達天人合一的境界，而同歸大道。《史記》〈天官書〉、〈宋微子世家〉都有篇幅可以印證此理，如此以知，人道之極處，即天道所在，感應的樞機在於人的修德，如此則天道可親，天象可知、天變可應。[52]以上要理，庶幾即是史公歷史哲學「究天人之際」的命意所在。人道終臻此境，必是郅治之象，史公寫《史記》的終極關懷即在於此。

　　再看劉知幾的「天人」。前文論〈書志〉時已知劉知幾對天文五行的基本態度，大凡純天象記載，不繫人事者，皆可不必載入史書。但若與人事相關，「如梓慎之占星象，趙達之明風角、單颺識魏祚於黃龍、董養徵晉亂於蒼鳥，斯皆肇彰先覺，取驗將來，言必有中，語無虛發。苟誌之竹帛，其誰曰不然」；但「若乃前事已往，後來追證，課彼虛說，成此游詞，多見其老生常談，徒煩翰墨者矣。」[53]則是他所堅決反對的。

　　天人之間或有連繫，或無連繫，並無常規可循，劉知幾主張可

52　阮芝生，〈試論司馬遷所說的「究天人之際」〉，頁 66。陳雪良，《史馬遷人格篇》（上海：上海人民出版社，1998），頁 135。

53　《史通釋評》，〈書志〉，頁 82-83。

以記載，但不必強為索解，因而他贊同「古之國史，聞異則書；未必皆審其休咎，詳其美惡也」，[54]但對於不知之事，他引孔子之言曰：「君子於其所不知，蓋闕如也」決不可強不知以為知而強著一書，受嗤千載。[55]張舜徽以為其陳義甚正。

《史通》之中對神鬼、怪物、異說、謠讖之類的事，也有一定的看法。其言曰：

> 若論神仙之道，則服食鍊氣，可以益壽延年；語魑魅之途，則福善禍淫，可以懲惡勸善，斯則可矣。[56]

> 若吞燕卵而商生，啟龍漦而周滅，屬壞門以禍晉，鬼謀社而亡曹……此則事關軍國，理涉興亡，有而書之，以彰靈驗，可也。[57]

> 陰陽為炭，造化為工，流形賦象，於何不育，求其怪物，有廣異聞。[58]

可見凡涉懲惡勸善、理涉興亡、有廣異聞者，足當外史，勸誡乃佳，即可入史。然若「祥瑞之出，非關理亂，蓋主上所惑，臣下相欺，故德彌少而瑞彌多，政逾劣而祥逾盛，是以桓靈受祉，比文景

54　《史通釋評》，〈書志〉，頁 79。

55　《史通釋評》，〈書志〉，頁 83。

56　《史通釋評》，〈雜述〉，頁 318。

57　《史通釋評》，〈書事〉，頁 269。

58　《史通釋評》，〈雜述〉，頁 316。

為豐；劉石應符，比曹馬益倍。而史官徵其謬說，錄彼邪言，真偽莫分，是非莫別」，[59]則是欺天罔上，假造天意，與原先祥瑞在於發揮盛德，幽贊明王是背道而馳，乃知幾所深深反對的。

復者，劉知幾在《史通‧雜說上》也藉《史記‧魏世家》所記：「說者皆曰魏以不用信陵君，故國削弱至於亡。余以為不然。天方令秦平海內，其業未成，魏雖得阿衡之徒，曷益乎？」[60]來發表「天人」看法：

> 夫論成敗者，固當以人事為主，必推命而言，則其理悖矣。蓋晉之獲也，由夷吾之慁諫；秦之滅也，由胡亥之無道；周之季也，由幽王之惑褒姒；魯之逐也，由禂父之違子家。然則敗晉於韓，狐突已志其兆；亡秦者胡，始皇久銘其說；檿弧箕服，彰於宣屬之年；微褰與襦，顯自文武之世。惡名早著，天孽難逃。假使彼四君子才若桓、文，德同湯、武，其若之何？苟推此理而言，則亡國之君，他皆仿此，安得於魏無譏者哉？[61]

這段原文，讓本文又回復到前兩節行文的一貫性，以《史通》來論析《史記》，檢驗史公與劉公的思想。此段話最主要在反對史公觀點，即天要秦統一天下，即使魏能用得伊尹之類的人才，也不能免於滅亡。劉知幾提出論成敗，不論國家或個人，都要以人事為主，

59　《史通釋評》，〈書事〉，頁 270-271。

60　《史記》，〈魏世家‧太史公曰〉，頁 1864。

61　《史通釋評‧雜說上》，頁 570。

不能推論天命所致，並且舉出史例證明其所言；之後，再舉出四國之亡，均早有預兆，但設若以上四個亡國之君有才又有德，則結局必不一樣。循此道理推論，既然天意已定，則亡國之君都有開罪的理由，人們怎會不對魏國之君譏刺與指摘呢？綜合上文兩大段理由，可知劉知幾是命運與人事交互論述，兩者在成敗的結果上，都有其作用，並非互相對立的狀況。

同篇之中，劉知幾又說「大國之將亡也若斯，則其將興也亦然」，從國之肇興的角度發論，來反證太史公觀點之誤，文內也舉了田齊、魏、周、漢的興起，均早有占卜預言和祥瑞的呈現，但縱有天命存在，也需要人事相配。假如四國肇基者之德才不足，豈能最終建國稱帝？是知如按太史公說法推論，既有天命，則國之興自然會實現，根本無須贊頌其神武威智了。

兩相對照之下，本篇〈雜說上〉所舉之例都在說明劉知幾提倡以人事結合命運的說法，來決定興亡成敗的，二者缺一不可。如此以言，其實與前文論述史公的「究天人之際」的看法並不違背，兩者在一定程度上是沒有不相同的。何以知之？依筆者愚見，只要掌握「天方令秦平海內」的「天」之確切意思即可了，此處之「天」，解為「時勢」、「潮流」，[62]即可了解當時整個時勢潮流都對秦有利，不是個人之君王或宰輔即可逆挽的。劉知幾發論如此之多，可能執著於「天」作天意、天命解，其實史公之「天人」含意豐富，不宜只作單解。史公在〈魏世家〉的論贊，其實是說明人與時勢的關係，人事的作用固然重要，但人只有乘順時勢方能大有作為，違時失勢則必然敗亡。試以近代史例亦可作證。蔣介石由中

國大陸於一九四九年底敗逃至臺灣一隅，豈非「天」的時勢利毛不利蔣，以致「人」必須轉退敗逃的？否則，難道人事因素的東方紅太陽必定偉岸超過民族救星？一言以蔽之，即「天人」因素互相作用所決定的。史公的寫法不僅〈魏世家〉如此，在〈李將軍列傳〉、〈項羽本紀〉等等都可看到相同的史學思想。

「究天人之際」略加疏通之後，以下再就「通古今之變」略申太史公與劉知幾的關連。前者是歷史哲學，後者則是史學思想。

從《史記‧太史公自序》：「罔羅天下放失舊聞，王迹所興，原始察終，見盛觀衰，……著十二本紀，……作十表，禮樂損益，律曆改易，兵權山川鬼神，天人之際，承敝通變，作八書。」[63]已知史公以百三十篇的一家言，要透過原始察終、見盛觀衰、承敝通變的方式，來達到他對上古以迄於今上孝武三千年歷史變化之考察，以實現其宿願的「通古今之變」。

就「通古今之變」這句名言本身來論，「通」既有時間先後數千年縱序的貫通、直通，也有橫切面上地理、天文、曆象、人事、國度上的交通、旁通。兩者縱橫交錯，即史事橫生，歷亙古而不絕。史公從中看到歷史「變」的特質，歷史也始終都處在變的過程之中。茲舉秦為例說明，秦由原西方偏遠小國，歷經襄公護衛平王東遷，始封諸侯，文公營歧雍，穆公修伯政，獻公雄諸侯，孝公變成法，凡百有餘年，逐漸變為爭霸稱雄的強國，最後則在始皇時期統一六合，併吞天下。以上由〈秦本紀〉及〈秦始皇本紀〉，即知此乃長期發展變化的結果，過程是由「漸」到「變」，有其始亦有其終。

　　史公在三千年紛雜的史事當中，尋出發展規律，故基本上是用
㈠原始察終：即追原其始，察究其終，把握歷史演變的全部過程，
找出其中的因果關係，予以全面的分析和考察找出「因」到「果」
之間的參照點，即邏輯的起點，以至於終點及過程中辯證的發展。
史公以書、表的形式來概括其歷史的變化觀。其中特別是〈十表・
序〉最能展現千年的脈絡經緯。㈡見盛觀衰：指事物發展到極盛
時，要看到其中的衰象，並注意到其間的轉變。《史記・平準書》
描述漢初七十多年的昇平圖象完後，轉而即寫社會上官民爭利，政
治上賣官鬻爵，似是由盛轉衰的徵兆了。史公寫此段歷史可看出其
變動具盛衰波浪的過程。㈢承敝通變：指事物發展到一定階段時，
必然產生弊端，此後則將發生變化，有一種歷史必變的思想。史公
寫秦漢之際時，已指秦始皇之前已經「久敝」了，但始皇當政未能
去弊從善，作變革措施，反酷刑法，結果歷經胡亥、子嬰仍然迷惑
不悟，最後只有滅亡了。「敝」是歷史前提，有敝則變，變則可
通，終得天統矣。

　　以上三方面即史公「通變」思想的要則與門道，由之則可通達
古今之變，用之於指導現實，則可具有巨大的現實功用。史公撰
《太史公書》百三十篇，即想透過「通古今之變」中達到郅治之
原。其通變思想的現實意義，旨在斯哉。

　　劉知幾撰述《史通》是因唐代的史官著述，義例不純，所以才
要「辨其指歸，殫其體統」。但「餘波所及，上窮王道，下揆人
倫，總括萬殊，包吞千有」，[64]故其書雖以史為主，但也涉及到王
道人倫，格局變大許多。他透過縱向上「上／下」對應「王道／人

64　《史通釋評》，〈自敘〉，頁336-337。

倫」的關係，與橫向上的「總括萬殊，包吞千有」互相結合，即是橫通縱通都包括在內了。如此《史通》的學術氣象不僅確立，亦且鑄就其一家言了。

　　更具體來說，劉知幾繼承了史公「通古今之變」的思想和方法，其《史通》49 篇之中幾乎無一例外地都貫穿通古今之變的思想，並運用「原始察終」的方式敘述事物的終始，大至討論整個史學發展的面貌，小至辨章一種史書的體例，無不皆然。茲舉〈六家〉為例，他透過總結上古迄於當時唐代史書發展的情形，歸納出六個流派，並對此六家分述其始終過程，最後作出結論只剩二家即《左傳》和《漢書》所代表的編年體和斷代紀傳史還算盛行。他所用的辦法即原始察終，于考鏡源流中辨別史書的體裁。其他像外篇〈史官建置〉和〈古今正史〉更是典型的範例，內篇從〈六家〉第一迄於〈辨職〉第卅五，都是採用此法而得到卓識卓論，其長處正是通變思想的具體體現。

　　因為《史通》是史學批評的專書，性質與《史記》是紀傳體裁通史迥不相同，《史記》通古今之變可有上述三法適用，《史通》則因局限在對上古迄於李唐皇朝當代史籍的批評上，故僅「原始察終」較為合用，而少及於其他二法，這是客觀情勢的差別，不能不知。劉知幾在其書熟用此法，並把史學發展史看成是一個有終始的演變過程。

五、結語

　　《史通》與《史記》各在史學上具有其獨特的意義，都是中國史學豐富的遺產，放在世界史學的脈絡上，司馬遷足可與修昔底的

斯（Thucydides, 460-400 B.C.）爭輝而不遑相讓；劉知幾的《史通》也
足足比西方相同著作提早數百年，[65]俱是中國史學驕傲的一部分。
兩書也同是作者個人的一家言，傳世代表作，影響中國史學皆極其
深遠，但兩書的成就則一在紀傳體的創作，一在史學批評的發聲，
迥不相侔，然做為後出的《史通》在肆評古今墳籍之餘，《史記》
當然是其中一本重要對象，在《史通》彈射之餘，《史記》雖未盔
甲全丟，似也瘢痕累累。針對此種現象，本文以前述三節申論《史
通》批評的內容，並衡量其間是非，再予之批評，冀以得出適中的
定見。

「歷史編纂學」一節首論史書體裁，分述古來迄唐史籍共有六
家，唯至後世猶可祖述者僅餘編年之《左傳》與斷代紀傳之《漢
書》而已，其餘四家皆已久廢。其中當然史記家亦不復盛行。知幾
此論，固有卓識，得乎宏觀歷史的觀察居大，然若據此以謂知幾甲
班乙馬，則恐落入非此即彼（either/or），亦非平情之言。知幾蓋就
史學發展實情而論，非倚偏斷代之《漢書》而刁難通代之《史
記》。體裁既定，則涉及體例義例，劉知幾在〈內篇〉之中，多所
抉發《史記》編纂史法之謬誤，並提出鍼砭藥石之論，然《史記》
仍然屹立不搖，似不為所撼。上文之中，頗衡情而論，蓋知幾徒以
史法糾繩前人，未悉史法之外，猶有史家心靈內在奧祕深處，不是

65　許冠三，〈自敘〉，《劉知幾的實錄史學》（香港：香港中文大學出版
　　社，1983），見頁 3，云：「就目前所知，《史通》還是全世界最先講求
　　客觀史義的長篇巨構。即使專以史料學的小道而論，也早於法蘭西古學家
　　馬必雍（J. Mabillion）的《古文書學》（De re diplomatica，1681）九百多
　　年」。趙俊、任寶菊著，〈前言〉，《劉知幾評傳──史學批評第一
　　人》，見頁 1，亦襲用此說。

外在形式的法式規則，所可拘制牢籠的。然知幾所論，亦多切中漢後史學之弊。

「史才三長論」舉例說明史公才學高廣，識見超邁，允為良史，《史通》不能否定；「史學思想」則分「天人」與「通變」兩方面，審視《史通》批評《史記》及沿襲於《史記》之處，唯因兩書性質不同，《史通》發論仍明顯就編纂層面立言批評，但精神指導層面，兩書的本源其實是相通的。

本文總上三節來審視並批評《史通》對《史記》的批評，實不能完全闡盡兩書內容。但就其體旨大要而言，或已得之若干，藉之亦可明瞭《史記》傳承至唐代時，與漢代司馬遷著述的初衷，已不可同日而語，其意義亦隨時代而變；反之，《史通》肆評《史記》，或可代表著唐代「史記學」的其中一種面相，具有個案研究的價值。[66]唯唐代「史記學」之深論，恐須另待專人專文了。

---

[66] 劉知幾在唐代史館任職史官，對當時史館制度有「五不可」的批判，詳見《史通》〈忤時〉，任史職近廿年中，道業相知者凡七，有徐堅、朱敬則、劉允濟、薛謙光、吳兢、元行冲、裴懷古，或有學者謂之為劉知幾學派、館院學派，其中以劉知幾、吳兢為最具代表性。筆者以為此七人（其中裴懷古不預史局）能否稱為「學派」，不無意見，拙見已見於拙稿，《史學三書新詮——以史學理論為中心的比較研究》，頁 25，茲不復贅。唯劉氏等人當時應屬史館之中的非主流派，故最後鬱怏孤憤，三辭史官，退而私撰《史通》，終致留傳千古，為後世列為史評類史籍的第一書，影響後世史學甚大（一別於其當年，在後世反成主流派）。故筆者以為其論《史記》者，有一定程度的作用，但看後世學者多遵（陰）奉其言以撰史，或就其論評予褒貶，尤其乾嘉大家都針對其書提論，其中更不乏與《史記》相關者，似足覘知其書可視為唐代史記學的一個個案加以研究，尤其代表盛唐時期。至於針對整個唐代《史記》學的研究，則恐需更周全的材料與觀點了。佛光大學主辦的「第一屆世界漢學中的《史記》學

附表：《史通》評《史記》原文

	篇名	內　容	出處頁碼
內篇	六家第一	尋《史記》疆宇遼闊，年月遐長，而分以紀傳，散於書表。每論家國一政，而胡、越相懸；敘君臣一時，而參、商是隔。此其為體之失者也。兼其所載，多聚舊記，時採雜言，故使覽之者事罕異聞，而話饒重出。此撰錄之煩者也。此撰錄之煩者也。況《通史》以降，蕪累尤深，遂使學者寧習本書，而怠窺新錄。且撰次無幾，而殘缺逾多，可謂勞而無功，述者所宜深誡也。	頁 19
		《尚書》等四家（含史記家），其體久廢。	頁 23
	二體第二	《史記》者，紀以包舉大端，傳以委曲細事，表以譜列年爵，志以總括遺漏，逮於天文、地理、國典、朝章，顯隱必該，洪纖靡失。此其所以為長也。若乃同為一事，分在數篇，斷續相離，前後屢出，……此其所以為短也。	頁 36
	載言第三	至於《史》、《漢》則莫不然，凡所包舉，務在恢博，文辭入記，繁富為多。……唯上錄言，罕逢載事。夫方述一事，得其紀綱，而隔以大篇，分其次序。遂令披閱之者，有所懵然。	頁 43
	本紀第四	然遷之以天子為本紀，諸侯為世家，斯誠讜矣。但區域既定，而疆理不分，遂令後之學者罕詳其義。……項羽僭盜而死，未得成君，……況其名曰西楚，號止霸王者乎？霸王者，即當時諸侯。諸侯而稱本紀，求名責實，再三乖謬。	頁 47

國際學術研討會」當中，即有學者針對漢代、魏晉南北朝的《史記》學提出論文報告，筆者才薄無能為之，僅以《史通》一端審視唐代《史記》學的其中一個面相而已。

世家第五	陳勝起自群盜，稱王六月而死，子孫不嗣，社稷靡聞，無世可傳，無家可宅，而以世家為稱，豈當然乎？夫史之篇目，皆遷所創，豈以自我作故，而名實無準。而馬遷強加別錄，以類相從，雖得畫一之宜，詎識隨時之義？	頁 52-53
列傳第六	尋茲例草創，始自子長，而樸略猶存，區分未盡。如項王立傳，而以本紀為名。	頁 59
表曆第七	（既有本紀、世家、列傳）而重列之以表，成其煩費，豈非謬乎？且表次在篇第，編諸卷軸，得之不為益，失之不為損。……語其無用，可勝道哉！	頁 67-68
書志第八	但《史記》包括所及，區域綿長，故書有〈天官〉，諸者竟忘其誤，權而為論，未見其宜。班固因循，復以天文作志。	頁 74
論贊第九	司馬遷始限以篇終，各書一論。必理有非要，則強生其文，史論之煩，實萌於此。	頁 99
稱謂第十四	馬遷撰《史記》，項羽僭盜而紀之曰王，此則真偽莫分，為後來所惑者也。	頁 128
採撰第十五	馬遷撰《史記》，採《世本》、《國語》、《戰國策》、《楚漢春秋》。	頁 137
	觀夫子長之撰《史記》也，殷、周已往，採彼家人。	頁 140
因習第十八	馬遷《史記》西伯以下，與諸列國王侯，凡有薨者，同加卒稱，此豈略外別內邪？何貶薨而書卒也？	頁 163
邑里第十九	昔五經諸子，廣書人物，雖氏族可驗，而邑里難詳。逮太史公始革茲體，凡有列傳，先述本居。一至於國有弛張，鄉有併省，隨時而載，用明審實。	頁 170
浮詞第二十一	《史記・世家》有云：趙軮諸子，無恤最賢。夫賢者當以仁恕為先，禮讓居本。至如偽會鄰國，進計行戕，俾同氣女兄，摩笄引決，此則詐而安忍，貪而無親，鯨鯢是儔，犬豕不若，焉得謂之賢哉！	頁 188

敘事第 二十二	若《史記》之蘇、張、蔡澤等傳，是其美者。至於 三、五本紀，日者，太倉公、龜策傳，固無所取焉。	頁 196- 197
品藻第 二十三	史氏自遷、固作傳，始以品彙相從。然其中或以年世 迫促，或以人物寡鮮，求其具體必同，不可多得。是 以韓非、老子共在一篇。	頁 219
直書第 二十四	至若齊史之書崔弒，馬遷之述漢非，韋昭仗正于吳 朝，崔浩犯諱于魏國。	頁 228
鑑識第 二十六	案遷所撰〈五帝本紀〉、七十列傳，稱虞舜見阨，遂 匿空而出；宣尼既阻，門人推奉有若。其言之鄙，又 甚於茲，安得獨罪褚生，而全宗馬氏也。	頁 242
探賾第 二十七	尋遷之馳騖今古，上下數千載，春秋已往，得其遺事 者，蓋唯首陽之二子而已。然適使夷、齊生於秦代， 死於漢日，而乃升之傳首，庸謂有情。今者考其先 後，隨而編次，斯則理之恒也，烏可怪乎？必謂子長 以善而無報，推為傳首，若伍子胥、大夫種、孟軻、 墨翟、賈誼、屈原之徒，或行仁而不遇，或盡忠而受 戮，何不求其品類，簡在一科，而乃異其篇目，各分 為卷。又遷之紕繆，其流甚多。夫陳勝之為世家，既 云無據；項羽之稱本紀，何必有憑。必謂遭彼腐刑， 怨刺孝武，故書違凡例，志存激切。若先黃、老而後 六經，進奸雄而退處士，此之乖剌，復何為乎？	頁 249
書事第 二十九	蓋班固之譏司馬遷也，「論大道則先黃、老而後六 經，序遊俠則退處士而進奸雄，述貨殖則崇勢利而羞 賤貧。此其所蔽也。」	頁 269
人物第 卅	又子長著《史記》也，馳騖窮古今，上下數千載。至 如皋陶、伊尹、傅說，仲山甫之流，並列經誥，名存 子史，功烈尤顯，事迹居多。盍各採而編之，以為列 傳之始，而斷以夷、齊居首，何齷齪之甚乎？	頁 278
序傳第	至馬遷又征三閭之故事，放文園之近作，模楷二家，	頁 297

	卅二	勒成一卷。於是揚雄遵其舊轍，班固酌其餘波，自敘之篇，實煩於代。雖屬辭有異，而茲體無易。	
		編次勒成，鬱為不朽，若魯之丘明，漢之子長，此其次也。	頁 326
	辨職第卅五	子長之立記也，藏於名山。……然則古來賢儁，立言垂後，何必身居廨宇，迹參僚屬，而後成其事乎？是以深識之士，知其若斯，退居清靜，杜門不出，成其一家，獨斷而已。豈與夫冠猴獻狀，評議其得失者哉！	頁 328
	自敘第卅六	史公著書，是非多謬。	頁 336
外篇	史官建置第一	遷卒，宣帝以其官為令，行太史公文書而已。	頁 353
	古今正史第二	子遷乃述父遺志，採《左傳》、《國語》，刪《世本》、《戰國策》，據楚、漢列國時事，上自黃帝，下訖麟止，作十二本紀、十表、八書、三十世家、七十列傳，凡百三十篇，都謂之《史記》。	頁 395
		而太史公云：夫子「為《春秋》，筆則筆，削則削，游夏之徒，不能贊一辭。」其虛美一也。	頁 497
	惑經第四	太史公曰：「孔氏著《春秋》，隱、桓之間則彰，至定、哀之際則微，為其切當世之文，而罔褒諱之辭也。」斯則危行言遜，吐剛茹柔，推避以求全，依違以免禍。	頁 499
	雜說上第七	論《史記》八條 1. 遷之所錄，甚為膚淺，而班氏稱其勤者，何哉？ 2. 案遷之所述，多有此類（指不簡潔），而劉、揚服其善敘事也，何哉？ 3. 如管、晏者，諸子雜家，經史外事，棄而不錄，實杜異聞。夫可除而不除，宜取而不取，以斯著述，	頁 564-573

		未睹厥義。	
		4. 至於〈貨殖〉為傳，獨以子貢居先。掩惡揚善，既忘此義；成人之美，不其闕如？	
		5. 夫云「遭李陵之禍，幽於縲絏」者，乍似同陵陷沒，以置於刑，又似為陵所間，獲罪於國。遂令讀者難得而詳。賴班固載其〈與任安書〉，書中具述被刑所以。儻無此錄，何以克明其事者乎？	
		6. 若要多舉故事，成其博學，何不云虞卿窮愁，著書八篇？而曰「不韋遷蜀，世傳《呂覽》」。斯蓋識有不該，思之未審耳。	
		7. 但夾沙出《左氏傳》，漢代其書不行，故子長不之見也。夫博考前古，而舍茲不載，至於乘傳車，探禹穴，亦何為者哉？	
		8. 夫推命而論興滅，委運而忘褒貶，以之垂誡，不其惑乎？自茲以後，作者著述，往往然而。……可謂與子長同病者也。	
		觀太史公之創表也，於帝王則敘其子孫，於公侯則紀其年月，列行縈紆以相屬，編字戢𤔌而相排。雖燕、越萬里，而於徑寸之內犬牙相接；雖昭穆九代，而於方尺之中雁行有敘。使讀者閱文便覩，舉目可詳，此其所以為快也。	頁 574
		司馬遷之〈敘傳〉也，始自初生，及乎行曆，事無巨細，莫不備陳，可謂審矣。而竟不書其字者，豈墨生所謂大忘者乎？	頁 577
		然遷雖敘三千年事，其間詳備者，唯漢興七十餘載而已。其省也則如彼，其煩也則如此，求諸折中，未見其宜。	頁 581
	雜說下第九	揚雄〈法言〉，好論司馬遷而不及左丘明，常稱《左氏傳》唯有「品藻」二言而已，是其鑒物有所不明者	頁 627

		也。且雄哂子長愛奇多雜，又曰不依仲尼之筆，非書也。	
		史有固當以好善為主，嫉惡為次。若司馬遷、班叔皮，史之好善者也。	頁636
		夫載筆立言，名流今古。如馬遷《史記》，能成一家。	頁638
	暗惑第十二	如《史記》云重華入于井中，匿空出去。此則其意以舜是左慈、劉根之類，非姬伯、孔父之徒。苟識事如斯，難以語夫聖道矣。且案太史公云：黃帝、堯、舜軼事，時時見於他說，余擇其言尤雅者，著為本紀書首。若如向（指〈五帝本紀〉）之所述，豈可謂之雅邪？	頁682
		觀孟軻著書，首陳此說；馬遷裁史，仍習其言（指〈仲尼弟子列傳〉載有若狀似孔子，為眾弟子擁立為師事）。得自委巷，曾無先覺，悲夫！	頁686
		（指《史記・留侯世家》載張良諫劉邦封雍齒侯以消眾將之叛）案子房之少也，傾家結客，為韓報仇。此則忠義素彰，名節甚著。其事漢也，何為屬群小聚謀，將犯其君，遂默然杜口，俟問方對？倘若高祖不問，竟欲無言者邪？且將而必誅，罪在不測。如諸將屯聚，圖為禍亂，密言臺上，猶懼覺知；群議沙中，何無避忌？為國之道，必不如斯。然則張良慮反側不安，雍齒以嫌疑受爵，蓋當時實有其事也。如複道之望、坐沙而語，是說者敷演，妄溢其端耳。	頁687

說明：本表依據唐・劉知幾著，清・浦起龍釋，民國・呂思勉評，《史通釋評》，臺北：華世出版社，1981。

顯隱褒諱之間：《史記》與《史通》史學批評比較[*]

一、前言

　　史學批評與史學批評史的研究對史學史、史學各分科、史學理論、方法論及與史學相關學科的研究等，都具有相當大的影響及作用，是史學不可缺少的一門分支學科。這門學科自古即有，不待今日，然多限於斷簡殘篇，片言隻字，並未形成理論體系，有則自唐代劉知幾（661-721）撰有全面性史學批評專著《史通》開始，清朝官方《四庫全書‧總目》分史學十五類，最後一類即史評類，而第一本著作即是《史通》，由此可見其重要性之一斑。自唐而後，史學批評日漸發達，代有學人專著出現，迄今愈形繁榮，誠是學界幸事。

　　這門學科在中國大陸史學界的發展，比起海峽本岸的臺灣歷史學界來言，從 1950 年代以還即似稍勝乎本地。蓋大陸建立新政權

[*]　本文為筆者在 102 學年度教授休假之研究論文報告，正式刊載於《興大歷史學報》第 29 期（臺中，2014.12），頁 1-23。

之後，即委由北京師大白壽彝教授擔任史學史組召集人做出各種努力，舉凡包括發行刊物《史學理論》、《史學史研究》（季刊，原名《中國史學史資料》）等提供史學史論文發表園地，激發靈感；舉辦研討會，深化耕耘成績；大學高校成立史學史研究室，拓展史學面相等等，中間雖經文革巨變，被迫中斷十年，然自 1976 年所謂四人幫被粉碎之後，史學史的研究，當然包括內含其中的史學批評研究都回復生機活躍起來，至今成果豐碩，頗為可觀。[1] 相較之下，臺灣在地的史學史學界，除臺大杜維運（1928-2012）教授上承姚從吾、李宗侗諸博彥教誨之外，也曾帶出一批後學菁英參與究學，亦有相當成績。但從影響層面而言，即似乎較屬個人魅力的氛圍，範疇不若大陸史學界之廣泛與集體，幾十年下來在史學或史學批評史的研究成果，似略遜於對岸史學界，究其實而言，這是取決於市場大小及學術誘因而非關於個人的成就高低或努力與否的問題。換言之即是先天條件或所謂大環境所決定泰半的。然而儘管如此，筆者仍願一本初衷，無怨無悔投入史學史包括史學理論或史學批評研究，即在於個人的意圖（intention）和使命而不計名利與成果。

關於劉知幾《史通》的研究，自來即已累積相當豐厚的成果，或有將之與漢代司馬遷（145-87 或 135-90B.C.），宋代司馬光（1019-86）、鄭樵（1104-62），清代章學誠（1738-1801）等等不等作比較研

---

[1]　白壽彝主編，《中國史學史》（上海：上海人民出版社，1986），第一冊；瞿林東，《中國古代史學批評縱橫》（北京：中華書局，1984）；同氏，《史學與史學評論》（合肥：安徽教育出版社，1998）；白雲，《中國古代史學批評史論綱》（北京：人民出版社，2010）上舉白氏相承三代學者論著，以作概觀，餘不備舉。

究[2]，但就司馬遷與劉知幾兩大家的史學批評層面，則似尚闕如，故筆者本文即欲就兩大家史學內涵攸關史學批評方面，略作一描述，以探兩家史評之異同，從而得便更深入地認識中國史學史。以下即分兩大段分述闡明。

二、《史記》的史學批評及意義

《史記》（原稱《太史公（書）》）是中國史學上第一部以人物為中心的通代紀傳體正史，代表著史學從典、謨、訓、誥、誓、命的《尚書》體及以事繫年的《春秋》《左傳》體，過渡到本紀、表、書、世家、列傳五體合一的體製，說明史書撰述的進化。換言之，也可說是從帝王政見的記言體，到以時間為主的記帳式記事體過渡到以人物為主，言事兼備的敘事史，確實代表中國史學史的進化，

---

2 白壽彝，〈鄭樵對劉知幾史學的發展〉，《廈門大學學報：社科版》1963：4；吳天任，〈劉知幾與鄭樵史學之探討〉，《東方雜誌》復刊22：9（1989）；姜勝利，〈劉、章史識論及其相互關係〉，《史學史研究》1983：3；張其昀，〈劉知幾與章實齋之史學〉，《學衡》5，（1922）；蔣祖怡，〈劉知幾史通與劉勰文心雕龍〉，《文心雕龍論叢》（上海：古籍出版社，1985）；E. G. Pulley blank, Chinese Historical: Liu Chih-chi and Ssu-ma Kuang in W. G. Beasley and E. G. Pulleyblank eds., *Historians of China and Japan* (London: Oxford Univ. Press, 1961), pp. 140-150；拙著，〈劉知幾「辨其指歸，殫其體統」與司馬遷「究天人之際，通古今之變，成一家之言」之關係與比較試論〉，《興大歷史學報》13（臺中，2002.7）等等。餘仍多，不細舉。

其間的變化要以《史記》的問世，特別具有意義。[3]自《史記》刊布之後，歷史撰述的內容較前大大地擴充，直至「究天人之際」「究萬物之情」，而且下啟中國史學所謂「正史」體裁的延續，迄今不墜，已有二千年以上之久。試問中國史學中，豈有一部史書可與《史記》共輝映者？僅止二則，即可深知《史記》之偉大及其卓越之處。

　　然《史記》記載從黃帝迄於今上（漢孝武帝）約三千年史事，自與本文所欲論述的《史通》性質迥不相侔。《史通》所評述者是上古迄於盛唐的史籍優劣得失，與記三千年史事的《史記》自不相類。簡言之，即是正史類與史評類的不同。然為何本文欲鳩之而共論哉？主要在於兩書底蘊之下，所牽涉到的史學理論、史學方法論及史學批評理論，是深藏於兩書外在形式之內的。本文希望能抉幽揚隱，讓兩大家的史學批評成果能昭著於世。

　　欲了解史公司馬遷的史學批評、理論，主要得從《史記》、《漢書‧司馬遷傳》《全漢文》或《昭明文選》中所搜輯的〈與摯伯陵書〉〈悲士不遇賦〉〈素王妙論〉等入手。因此從《史記》入手是最方便且穩當的，其中〈太史公自序〉敘史學修養、著史目的、原則、方法、意圖等，即展現其史學認知、史學批評及其理論。〈十二諸侯年表‧序〉也評論了《春秋》《左氏春秋》《鐸氏微》《虞氏春秋》《呂氏春秋》等史書的著述目的、方法、內容等，也反映了史公的史學批評。本文已將諸書的評述，羅列成一表，附在本節文內，可資參考。

3　若以錢茂偉《中國傳統史學的範型嬗變‧代序》（哈爾濱：黑龍江人民出版社，2010）所言，則是典範的轉變，此說亦通。

即使《史記》是一部三千年的通史型紀傳史書，但我們考察其撰述之朝代、事件、人物都有一套自成系統的認識論及撰述論，譬如為什麼用五體合一來取代其前的編年古體，實即史公有其個人的史學方法論及批評論，其所展現出來的面貌，實際即是其史學批評、方法、理論的落實與兌現，因而即使史公並沒有與劉知幾《史通》一樣的有史評正式的篇章，我們一樣仍可從《史記》等資料來探究其史學批評。

表 1：《史記》的史學批評錄要

書人名	史公述曰	出處
孔子春秋	孔子明王道，干七十餘君，莫能用，故西觀周室，論史記舊聞，興于魯而次《春秋》，上記隱，下至哀之獲麟，約其辭文，去其煩重，以制義法。	十二諸侯年表序
	魯君子左丘明懼弟子人人異端，各安其意，失其真，故因孔子史記具論其語，成《左氏春秋》。鐸椒為楚威王傳，為王不能盡觀《春秋》，采取成敗，卒四十章，為《鐸氏傳微》。趙孝成王時，其相虞卿上采《春秋》，下觀近勢，亦著八篇，為《虞氏春秋》。呂不韋者，秦莊襄王相，亦上觀尚古，刪拾《春秋》……為《呂氏春秋》。……	
	《春秋》文成數萬，其指數千。萬物之散聚皆在《春秋》。	太史公自序
	幽厲之後，王道缺，禮樂衰，孔子修舊起廢，論《詩》、《書》，作《春秋》，則學者至今則之。	
	《春秋》辯是非，故長於治人。	
	《春秋》者，禮義之大宗也。	
	孔子之時，上無明君，下不得任用，故作《春秋》，垂空文以斷其義，當一王之法。	

	上明三王之道，下辨人事之紀，別嫌疑，明是非，定猶豫，善善惡惡，賢賢賤不肖，亡王國，繼絕世，補敝起廢，王道之大者。	
	孔子知言之不用，道之不行也，是非二百四十二年之中，以為天下儀表，貶天子，退諸侯，討大夫，以達王事而已矣。	
	故有國不可以不知《春秋》……為人臣者不可以不知《春秋》。	
五經	故《書》以道事，《詩》以達意，《易》以道化，《春秋》以道義，撥亂世反之正，莫近于《春秋》。	儒林列傳
孔子春秋	仲尼悼禮廢樂崩，追修經術，以達王道，匡亂世反之于正，見其文辭，為天下制義法，垂《六藝》之統紀于后世。	孔子世家
	故因史記作《春秋》，以當王法。其辭微而指博，後世學者多錄焉。	
	《春秋》約其文辭而指博。吳楚之君自稱王，而《春秋》貶之曰子；踐土之會實召周天子，而《春秋》諱之曰：「天王狩於河陽」；推此類以繩當世。貶損之義，後有王者舉而開之。《春秋》之義行，則天下亂臣賊子懼焉。	
	至於為《春秋》，筆則筆，削則削，子夏之徒，不能贊一辭。弟子受《春秋》，孔子曰：「後世知丘者以《春秋》，而罪丘者亦以《春秋》。	太史公自序
	余所謂述故事，整齊其世傳，非所謂作也，而君比之於《春秋》，謬矣。	

　　表 1 中摘錄了史公述評《春秋》多條，除說明史公仰慕尊崇孔子之外，他很清楚看到《春秋》辨是非、立義法、明王道、定猶豫、別嫌疑的功用，這個功用具備了「存亡國，繼絕世」的重大作

用，[4]所以在《史記》之中常稱述《春秋》，即是就史學本體論當中，看到史籍的作用非常明顯，以至師法《春秋》褒貶人事，俾樹立大法，讓後人有所遵循。茲舉一小例證明之，如吳楚之君自稱王，而《春秋》貶稱子，即出於維護禮法，《史記》倣效《春秋》對韓信封齊王之事，便記為「韓信自立為齊王」[5]以貶斥之，並以繩治當世。有的學者甚至指出孔子的《春秋》在孔子當代無法完全落實，反而後來的漢代以《春秋》斷獄，其作用實已和刑法、禮儀鼎足而三，故《史記》之中即有「孔子為漢立法」的說法。[6]足見史學研究或史學批評的效用，確實具垂鑒、教化、針砭的大用。

　　然以上所述的史學功用，必須建立在確鑿史實之上，《史記》是一部「紀實」的實錄，是千古以來不論是否史家都一致公認的事實，本文自不必去引《漢書·司馬遷傳》班固稱善《史記》是一部文直事核的的實錄來證明。[7]茲處僅略舉漢惠帝「日飲為淫樂，不聽政」實透露為其母呂后所制，[8]〈平準書〉中敘武帝「內多欲」，窮兵黷武，並在〈封禪書〉指陳武帝跟方士「羈縻不絕，冀過其真，自此之後，方士言神祠者彌眾，然其效可睹矣」。史公隨文刺譏，抑損時政。比《春秋》一字褒貶，確更加客觀公正，尤其

4　《史記·太史公自序》（臺北：世界書局，1973），頁 3297。亦見諸《漢書·司馬遷傳》（臺北：世界書局，1994），頁 2717。

5　《史記·樊酈滕灌列傳》，頁 2670。

6　楊向奎，〈司馬遷的歷史哲學〉，《中國史學史研究》1979：1，頁 144。

7　《漢書·司馬遷傳》（臺北：世界書局，1994），頁 2738。

8　《史記·呂后本紀》，鄭樵《通志·帝紀序》云：「遷移惠帝而紀呂，無亦黷濫乎！」顯從正統論言之未從實錄出發。

不致因史學批評而導致遷就書法戕害史實，代表史學方法或史學批評較前進步。近世梁任公曾稱譽史公說：「舊史官紀事實而無目的。孔子作《春秋》，時或為目的犧牲事實。其懷抱深遠之目的，而又忠勤于事實者，惟遷為兼之」[9]洵非虛言。史遷重視事實，述古為今所用，期能裨益當今與後世。

　　史公對孔子十分敬仰，年輕時游方曲阜時，在孔宅門前流連忘返，思慕偉人教學起居，日後操觚史書，意在繼承《春秋》，能撥亂反之正，為天下制義法。史公在〈十二諸侯年表〉自述：「幽厲之後，周室衰微，諸侯專政，《春秋》有所不紀。」意在補《春秋》之缺漏，因而該年表竟補足《春秋》有120多年之久。此中即可發覺史公的批評意識，讓他在〈十二諸侯年表〉拾遺事，網舊聞的史學方法上著手，終致真相大白。

　　梁任公評《史記》說：「最異於前史者一事，曰以人物為本位」[10]，前已述之。唯此處更以史公之前的古書傳說來作比較。《山海經》寫黃帝成了神，把鯀及禹說成神與怪物，《史記》但作人來寫，不及神怪。又《史記》開頭即〈五帝本紀〉並首敘黃帝，唯替《史記》作〈索隱〉的司馬貞竟責怪《史記》沒有「上自開闢，下迄當代，以為一家之首尾」貿然補了〈三皇本紀〉，結果反遭致後世學者的訕笑。然司馬貞的做法，無疑更突顯史公史學方法的嚴謹和精當。

　　《左傳》《國語》都載有子產探望晉平公的病，兩書都肯定平公之疾出於鬼作祟。史公在〈鄭世家〉記載此事，引子產說平公疾

---

[9]　梁任公，《中國歷史研究法》（臺北：里仁書局，1984），頁59。
[10]　梁任公，《中國歷史研究法》，頁59。

在「飲食哀樂女色所生也」，史公記此，很明顯反對《左》《國》之說，但顯然較實際。

　　《史記》極人事之變，遠離神怪，是史公撰史之一大抉擇，他在前人著述的基礎上，創造本紀、表、書、世家、列傳五體合一的紀傳體方法和體裁，乃一劃時代的創舉，此五體本各自獨立，然在史公卓越史識的運用之下，竟相輔相成，互濟有無而終能五體合一，為後世所遵循。張守節《史記正義‧論史例》評說：「太史公作此五品，廢一不可，以統理天地，勸獎箴誠，為後世楷模也」。梁任公亦評論說：「諸體雖非皆遷自創，而遷實集其大成，兼綜諸體而調和之，使互相補而各盡其用，此足徵遷組織力之強，而文章技術之妙也。」[11]兩氏皆高度肯定史公的史學方法論中評定、揚棄、提鍊、綜合的能耐，才有《史記》這部高質量史書的刊行，其實也是史公史學理論和史學批評理論的具體體現。至於五體中史公首創的史例寫法，或有引起後世學者評駡者亦有數例，前輩學者論述亦不在少數，本文不擬全面一一分述，只待後文與劉知幾《史通》比較時，再擇要敘之。

　　復者，《史記》中的「太史公曰」常置於篇末，有總結前文內容，提出一綜合概括的看法，對人、事、物都有總評的作用，讓讀者更容易抓住要旨，確實是一種優良的史學方法。因《史記》述三千年史事，「太史公曰」多以人物史事為發論標的，而本文重點則在史學批評層面，故史事之論贊此處僅以一、二例表過，以代整體。茲以〈萬石張叔列傳〉為例，〈太史公曰〉：「塞侯微巧，而

11　梁任公，《中國歷史研究法》，第二章〈過去之中國史學界〉，頁59。

周文處讜，君之譏之，為其近於佞也」[12]此指塞侯直不疑受誣不辯，居官不改舊章等。後人莫曉史公「微巧」之意，直至蘇東坡為之衍伸其說：「夫以德報怨，行之美者，孔子不與，以其不情也。直不疑買金償亡，不辨盜嫂，亦世之高行矣，然非人情。其所以蒙垢受汙，非不求名也，求名之至者也。」[13]東坡之言，得史公之意。

　　另例以〈李將軍列傳〉，該文述李廣出身隴西成紀，是當時民諺「山東出相，山西出將」之地，一生為衛護漢地搏命，最後卻未戰死沙場，而悲劇性地死於自剄之劍下。整篇傳記以「不遇時」為主題，首以文帝「如令子當高帝時，萬戶侯豈足道哉」開啟，鋪陳善射入石、木訥寡言、外貌悛鄙、將兵同心、忠心誠信，欲上報君王，先死單于，卻被孝武陰誡其年老數奇，不得揮軍湮滅胡虜，反受其罪。史公對李將軍所遇極為同情，但不直接表露，只「寓論斷於敘事」，讀者須細心閱讀，才能體會深入，李廣後來命運，恰似文帝所言之反證一般，難怪〈贊〉曰：「及死之日，天下知與不知，皆為盡哀。」然而傳中殺羌人降卒八百及借右北平太守權殺霸陵尉，亦為其心識、命運作了精彩描述，耐人尋味。[14]

12　《史記‧萬石張叔列傳》，頁 2774。

13　史公所說微巧，以今語釋之，即有稍微狡猾奸巧之意，但史公用詞高明。以此典故再看近代抗日史事之「以德報怨」，不亦「非人情」歟！善哉東坡之論也！其言至今適用。反過來說，則史公不知當如何評騭今版之以德報怨事？上文所說微巧係凌稚隆引柯維騏所言，因身旁無現成資料故採轉引自韓兆琦注釋，《新譯史記（七）》（臺北：三民書局，2008），頁4091-4092。

14　《史記‧李將軍列傳》，頁 2867-78。

　　除文末的「太史公曰」外，〈表〉中的序也有相同的功能，如〈十二諸侯年表・序〉中說：

> 儒者斷其義，馳說者騁其辭，不務綜其終始；歷人取其年月，數家隆于神運，譜諜獨記世諡，其辭略，欲一觀諸要難。于是譜十二諸侯，自共和訖孔子，表見《春秋》《國語》學者所譏盛衰大指著於篇，為成治古文者要刪焉。

其中即有史學批評，並闡說自己的方法、資料來源、著作主旨。〈五帝本紀・太史公曰〉亦云：

> 《尚書》獨載堯以來，而百家言黃帝，其文不雅馴，薦紳先生難言之。孔子所傳《宰予問五帝德》及《帝系姓》，儒者或不傳。……予觀《春秋》《國語》，其發明〈五帝德〉、〈帝系姓〉章矣，顧弟弗深考，其所表見皆不虛。《書》缺有間矣，其軼乃時見于他說。非好學深思，心知其意，固難為淺見寡聞道也。余并論次，擇其言尤雅者，故著為本紀書首。

贊與序都可看到豐富的史學批評，也叫看到作者的深意，看太史公或臣光曰這類的論贊，常有立意鮮明，論述嚴密，或建瓴高屋，分析透闢；或小中見大，深入淺出，讓人欣賞不已，讚嘆無比。

　　史遷的論贊，除在贊與序之外，也往往表現於行文之中。在行文記事當中予以評騭論斷的，史遷之前有孔子在《春秋》中用一字褒貶的書法，來表現春秋大義的。然而史公所用這種「寓論斷于敘

事」的手法，無疑更為高明更加細緻，因而顧炎武針對此則，也在
《日知錄》當中予以高度評價。[15]梁啟超在〈論書法〉中亦云書法
當學龍門，勿學廬陵、晦庵，[16]意思無二。此種批評方法的實踐，
且以下述數例來說明，俾以了解史公史評的精湛巧藝。如《史記・
晉世家》記「董狐筆」一段，史公只簡單引述孔子所說「董狐，古
之良史也，書法不隱」，透過孔子也表達自己的看法。〈十二諸侯
年表・序〉記孔子作《春秋》，但無直接明顯的評語，只記左丘明
「懼弟子人人異端，各安其意，失其真，故因孔子史記，具論其
語，成《左氏春秋》」。此中實際批評了《春秋》隱諱的筆法易
「失其真」，同時也記載了左丘明撰述《左傳》的緣由。但毫無疑
問的史公評論孔子或《春秋》的都相當委婉，即使有所論述也大都
以正面肯定的為主，幾乎沒有詆詈的。連與壺遂對話都說自己的
《太史公書》是無法與《春秋》相提並論之類的謙遜詞語，這即是
本文主題的褒諱手法。

　　再舉「踐土之會」為例，此會實即晉侯召周王，於禮法不合，
《春秋》諱之曰：「天王狩於河陽」，《史記》則如實披露。史公
揚棄一字褒貶的春秋筆法進而在敘事當中寄寓論評，[17]有的學者竟

15　顧炎武，《日知錄》卷 26 云：「古人作史，有不待論斷而于序事之中即
　　見其指者，惟太史公能之。」

16　任公原文作：「君不讀龍門《史記》乎，史公雖非作史之極軌，至其為中
　　國史家之鼻祖，盡人所同認矣。《史記》之書法也，豈嘗有如廬陵之《新
　　五代史》，晦庵之《通鑑綱目》，咬文嚼字，矜愚飾智，斷斷於緦小功之
　　察，而問無齒決者哉！」《中國歷史研究法》，頁 36。

17　可再參考拙作，《統帥與鑰是：中國傳統史學十五論》（新北市：稻鄉出
　　版社，2005），第八論〈書法論〉，頁 129-130。

也稱之為太史公筆法，[18]或有其理。

　　揚州大學教授周一平在其《司馬遷史學批評及其理論》一書中，對史公「寓論斷于敘事」有詳細的發揮，深入的見解，甚為可觀。該書指出「寓論斷于敘事」的方法是㈠史學研究中增加理論性、思想性的方法，是闡發史家一家之言的方法；㈡是論和史密切結合的方法，即論從史出的方法；㈢是一種簡約的史學方法；㈣是一種謹慎的方法。在每一點都舉出妥切的史例支撐其說法，頗有說服力，最後說明該法在史學研究及表述方法，仍具合理性，證實馬遷使用此法的優越性。[19]

　　對於周書的論點、舉證，筆者一定程度都欣然接受，也相當佩服，唯獨對孔子《春秋》之作，亦說是「寓論斷于敘事」的運用，略有不同的意見。作者以為司馬遷以前即有此法，《春秋》即採用之，字裏行間都含有論斷與褒貶。並說司馬遷寓論斷於敘事的方法，是吸取了《春秋》筆法中合理部分，拋棄了其中不合理的部分，而形成太史公筆法。首先，筆者以為《春秋》的撰寫背景（成書於 481B.C），史學僅發展到編年體的雛型，史事的記載須按年月編排，也按史事的重要性纂輯，後人所看到的《春秋》其實只是記賬式的結果，事情發生的來龍去脈、前因後果，《春秋》並未敘述，以致桓譚以為有聖人之智，閉門十年唸《春秋》也無法知其史事，劉知幾循此說小謂如是，[20]末代王安石甚至也批評《春秋》僅

「斷爛朝報」而已，在在都說明《春秋》僅記事（派）而已。一直要到《左傳》解經，以十九萬字左右補敘《春秋》的萬六千字，整個春秋史事方才明朗可讀，也就是說至《左傳》時，史學撰述已由記事進展到敘事，這也是劉知幾、章學誠等史學批評理論大家推《左傳》為編年之祖的原因，劉章兩氏並未賦與《春秋》如是地位。[21]這樣的結果，並非劉章兩氏主觀的抉擇，而是客觀反映了史學發展的背景實況。馴至馬遷《史記》以人物為中心，用五體合一的體裁敘史，則又說明史學已進展到多元敘事的地步，中國史學至此已愈臻成熟。按此說法，則《春秋》經的一字褒貶所形成的所謂「春秋筆法」，應該只是孔子的主觀認定，並沒有史事發展過程的支撐與輔助，故而寓論斷於敘事當中大致不能完全成立，須待《左傳》之後至司馬遷時始能說得通。何況《春秋》或因褒貶筆法而損害史實，例子所在多有，僅能說是發展進程的現象，與《史記》的實錄求真相去有一段差距。再說得更簡單一點，春秋筆法主觀成份居大，「寓論斷于敘事」的客觀成份相對較多，是截然清楚的。《春秋》背後有正名分的思想，史公的敘事夾雜論斷則以求真實錄為倚柱。

　　凡上所述，都就《史記》涉及史學層面來論述，不及遼闊久遠的三千年史事，縮小範圍僅及史學理論及史學批評理論，才能在題目主旨的範疇下與唐代劉知幾的《史通》作比較研究，否則一是正史類的始祖，一是史評類的首冊，兩者性質迥異，焉能並論？以下

代行事安得而詳哉？」《史通通釋‧申左》（上海：上海古籍出版社，1978），頁421。

21　《史通釋評‧六家》浦起龍氏按語，頁12。

再專看劉氏史學批評。

三、《史通》的史學批評
並與《史記》作比較

　　《史通》今存者凡 49 篇，計內篇 10 卷 36 篇，「皆論史家體例，辨別是非」；外篇亦 10 卷共 13 篇，「則述古籍源流及雜評古人得失」[22]。劉知幾透過《史通》內外篇，以批評的方式，建立歷史編纂學的正確法式，後世學者多有奉之為準臬，置諸座右者，[23] 筆者將《史通》肆評古史的言論，整理成表，置諸下文，得便觀覽。亦即表 2 著重分史家品格及史家技藝兩目，專看所評孔子、史遷之史學。

表 2：《史通》對太史公之前史家的史評錄要

性質	人物	劉評	出處
史家品格	南史	1. 南史至而賊臣書，其記事載言也則如彼，其勸善懲惡也又如此。 2. 史之嫉惡者也。	史官建置，303.325 雜說下，511.528
	董狐	史之嫉惡者也。	雜說下，511.528
	孔子	1. 觀夫子修春秋也，多為賢者諱。……情兼向背，志懷彼找。……夫非所諱而仍諱，謂當恥而無恥，求之折衷，未見其宜。	惑經，402

22　清・永瑢，《四庫全書總目》（北京：中華書局，1968），卷 88，頁 807下。

23　《舊唐書》卷 102，〈徐堅傳〉，後黃叔琳亦持同論，見〈史通別本序〉，收於《史通釋評》（臺北：華世出版社，1981），頁 21。

		2. 夫子之修春秋，皆遵彼乖僻，習其訛謬，凡所編次，不加刊改者矣。何為其間則一褒一貶，時有弛張；或沿或革，曾無定體。	惑經，407
		3. 夫子之論太伯也，……云「可謂至德」者，無乃謬為其譽乎？	疑古，391
		4. 自夫子之修春秋也，蓋他邦之篡賊其君者有三，本國之弒逐其君者有七，莫不缺而靡錄，使其有逃名者。	惑經，412
		5. 危行言遜，吐剛茹柔，推避以求全，依違以免禍。	惑經，413-414
	左丘明	1. 夫以同聖之才，而膺受經之託。	申左，418
		2. 君子之史也。	雜說下，528
		3. 史者固當以好善為主，嫉惡為次。……必兼此二者，而重以文飾，其唯左丘明乎！	雜說下，528
	司馬遷(子長)	1. 君子之史也。	雜說下，528
		史之好善者也。	雜說下，528

性質	人物	劉評	出處
史家技藝	孔子	1. 孔父截翦浮詞，裁成雅誥，去其鄙事，直云慚德，豈非欲滅湯之過，增桀之惡者乎？	疑古，387
		2. 國家事無大小，苟涉嫌疑，動稱恥諱，厚誣來世，悉獨多乎！	惑經，405
		3. 夫子之修春秋，皆遵彼乖僻，習其訛謬，凡所編次，不加刊改者矣。何為其間則一褒一貶，時有弛張；或沿或革，曾無定體。	惑經，408
		4. 夫子之所修者，但因其成事，就加雕飾，仍舊而已，有何力哉？加以史策有闕文，時月有失次，皆存而不正，無所用心。	惑經，411

		1. 夫以可除而不除，宜取而不取，以斯著述，未睹厥義。	雜說上，458
		2. 創表，……使讀者閱文便睹，舉目可詳。	雜說上，466
		3. 自敘如此，何其略哉！……令讀者難得而詳。	雜說上，460
司馬遷，（史公），（史遷），（太史公）		4. 敘傳也，始自初生，及乎行歷，事無巨細，莫不備陳，可謂審已。而竟不書其字！	雜說上，469
		5. 識有不該，思之未審。	雜說上，461.463
		6. 司馬遷、習鑿齒之徒，皆採為逸事，編諸史籍，疑誤後學，不其甚邪！	雜說下，521
		7.「約其辭文，去其煩重。」……「其文約，其辭微。」觀子長此言，實有深鑒。及自撰《史記》，榛蕪若此，豈所謂非言之難而行之難乎？	點煩，445

資料來源：《史通通釋》（上海：上海古籍出版社，1978）〈外篇〉，出處係指外篇篇名及頁數。由前研究助理興大歷史碩士卓季志君幫忙整理而得。

　　從所附之表，均可看出劉知幾的史評是相當顯豁而直接，並不委婉其辭，以至後世學者以史家之申（不害）、韓（非）喻之，蓋良有以也。[24]錢穆在其《中國史學名著(1)》論「《史通》只論史書史法而無史情史意，薄是《史通》最大的缺點」；宋祁認為「知幾以來，工訶古人，而拙於用己」[25]；焦竑以為「多肆譏訐，傷于苛刻」等等其實都是同樣的見解。這種風格，直與前文所敘史公常「婉而成章，盡而不污」敘事行文之間寓托批評論斷的寫法，確乎

24　焦竑，《焦氏筆乘》（上海：上海古籍出版社，1986），卷3，頁96。
25　《新唐書・劉子玄傳・贊》（臺北：鼎文書局，1979），頁4542。

迴異其趣。一來兩人性格不同，劉知幾性情正直，傲岸稜角，形諸於外的史學批評，處處可見；司馬遷性情浪漫，不拘一格，故而文筆豪放逸脫，以致於二來兩書的性格亦截然不同。

　　本節專摭《史記》《史通》兩書共同關注的課題來申述，並釐清其中的是非短長，從而更深認識史學。茲擇數要分述如下：

(一)體裁

　　《史記》之前，有《尚書》為政書體，有《春秋》為編年體，有《國語》《國策》為國別體，有《五帝系諜》為譜表體，有《左傳》為補注體。各體均有一定的長處，也各有其特色，其中史公最重《春秋》，其撰述《史記》意即在繼承《春秋》，他說《春秋》文成數萬，其指數千。萬物之聚散皆在《春秋》，又曾說周公歿後五百年至孔子，孔子歿後五百年即馬遷生時，故作《史記》而世事益觀見。唯《春秋》去史遷的孝武時代，已近五百年之久，編年記事，顯見弊端，已有如流水帳一般，故而史公繼承《春秋》史意，別創人物為本位的紀傳體，冀圖以五體敘盡三千年來錯綜複雜的史事，此項創獲在史學史有里程碑的作用，也獲得後世學者的讚同與追效；遂而形成正史的優良史學傳統。史公之後，紀傳與編年兩體並行，不可互替。至劉知幾撰《史通》時，心亦嚮往《春秋》，曾說《史記》安得比附《春秋》之語，[26]但在《史通》的〈六家〉〈二體〉二篇，即直陳古來史書可分六派：尚書家、春秋家、國語家、左傳家、史記家、漢書家；此六家衍至後代，仍興盛不墜的只有紀傳體的漢書家和編年體的左傳家。劉知幾並用批評的角度分列

26　《史通釋評・六家》，頁8，其實這句話對史公並不公平，可待詳論。

二體之長短。[27]劉論甚中肯綮，無可推覆。

(二)體例義例

　　儘管歷代史家多認同於《春秋》，但該書的體例編次，因時代演嬗，史事增華，已無法籠罩後世社會活動的真相，司馬遷適時應運而出，以五體合一的紀傳體取而代之。此體強調人物本位，有異於以往伏羲蛇首人身，神農人身牛首等等神怪的記載；也強調史學從《尚書》記言，《春秋》記事，演變到《史記》的記人。史遷參究古書，擇其有用，施之於《太史公書》，竟成體例完整，涵蓋縱面萬古史事與橫面社會包吞千有的紀傳體裁史書。今茲分述其體例並及於其應有的義例，以比較《史通》、《史記》所記所評者。

1.本紀

　　一般的理解，本紀專記天子，[28]要件是需編年。《史記》有12 本紀，本身即按年代先後順序排列，且每一本紀亦皆編年而書。五體之中，本紀最重要，《史通》說：「蓋紀之為體，猶《春秋》之經，繫日月以成歲時，書君上以顯國統」[29]又說「《春秋》則傳以解經，《史》《漢》則傳以釋紀」，[30]可見五體之中，本紀最要。但上述講法，應是史公之後的史家對本紀的看法。史公初創此體例時，應是當代能發號施令於天下之人，方入本紀，不一定專指帝王，然多是帝王，或是有帝王之實（ㄉ）者。試就 12 本紀來

27　《史通釋評・二體》，頁 35-36，另〈六家〉亦說明《史記》之失，《漢書》之得，見頁 19-22。

28　《史通釋評・本紀》：「列天子行事，以本紀名篇」，頁 46。

29　《史通釋評・本紀》，頁 47。

30　《史通釋評・列傳》，頁 58。

看，不就有夏、商、周、秦本紀？後亦有〈項羽本紀〉、〈呂后本紀〉的主角並非帝王者。劉知幾《史通》曾就此提出不合史例的嚴屬史評，其實犯了以後來觀念去糾繩初創的理念，自不相合稱。換言之，是劉知幾用「史法」去評判司馬遷的「史意」（spirit of historian），以至扞格難入。自班固《漢書》轉本紀為帝紀或紀之後，不把本紀和帝王作牽連，不非議史公為呂后立紀者，大致只有皇甫湜、章學誠和劉咸炘（1896-1932）少數例外而已。[31]

2.世家

此體例專記諸侯，共 30 篇，然其中亦有學者以為孔子、陳勝、將相、宗室、外戚也列入世家是不宜的，[32]將相、宗室本可為股肱大臣的諸侯，外戚世家是「自古受命帝王及繼體守文之君，非獨內德茂也，蓋亦有外戚之助焉」故而載之。確實，有時后妃的作用實不亞於諸侯王，史例所在多有，竇后即是顯例之一。至於孔子、陳涉兩篇世家，招致批評，其理亦如上則本紀，劉知幾批評重點在「名實無準」[33]。孔子立為世家，司馬遷自解道：「孔子布衣，傳十餘世，學者宗之。自天子王侯，中國言六藝者折中于夫子，可謂至聖矣」。[34]簡言之，孔子具「素王」資格，故列入世

31　可參陳舜貞，〈司馬遷《史記》〈本紀〉義探索：從呂后立紀說起〉，《第一屆世界漢學中的《史記》學國際學術研討會論文集（上）》（宜蘭：佛光大學歷史系主辦，新加坡國立大學協辦，2008.5.27-29），該論文集未標總頁碼。

32　王若虛，《滹南遺老集》卷 11〈史記辨惑〉，收入《廿五史三編》（長沙：岳麓書社，1994），頁 20。

33　《史通釋評・世家》，頁 53。

34　《史記・孔子世家・贊》，頁 1947。

家。[35]陳勝出身傭耕，後不得已起事，封陳王，半年後為秦將章邯所平，史公則指出「陳勝雖已死，其所置遣侯王將相竟亡秦，由涉首事也。高祖時為陳涉置守冢三十家碭，至今血食」[36]高祖時即以侯王規格待遇陳勝，史公以其封王及首事之功而入寫世家，更可見史公不以成敗論英雄，尤其筆端擴及平民（陳勝為戍卒），更增《史記》內容的廣泛性及平等性，殊為不易。至於反對者多就其階級身分論定不符史體，則無非也是史法與史意之爭。

後世學者論述世家體例者，何焯（1661-1722）提出〈孔子世家〉係記載諸侯的變例，則是一嶄新說法；日籍《史記》專家瀧川資言考證〈孔子世家〉以為後人不知史公世家原意而誤解，替史公抱不平，凡此兩例，值得珍視。[37]至於 30 世家之中先秦佔有 16 篇，確實為歷史尤其諸侯國史留下可貴資料，至秦廢分封、行郡縣，加之前漢推恩眾建諸侯以集權中央，則世家沒落，就難怪斷代紀傳體的《漢書》不復登錄世家了。

3.表

《史記》有表 10 篇，依年代遠近分世表、年表、月表，表的對象亦人，即帝王將相，依趙翼（1727-1814）《廿二史劄記》所說：「功名表著，既為立傳；此外大臣無功無過者，傳之不勝傳，而又不容盡設，則于表載之」說明表載人物有拾遺補缺的作用，同

---

35 孔子為素王，首出現在《淮南子·主術訓》（北京：北大出版社，1997校釋本），頁 1009-10。

36 《史記·陳涉世家》，頁 1961。

37 清·何焯，《義門讀書記·史記上》（北京：中華書局，1987），頁213。瀧川龜太郎，《史記會注考證》（臺北：洪氏出版社，1986），頁742。

時又具擴充歷史書寫的功能，實是史遷的慧心所致，而此慧心又來自對古史書體例的理解與批判而後擁有的。劉知幾則以為「夫以表為文，用述時事，施彼譜諜，容或可取；載諸史傳，未見其宜」[38]，他覺得已有本紀、世家、列傳，「重列之以表，成其煩費，豈非謬乎？」[39]但在《史通・雜說上》卻說：「雖燕、越萬里，而於徑寸之內，犬牙相接；雖昭穆九代，而於方寸之中，雁行有敘。使讀者閱文便覩，舉目可詳，此其所以為快也。」[40]

劉書對《史記》十表的批評，顯然自相違戾，然觀審其意，自當以後則所說為是。今日研史者，尤以經濟史、社會史之研究，自當有表，乃至有圖最善。表最大的功用即在於最能收諸古今之變的效果，也有提要鉤玄、馭繁就簡乃至糾紛之事，達諸整齊的好處，難怪鄭樵《通志・總序》也說：「《史記》一書，功在十表，猶衣裳之有冠冕，木水之有本原。」[41]

4.書

《史記》有八書，專記朝章國典，即事涉國家大政，又為本紀、世家、列傳諸體例所不宜錄寫者，別立為書以記之。《史通・二體》謂之：「志以總括遺漏」即是。也是〈書志〉篇所說：「紀、傳之外，有所不盡，隻字片文，于斯備錄」可見其功用與目的，可補紀、傳記載人、事之不足。尤其八書代表八個不同側面人類不同活動的記錄，豐富整個史事的記載，以至於更全面化。史公

38　《史通釋評・表曆》，頁67。

39　《史通釋評・表曆》，頁67。

40　《史通釋評・雜說上》，頁574。

41　《通志略・總序》（臺北：里仁書局，1982），頁1。

對這八書還是秉持他所揭櫫的一貫思想「天人之際，承敝通變，作八書。」

八書在史學史的影響是很清晰可見，以後變成十志，到中唐時則發展出專書的型態，有《政典》、《通典》的出現，更後則有三通，再衍生出十通，典制史已自成一個系統，甚至會要、會典也應運而出，史學陣容更為可觀，而其源頭，即在史公。

5.列傳

史公云：「扶義俶儻，不令失時，立功名于天下，作 70 列傳」〈索隱〉說得更簡單：「列傳者，謂敘列人臣事迹，令可傳于後世，故曰列傳。」70 列傳中，除卿大夫之外，包含形形色色各類型人物，史公既寫上層也寫下層；既寫好官循吏也寫壞官酷吏；既寫滑稽又寫游俠……等等，可謂極盡能事，寫來栩栩如生，如在眼前。其形態則有單傳（專傳）、合傳、類傳之分，係前史所未有，乃史公所獨創。傳本有解經或轉受經旨之意，史公用於鋪陳人物變成傳記之後，後人仿《史記》〈列傳〉之體，專述人物以為傳。時至今日，帝王之傳的本紀，諸侯之傳的世家，都不再流傳，獨獨列傳廣受引用。*42*

劉知幾對 70 列傳提出質疑和批判的，略有〈屈賈列傳〉、〈老子韓非列傳〉二篇，〈屈賈〉在於時序一古一今，何得並列？〈老、韓〉則一道一法，焉得並傳？據後世學者的疏通辯解，其實屈賈並傳，主要在於二人同是失意人，皆忠心不為君上所納，受讒

---

42 舉今之毛蔣而論，古必書之於紀，然今坊間所見，多以傳、評傳或大傳稱而已，即可知之。

害懷憂去職，以其境遇況同故同傳敍也，[43]章學誠則明白指出：
「〈屈賈列傳〉，所以惡絳、灌之讒，其敍屈之文，非為屈氏表
忠，乃弔賈之賦也」[44]大有古為今用之慨也。章氏心細，乃有此發
明。至於老子與韓非並列，辯者指稱道家乃君人南面之內術，而法
家則君人南面之外術也；法無道則失本，道無法則不行，[45]故並傳
而書。劉氏之見，也可參《史通·品藻》：「史氏自遷、固作傳，
始以品彙相從。然其中或以年世迫促，或以人物寡鮮，求其具體，
不可多得。是以韓非、老子共在一篇」。[46]乃純以史書編纂法則為
念，致有如是批評，不知史公之深意耳。

　　凡上五體，是史公在研究、批判、總結前人之史的基礎上，別
創五體合一的紀傳體，擴充了史學記載的內容，豐富了史學的生
命，並衍成中國史學的優良傳統，至可寶貴。

　　前文既談及《史記》之體例義例，則此處不妨再帶敍史公撰述
之取材義例，亦即其史料學之理論。然後再就劉知幾的相關史評，
以決定其間是非對錯。史公嘗自謂：「百年之間，天下遺文古事靡
不畢集太史公。太史公仍父子相續纂其職」又：「厥協六經異傳，
整齊百家雜語」[47]；在〈報任安書〉又說：「網羅天下放失舊聞，

43　張舜徽，《史學三書平議》（北京：中華書局，1983）云：「屈原與賈誼
　　同傳，曹沫與荊軻並編，皆取其行事相類耳。銓配之例，於斯為大。」氏
　　不贊成劉論，見頁 19。

44　新編本《文史通義·書教下》（臺北：華世書局，1980），頁 13。

45　原《史微·原法》之說，引張孟倫，《中國史學史》（蘭州：甘肅人民出
　　版社，1983）上冊所述。

46　《史通釋評》頁 219。

47　《史記·太史公自序》，頁 3319。

考之行事，稽其成敗興壞之理，凡百三十篇，亦欲以究天人之際，通古今之變，成一家之言」。[48]所談盡是總原則，大旨要，學界針對此則的研究也不盡其數，發揮殆盡，本文自無必要累贅複述，浪費篇幅，重要的是《史記》是否確實如其所自云，而未打折扣？以史公居太史令之職，得便參閱金匱石室藏書，經近代學者研究統計，總共達 106 種之多，[49]以當時而論，確符前引說法。劉知幾在《史通‧採撰》：「馬遷撰《史記》，採《世本》、《國語》、《戰國策》、《楚漢春秋》」[50]僅述其援用典籍史料之事實，並未作任何批評。又說較久遠的「殷、周已往，採彼家人」[51]，取材須與現存史料有別，則頗類今之口述歷史的做法；再加之廿歲迄廿二歲南游江淮浮於沅湘，卅五歲奉使西征巴蜀以南，至於昆明，足跡遍及漢代中國，為日後修史做足萬全準備，故其內容之廣泛與符合各地實況，與此兩趟游歷，確有莫大關聯。歷來史家，甚少能若史遷有此佳機，故其書之氣象萬千氣勢宏偉，其來實深有故。不獨於此，史公尚首開援引金石銘碣徵諸史實，取得前人未有之成果，[52]另可驚嘆！凡此皆是成就信史，遺諸萬世，長成學統之偉具焉。基本上，劉知幾對史公的史料採述除極少篇之外，[53]並無惡語。再多

---

[48]　《漢書‧司馬遷傳》，頁 2735。

[49]　張大可，〈論史記取材〉，《甘肅社會科學》1983：5 內述六經及其訓解書 23 種，諸子百家及方技書 53 種，歷史地理及漢室檔案 23 種。

[50]　《史通釋評‧採撰》，頁 137，《戰國策》應做《國策》。

[51]　《史通釋評‧採撰》，頁 140。

[52]　張孟倫，《中國史學史》，上冊，頁 116-120，論說舉證皆詳。

[53]　如〈雜說上〉說史遷取材不周，漏掉《左氏內傳》，以致評其「甚為膚淺」，也說寫〈管晏列傳〉竟不取其本書，而大有問題，參《史通釋評》，頁 565-567。另〈暗惑〉亦有取材疏略例，頁 682-687。

舉〈人物〉篇所謂：「又子長著《史記》也，馳騖窮古今，上下數
千載……」之後才就史法觀點提出異議，批評史公為何要以伯夷叔
齊為 70 列傳之首，不去敘述皋陶、伊尹、傅說、仲山甫這些古賢
之流，甚至最後還說出「何齷齪之甚乎？」這種強烈帶有指摘意味
的厲詞。[54]此例還是證明在史料取材方面，劉知幾大抵異辭無多，
不若鄭樵竟在其《通志·總序》大剌剌地批評《史記》「博不足，
雅不足」。前者指稱「亘三千年之史籍，而踽踽七、八種書」，後
者指摘引入吳楚方言述史，難登大雅之堂。[55]鄭樵的評語，難逃後
世學者的問難，自有道理，不探可悉。獨劉氏在《史通》內外諸篇
所批彈者，多就各篇不同主題，提出其撰述或編纂法則上的針砭高
論，企圖建立不移之範式，可堪後世史家參酌挹引者，倒是所在多
有。

(三)其他綜評

以史學批評的角度來看，史學的體裁體製，體例義例無疑是最
重要的部分之一，但決定體裁體例，無寧亦與史家的史學思想關係
甚大。司馬遷寫《史記》，揚雄、劉向、班彪、班固都說是一部
「實錄」，劉知幾的《史通》內外 49 篇彈評上古迄於其當代的史
籍得失，目的亦在建立「實錄」，這點近代許冠三在其研究劉氏專
書書題，即直接揭櫫實錄大義了。[56]兩書性質不一，所追求的目標

---

54 張舜徽，《史學三書平議》有云：「書闕有閒，遺事無多。雖欲為傳，不
可得也」。以夷、齊居首，太史公自陳「末世爭利，維彼奔義。讓國餓
死，天下稱之。」可見有其微旨，參頁 89-90。

55 《通志略·總序》（臺北：里仁書局，1982），頁 1。

56 許冠三，《劉知幾的實錄史學》（香港：中文大學出版社，1983）。

則一，可知史學要義，在此而已。中國傳統史學最引人迷人的地方，亦即在於此。

《春秋》有其不可替代的地位，研史撰史者多奉之為楷模，本文兩位主人翁都心儀孔子，嚮往《春秋》，在渠等面前，孔子是個權威是座山頭，既想學習，又想超越。但以直道實錄的觀念來論，《春秋》仍未符合要求而有改進餘地，[57] 逮至《左傳》，才「至於實錄，付之丘明，用使善惡畢彰，真偽盡露」[58]，此後史家都循此目標前進，已形成史學最重要的傳承。史公如是，劉知幾亦復如是。劉知幾在《史通》〈直書〉〈曲筆〉兩篇一正一反，專門論述直筆的重要，他用「若邪曲者，人之所賤，而小人之道也；正直者，人之所貴，而君子之德也」，[59] 劃分直書即君子之史，曲筆即小人之史。邪正曲直，高下香臭，判然分明。劉知幾還舉出「齊史之書崔杼，馬遷之述漢非，韋昭仗正於吳朝，崔浩犯諱於魏國」為撰史直書的典範，期許自己與世人，其中即盛讚史公為代表人物之一，值得後人追傚效習。上舉四例，結局悲慘，非死即殘，但都為了直書。[60]

57　拙著，《統帥與鑰匙：中國傳統史學十五論》，頁 125-128，指陳《春秋》之失不少。

58　《史通通釋・申左》，頁 421。

59　《史通通釋・直書》，頁 227。又見〈雜說下〉舉左丘明、司馬遷為君子之史，吳均、魏收為小人之史。

60　直書四大典範之中「馬遷之述漢非」，被疑其書為謗書，錢大昕《潛研堂文集》卷 24，序 2 為之辯。王健民〈論史記非謗書〉，《中國史學》（臺北縣：漢苑出版社，1981），頁 60-89。另「崔浩犯諱於魏國」，則可參張舜徽，《史學三書平議》辯其冤死另有因素，非盡為史事。參頁 118-120。

　　劉知幾又述「史者固當以好善為主，嫉惡為次。若司馬遷、班叔皮，史之好善者；晉董狐、齊南史，史之嫉惡者」[61]其中好善嫉惡最後目的一致，只是敘述取向的不同，《史記》記載以頌揚善人善事，取重正面意義；嫉惡者則以批判惡人惡事次之，著重誡世借鑑之用。劉知幾認為好善嫉惡兼具，又重之以文飾，只有左丘明了。然則若以劉知幾此處的認知，不知其自歸於何者？若詢之於筆者，則必曰嫉惡者，然否？

　　《史通‧辨職》又有一類例，述劉知幾心目中的史官典型，司馬遷亦在論列之中，有云：

> 彰善貶惡，不避強禦，若晉之董狐，齊之南史，此其上也。
> 編次勒成，鬱為不朽，若魯之丘明，漢之子長，此其次也。
> 高才博學，名重一時，若用之史佚，楚之倚相，此其下也。[62]

其實上中下三等，皆為難得，是劉知幾依其三長論分出的結果，子長居史學之長，若「彰善貶惡，不避強禦」的史識史德，則屬之南董。其實以鄙意來看，史公亦具備史識（含史德）一長，故歷世無不以「良史」視之。

　　從前面所述，知史公批評古代史籍較少，僅述其實而已，對孔子《春秋》引述稱道較多，多就其大用而言，批評亦少。然《史通》批評孔子或《春秋》者，則外篇〈疑古〉〈惑經〉有十二未諭，質疑《春秋》，他以為「世人以夫子固天攸縱，將聖多能，便

61　《史通通釋‧雜說下》，頁 528。
62　《史通通釋‧辨職》，頁 326。

謂所著《春秋》，善無不備。而審形者少，隨聲者多，相與雷同，莫之指實」乃權論之又提出五虛美，其中一條批判史公說孔子「為《春秋》，筆則筆，削則削，游夏之徒，不能贊一辭」是過甚其辭，標準的虛美溢辭。劉知幾的批評頗為銳利，令人難以抵擋，至於其他，則請參閱表 2 所附，不能一一具言。[63]此小節僅用以補述前文數小節所遺缺略，而務期稍為周全而已。

四、結語

司馬遷與劉知幾是眾所周知的古代歷史名家，一以創紀傳體通史之《史記》，開廿五史先河而成名，一以首撰史學批評專書《史通》論析古今史籍而聞世。兩書在各自的領域即正史類與史評類都扮演重要的作用，對中國史學都作出卓越的貢獻。兩書表相上分屬不同類別，似不相干，然細析其內容結構，在一定程度上，兩書作者的宏論，實多產生於平生對於史學的熱愛，並引為一生職志之所在，長期浸淫結果，分別各有斬獲，終究在史學領域，卓然成家，實不可多得。

由於史遷在前，為漢太史公職，時史籍尚少，史公在前代史書的啟示下，尤以孔子所修《春秋》為多，在繼志孔子之時，別以本紀表書世家列傳五體合一，創紀傳通史，在史學而言，實具革命的作用。然也頗多承繼前代史學遺產，在史學理論、史學方法論及史

---

63 另請參閱拙稿，〈《史通》中的《史記》論析〉，《臺灣師大歷史學報》第 40 期（臺北，2008.12）分歷史編纂學（表層）、史才三長論（裏層）、史學思想（高層）分述《史通》評《史記》之內容。

學批評上交相淬鍊而得到的結果。相對於史公，唐代劉知幾在秦漢而後，歷經魏晉南北朝史學發展神速的成果基礎上，得以其豐富的批判意識懷疑精神，寫出史學史上第一部史學批評的專書《史通》，在其肆論之餘，古來大家如孔子、司馬遷等等，大多傷痕累累，文中比較司馬遷的史論較為委婉，並不直接，甚至點到為止，未加深論，可以說明見識是有的，但批評風氣顯然尚未成型，換個角度說，批評意識是集中在撰述三千年貫古通今的《史記》史事上，與《史通》倚用史學批評，糾舉唐前歷代史書，用力點確實不同。經由本文上述的整理，在相當大的程度上，我們可說《史記》的史事批評較多，而「史學」批評是較少的，較緩和的，也較隱晦的，當然這種說法是相對於專務史學批評的《史通》來言的，從所附的二個表，即可清楚看到《史通》的史評是相當直接，不容情的、就事論事的，以至於後來史家都謂劉知幾是史家中的法家，或說其史學批評的言辭，傷於苛刻[64]，但無論如何都應該肯定他在史學發展上的貢獻，當是勿庸置疑的。畢竟，史學透過批評，確實可以達到反省批判、繼承創新的效果，從而提昇整個史學成就及研究水平，並促進史學的發展與進步。中國史學發展史上，慶幸有史遷之史記，也慶幸有劉知幾之史評。

---

[64]　可參拙搞，《劉知幾史通之研究》（臺北：文史哲出版社，1987），頁2-7 表列諸家評語，甚至於也可參第六章〈劉氏史學對當時及後世的衝擊〉，頁 142-153。

紀昀與《史通削繁》
──以史學批評為中心的探討[*]

一、前言

　　劉知幾（661-721）的《史通》，肆評唐代以前史書，被稱為史家之申、韓。古代之史家史著，在劉氏糾彈之下，幾致體無完膚，棄械投降者甚多。然時移世易，至唐末即有柳璨著《史通析微》指劉氏妄誣聖哲，清初紀昀（1724-1805）亦著《史通削繁》針對《史通》諸弊進行刪削，《析微》、《削繁》之出，亦幾乎讓劉知幾盔甲全丟。

　　筆者多年前嘗針對《削繁》撰一導讀文章，¹僅述及《史通》

＊　本文原刊於《臺灣師大歷史學報》30（臺北，2002.6），頁 57-78。

1　焦竑，《焦氏筆乘》（上海：上海古籍出版社，1986）卷 3，頁 96。有云：「余觀知幾指摘前人極其精核，可謂史家之申韓；然亦多肆譏評，傷於苛刻」。筆者嘗撰，〈《史通削繁》探析〉，《書目季刊》24：1（1990.6），頁 33-42。原係應邀所寫導讀性文章，後因出版社改絃更張，並未排入出版之列。出版社主編乃將拙著交予《書目季刊》發表，季刊主編乃改「導讀」為「探析」。李紀祥，〈五十年來臺灣地區《史通》

成書背景、版本刊正、全書旨要及書中所揭示的撰史理念和史法原則而已，並未深述紀昀作書之動機，取捨之標準，尤其刪繁背後所展示的史學批評亦未觸及，終究不免是微憾。為彌補此一缺憾，也為了更進一步瞭解《史通》一書對後世學者的影響，及對後世史學所起的作用，筆者以為有重新探討《削繁》的必要，於焉遂有斯文之撰。本文以析述紀昀之重要生平與《削繁》成書之背景作一說明，再探削繁的種類模式及其寓意，並從其中尋繹提敘出紀昀蘊含於書內的史學思想。冀於紀昀本人之史學，能窺知一二，尤其將之置於《史通》史評系列之中來觀察審視，當別有一番意義才是。

二、紀昀的重要生平與削繁動機

紀昀，字曉嵐，號春帆，直隸河間府獻縣（今河北省獻縣）人。獻地文風古厚，屢出傑人，[2]紀昀居其中之一，其少時即有神童之

研究之回顧〉，《五十年來臺灣的歷史學研究回顧研討會》稿本（1995，東海大學主辦），亦評述筆者有關《史通》之論述時，亦提及此文為導讀性質，實謂得其實，可見眼尖，識力不凡。為此因緣，筆者謹向龔鵬程、李紀祥、宋德熹諸先生致意。

2 西漢景帝初年封其子劉德在獻縣，為河間王。今獻縣河城街即漢代河間國都邑所在地。西漢以降迄於南北朝，獻縣多為王封之地，迄今猶存大小七十二座古墓，可以想見（需運用歷史想像力）其歷史血脈之古老與昔日氣象之盛旺。著名經師毛萇（小毛公）之墳墓（俗稱毛家冢）亦在今獻縣城東北十里許，與河間王劉德之墳僅距四五華里許。似又透露當年學術活動頗為興盛。即有清一代，自順治己亥迄乾隆丁丑，獻縣一邑成進士者即達九人之多，由此可見文風鼎盛，他縣堪與匹擬者當不多。

譽，3曾受業於三董之一的董邦達。乾隆十二年（1747）中舉，十三年會試落榜，但學術上已有自己的特色，「於文章喜詞賦，於學問喜漢唐訓詁，而泛濫於史傳、百家之言」，4十九年（1754）中進士，名列二甲第四名。此年殿試「最號得人」，同年有王鳴盛、王昶、朱筠、錢大昕、翟灝輩，皆稱汲古之彥，與紀昀過從甚密，於道學皆有互礪之功，甚為難得。

從乾隆十九年到三十三年（1768）是紀昀得意之時，他除與王、朱、錢、翟諸君子交游相得之外，又得識誼交盧文弨（1717-1795）、戴東原，亦一代學士人傑。在仕途上，紀昀自入翰林院後，一直在內廷館閣中歷練，擔當編纂官書的職務。二十二年散館，紀昀被授為編修，此後其於館閣中之主要任務，皆與史學有關。旋又擢為詹事府左春坊左庶子，充日講起居注官。二十四年，三十六歲的紀昀充功臣館總纂。隔年，充國史館總纂。二十六年，以道府記名，充庶常館小教習，方略館總校。二十八年，升侍讀。

3　紀昀生時即有光怪化身或火精轉世之談，今日歷史敘述已不強調荒誕記載，故而略之。然紀昀六十九歲在寫《閱微草堂筆記・槐西雜志四》（臺北：大中國圖書公司，1992，道光癸巳年羊城木刻版重排本）中即自述：「余四五歲時，夜中能見物，與晝無異。七八歲後漸昏闇，十歲後遂全無睹。或半夜睡醒，偶然能見，片刻則如故。十六七歲以至今，則一兩年或一見，如電光石火，彈指即過，蓋嗜欲日增，則神明日減耳。」見頁254。以紀昀當時之年齡、人品、地位、學問，應當不會自造假以自高才對，尤以最後一句話，如以佛法解，亦頗有其理識，應當合乎實情。而有關少年非凡才華，如咸豐《初續獻縣志》卷四記云：「性奇慧，為文不假思索，……過目不復忘」，「其才思敏捷，尤非人所能及」。民間也流傳許多故事都說他是神童。

4　紀昀，《紀文達公遺集》卷15，〈怡軒老人傳〉。

三十二年，紀昀充三通館提調兼纂修，署日講起居注官。三十三年，乾隆帝於四月在正大光明殿考試翰林諸官，紀昀被擢為翰林院侍讀學士。由上述來看，紀昀在仕途上一如其交游上，亦都優游自造，令人稱羨。

此其間由於紀氏在宮中史館職司頗重，且從擔任史官多年之中累積其史學經驗，孕發其史學思想，對於文史著作的批校整理，如《鏡煙堂十種》、《帝京景物略》及刪正浦起龍注釋之《史通》撰成《史通削繁》四卷，紀昀無不在其評點中，顯示出廣闊的視野與敏銳的思考，表現對史書編纂的一定見解。從乾隆二十四年擔任山西鄉試主考官開始，紀氏即喜由劉知幾的《史通》中出策問考題，之後出掌文衡，亦仍如此。

乾隆三十三年冬十月，紀昀因漏言獲罪，謫戍烏魯木齊，其官運至此始有蹇落之時，[5]至三十五年（庚寅，1770）年底，方獲召

---

[5] 《清高宗實錄》卷 815，乾隆三十三年七月下。對於謫戍烏魯木齊一事，紀昀自言事先有識兆顯示。在《閱微草堂筆記中》，他記述有：「戊子秋，已以漏言獲譴，獄頗急，日以一軍官伴守。一董姓軍官能拆字，因書『董』字使拆，董曰：『公遠戍矣，是千里萬里也。』又書『名』字，董曰：『下為口字，上為外字的偏旁，是口外矣。日在西為夕，其西域乎？』問將來得歸否？曰：『「名」字形類「君」，亦類「召」，必賜還也，且「口」為四字之外圍，中缺兩筆，其不足四年乎？』後果從軍西域，並於辛卯六月還京，謫戍時間正好將近四年。」此事雖近怪異不經，然可見紀昀似篤信占卜。至於漏言案乃乾隆三十三年六月，乾隆得彰寶奏報，對兩淮歷任鹽政「均有營思侵蝕等弊」大為震怒，下令查辦所有涉嫌官員，並指示「將盧見曾原籍貲財，即行嚴密查封，無使少有隱匿寄頓」（見《清高宗實錄》卷 813，乾隆三十三年六月下）時紀昀已擢為侍讀學士，略聞其事。乃於六月十三日見到盧見曾之孫盧蔭恩，蔭恩遂於十四日差家人送信回家，故盧見曾因「先得信息，藏匿貲財」故查抄時，「僅有

還，次年二月，紀昀治裝東歸，六月經萬里跋涉，終於回到京師。時乾隆避暑熱河，紀昀於閒居待命之機，重校《蘇文忠公詩集》，並對清初黃叔琳（崑圃，1672-1756）輯注的《文心雕龍》勤加點評考訂，後遂有黃注與紀評之合刊本。清人黃蘭修於該書文末作跋云：「昔黃魯直謂『論文則《文心雕龍》，論史則《史通》，學者不可不讀』余謂文達之論二書，尤不可不讀」。由此可見，學者對《紀評文心雕龍》與《史通削繁》高度推重。這些點評雖然只是三言兩語，既無演繹歸納的程序，又無累積詳舉的方法，但正如錢鍾書在〈讀拉奧孔〉一文所指出的「往往無意中三言兩語，說出了益人神智的精湛見解，含蘊著很新鮮的藝術理論」，假若將「書中所暗示的端緒，引而申之，正可成一龐然巨帙」。紀評的上述兩書，上承了他以前的《點論李義山詩集》、《點論陳後主詩集》、《刪正方虛谷瀛奎律髓》、《史通削繁》等校評眾作，下啟《四庫全書總目》巨帙之編纂，成為紀昀思想長鏈中的一環。[6]

　　乾隆於十月初南歸京師，七日下諭：「紀昀著加恩賞授翰林院編修（正七品）」。重入翰林院，從頭開始。乾隆三十七年（1772），充庶吉士小教習。三十八年（1773），紀昀五十歲，乾隆

錢數十千，並無金銀首飾，即衣物亦無幾。」（見《清高宗實錄》卷814，乾隆三十三年七月上）但民間傳聞則更生動有趣，言云紀昀悉其事，急欲通知盧家，使其有所準備，然不敢傳話或寫信，思慮再三後，僅取一點食鹽及茶葉，裝入一空白信封之內後糊好，裏外不著一字，連夜打發人奔送盧家。盧見曾接信後，先是驚愕不解，後再三審視揣測，終悟其秘，故有所因應，致抄家時，所存貲財寥寥。後乾隆帝嚴令敦促下，劉統勛等人細密偵緝，終於發現紀昀「實漏言之人」，故有譴戍之行。

6　此段多採自周積明，《紀昀評傳》（南京：南京大學出版社，1994，第一版第一刷），頁54-55。

開四庫館修書，紀昀受劉統勛推薦為總辦，總辦即總編纂，雖上面還有正、副總裁。但他們只掛名而已，任務都落在總纂，其實責在總攬全局，工作相當吃重，常須於「繁簡不一，條理紛繁」之中「斟酌綜核」「撮舉綱要」。紀昀夙興夜寐，全力以赴，在〈欽定《四庫全書》告成恭進表〉中自陳：「鯨鐘方警，啟蓬館以晨登；鶴籥嚴關，焚蘭膏以夜繼」，可見館中辛勞緊張的生活。其勤奮工作與傑出成績屢得乾隆的讚賞，乾隆四十一年（1776），即因「於《四庫全書》實盡心力」而擢升侍讀學士，隨後又調任侍講學士。四十四年（1779）三月，紀昀被擢為詹事府詹事，一個月後，再擢為內閣學士兼禮部侍郎，「至是始出翰林」。四十六年（1781）十二月，《四庫全書》辦理繕竣，但全部工程最終告成則要等到乾隆五十五年（1790）。前言紀昀五十歲投身於此項編纂工作，至此時已有六十七歲。乾隆四十七年（1782），擢兵部侍郎仍兼文淵閣直閣事，這種改任不開缺的情形，「實文士之殊榮，為詞臣所罕覯」。五十二年（1787），又遷禮部尚書，充經筵講官，管鴻臚寺印鑰。其後的一系列升遷也位高職崇，大抵從四十四年出翰林入中樞，到嘉慶十年（1804）病卒，紀昀年近古稀，卻三遷御史，三入禮部，兩次執掌兵符，最後竟以禮部尚書、協辦大學士加太子太保加國子監事，並賜紫禁城騎馬，其榮崇可謂達於極致。紀昀逝後，嘉慶不僅賜賚有加，且親作祭文，高度肯定他一生的文化貢獻，最後朝廷合議，諡曰文達。取意曰：「敏而好學可為文」「授之以政無不達」。

　　紀昀晚年官位雖高，然其政績究不如他在文化事業方面的貢獻來得可觀，尤其入四庫館編書，撰成《四庫全書總目》二百卷最值得稱道。此書可說是中國古代規模最宏大，體制最完善，編製最出

色的一部目錄書，茲書一經問世，即引起同時代和後世學者的注目和推揚，[7]幾乎形成所謂的四庫學。紀昀在經、史、子、集的見廣識深，都呈現在此書，書中對乾隆以前萬餘種的典籍作大規模的評判，自然不是一件輕易之事，極需優良的文化素質與淵博的文化修養，紀昀前後十七年為本書宵旰汗勞，付出極多，正如江藩所謂「公一生精力，萃於《提要》一書」。[8]正是有所鑒察，絕非譽辭。做為編撰主體的紀昀本人，以其高邁的才識，嚴謹的學術風格，淵博深厚的功力，終成「綱紀群籍」「辨章流別」的專書，為中國文化添製新衣，展現歷史積澱的結果，並同時完成乾隆交付的

7　與紀昀交情甚篤的王昶評道：「《提要》二百卷，使讀者展閱了然。蓋自列史〈藝文〉〈經籍志〉及《七略》《七錄》《崇文總目》諸書以來，未有閎博精審如此者。」參王昶，《湖海詩傳》卷 16，〈蒲褐山房詩話〉；周中孚，《鄭堂讀書記》卷 32 亦云：「竊謂自漢以後簿錄之書，無論官撰、私著，凡卷第繁富，門類之允當，考證之精審，議論之公平，莫過於是編」。繆荃孫亦盛讚此書實集古今之大成。近世余嘉錫，《四庫提要辯證・序錄》（北京：中華書局，1980）亦全面肯定其學術價值：「今《四庫提要》敘作者之爵里，詳典籍之源流，別白是非，旁通曲證，使瑕瑜不掩，淄澠以別，持比向、歆，殆無多讓；至於剖析條流，斟酌古今，辨章學術，高把群言，尤非王堯臣、晁公武等所能望其項背。故曰自《別錄》以來，才有此書，非過論也。故衣被天下，沾溉靡窮。嘉、道以後，通儒輩出，莫不資其津逮，奉作指南，功既巨矣，用亦弘矣」。見頁48-49。自後，不少目錄學家奉之為楷模並加以仿效，如阮元，《天一閣書目》、張金吾，《愛日精廬藏書志》、瞿鏞，《鐵琴銅劍樓藏書目錄》、陸心源，《皕宋樓藏書志》、丁丙，《善本書室藏書志》等基本上均按《總目》體系分類和編排。在是書的啟示下，阮元尚進呈四庫未收書一七四種，又刊成《四庫未收提要》五卷等等，皆是其書影響於後世者。

8　江藩，《國朝漢學師承記》〈紀昀〉。

神聖使命，蔚為一時嘉譚。

比起《總目》而言，無論《紀評文心雕龍》或其《史通削繁》都遠不及其規模之大；甚至就意義來言，兩者之間亦不能比侔。然而就學術之特殊性一端而言，則或有《總目》不能涵蓋盡括，而顯見作者特識所在之處，則亦可抉發幽微，探光洞照其深處，以窺作者學問之奇崛曠識。這是筆者在敘述紀昀生平與學術大要之餘，轉而欲探其《史通削繁》窺其學術品味的原因所在。就目今可見研究紀昀之目錄，以《四庫全書總目》《提要》和《閱微草堂筆記》居多，非學術性的作品則多就其詩詞雜作及其反應機敏詼諧有趣方面著墨，甚少有專就《削繁》一書析論者，因而筆者不揣謭陋，除了前言所述之因緣外，亦擬就《削繁》來審視紀昀的史學批評及其方法與思想。

紀昀《削繁》一書，乃由刪正劉知幾《史通》而來，他根據清初浦起龍（字二田，1679-1760）的《史通通釋》為底本，從乾隆三十二年（1767），開始著手，成於三十八年，歷時六年左右，其間三十三年迄三十六年底，近四年間貶謫西域，是否持續削繁工作？不得而知。他受貶烏魯木齊，擔任戍所印務章京，掌理案牘工作，鎮日十分忙碌，據其晚年回憶，還說：「余從軍西域時，草奏草檄，目不暇給，遂不復吟詠」，[9]可見其忙。此期間只知他寫了不少詩，描繪塞外新疆農牧風物，輯為《烏魯木齊雜詩》而已。[10]但終究在乾隆三十八年（1773）成書了。

紀昀始刪《史通》是初在翰林院時，時浦起龍為《史通》作注

9　紀昀，《閱微草堂筆記·姑妄聽之（二）》，頁315。
10　據周積明，《紀昀評傳》第三章〈謫戍烏魯木齊〉所述，頁34-51。

釋，成《史通通釋》已流通問世。浦書之前，早有明李維楨（1547-1626）《史通評釋》、王惟儉《史通訓故》和清初黃叔琳的《史通訓故補》等眾作，浦氏擷取前人校釋成果，充實內容，故其注釋在當時號稱最善，[11]紀昀因而選作底本。他說：

> 註其書者凡數家，互有短長。浦氏本最為後出，惟輕改舊文，是其所短；而詮釋較為明備。偶以暇日，即其本細加評閱，以授兒輩。[12]

浦書之前，《史通》在唐代迄於明代中葉的很長一段時間，確實備受冷落，不曾廣傳，連南宋大儒朱熹都「猶以未獲見《史通》為恨」，甚至有些明代學者還把劉知幾當成宋人，甚或不知劉氏其人者。[13]所以浦書之刊世，確有裨助於原書之流傳。由紀昀採為削繁之底本，即可驗知。再則，紀昀怎麼削刪？其方法與標準為何？他又說：

> 所取者記以朱筆；其紕謬者，以綠筆點知；其冗漫者，又別以紫筆點之。除二色筆所點外，排比其文，尚皆相屬，因鈔

11　請參拙著，〈史通削繁探析〉，第四小節〈《史通》的板本〉可悉，頁41。

12　紀昀，《史通削繁・序》（臺北：廣文書局，影印光緒六年湘北崇文書局刊本，1979 再版），頁 1。

13　張之象，〈史通序〉，《史通》（北京：中華書局，1961 景張之象刻本）。又參拙著，《史學三書新詮——以史學理論為中心的比較研究》（臺北：臺灣學生書局，1997），頁 402-403。

　　為一帙，命曰《史通削繁》。核其菁華，亦大略備於是矣。[14]

可知《削繁》是以朱、綠、紫三色筆加以評點所取者、紕繆者、冗漫者，並將其相屬之文歸類別之。其目的在取《史通》菁華部分，俾後人取讀方便。不過，今天所見之《削繁》只剩朱筆之所取者而已。[15]其餘二者，只能從其所評點之內容約略得知。然其所刪削者，除係《史通》繁雜冗贅、旁生枝節之原文外，若涉史書真偽部分，則紀昀亦加以考證訂定。

　　至於為什麼要刪正《史通》，成其《削繁》呢？紀昀亦有所自陳：

　　　　故說經不可有例，而撰史不可無例。劉氏之書，誠載筆之圭臬也。顧其自信太勇，而其立言又好盡，故其抉摘精當之處，足使龍門失步，蘭臺變色；而偏駁太甚，支蔓弗翦者，亦往往有之，使後人病其蕪雜，罕能卒業，併其微言精義，亦不甚傳，則不善用長之過也。[16]

14　張之象，〈史通序〉，《史通》（北京：中華書局，1961 景張之象刻本），頁 1-2。

15　《史通削繁注・盧坤序》（臺北：廣文書局，1979 再版）云：「……余從公之孫香林觀察（樹馨）鈔得此本，移節兩廣，付吳石華學博（蘭修）校刻之，舊用三色筆：取者朱，冗漫者紫、紕謬者綠。今止錄朱筆，餘並刪去。浦二田原注，詮釋支贅者，屬石華汰而存之，庶讀者展卷瞭然，亦一快也」所署時間為道光十三癸巳年。見序，頁 2。

16　紀昀，《史通削繁・序》，頁 1。

他一方面肯定《史通》誠史學撰述之指南，因為史學體例自「馬班而降，體益變，文亦繁，例亦增，其間得失是非，遂遞相倚擷而不已」[17]所以《史通》之應勢而出，自有其合理性，紀昀肯定它；一方面又以為《史通》還是有自信太勇、立言太過、偏駁太甚、支蔓太雜的缺失，為了利己利人，故加以刪繁、導正，成其《削繁》四卷。在刪導的過程中亦體現其史學思想。

最後，為簡明起見，就本節所述紀昀刪削《史通》過程與仕途作一結合，以俾了解。

表1：紀昀修撰《史通削繁》起迄時間與仕途一覽表 （乾隆三十二年～三十八年，1767-1773）

年代	歲數	月份職稱	兼任職銜	備註
乾隆32年	44	翰林院侍讀詹事府左春坊左庶子	服闋，充日講起居注官 充三通館提調兼輯修	始刪《史通》
乾隆33年	45	二月留左庶子任 四月翰林院侍讀學士 七月 十月	廿四日獲命為江南鄉試副考官 十二日革職查辦 讁戍烏魯木齊	
乾隆34年	46		任戍所印務章京	
乾隆35年	47	十二月	召還京師	
乾隆36年	48	翰林院編修	作〈御試土爾扈特全部歸順詩〉，重入詞苑	

17　紀昀，《史通削繁・序》，頁1。

乾隆 37 年	49	三月	充庶吉士小教習	
乾隆 38 年	50	二月	《四庫全書》總纂	
		十一月	翰林院侍讀	《史通削繁》成書

資料來源：盧錦堂，《紀昀生平概述》（臺北：天一出版社，1982）〈紀昀
之家世與年譜〉，頁 8-12。

三、削繁的種類方式與內容分析

紀昀於《史通》現存的 49 篇當中，[18]全刪者有 4 篇，全留者
有 10 篇，部分刊削者，則為其餘 35 篇。詳細篇目，請見表二，即
能一目瞭然。

表 2：《史通削繁》刪削方式與內容篇章

刪削方式	篇名	篇數
全篇刪削	載言、表曆、疑古、點煩	4
全篇保留	載文、補注、邑里、品藻、直書、曲筆、鑒識、覈才、煩省、雜述	10
部分刪除	六家、二體、本紀、世家、列傳、書志、論贊、序例、題	35

---

[18] 《史通》分為內外兩篇，原有 52 篇，但其中內篇〈體統〉〈紕繆〉〈弛
張〉三篇早已亡佚，宋修《新唐書·劉知幾本傳》已言《史通》內外 49
篇可知至少在入宋前後即已失佚。近人汪之昌《青學齋集》卷三二有擬補
該三七篇之文。程會昌（千帆）仿其業師黃季剛先生《文心雕龍札記》載
所補隱秀篇之例，錄於《史通箋記》（北京：中華書局，1980），頁
189-193。筆者因鑒於撰補之苦心善意，亦因所補之文流穿未廣，特在拙
撰《劉知幾史通之研究》（臺北：文史哲出版社，1987）轉錄登載該三七
補篇於頁 130-133，以備參閱，但非謂汪氏所補必近於劉氏之原意也。

| 目、斷限、編次、稱謂、採撰、因習、言語、浮詞、敘事、探賾、摹擬、書事、人物、序傳、辨職、自敘、史官建置、古今正史、惑經、申左、雜說上、雜說中、雜說下、五行志錯誤、五行志雜駁、暗惑、忤時 | |

資料來源：新標點《史通削繁》（臺南：金川出版社，1978）〈目錄〉，頁 9-10。

今茲亦分三大類：全刪、全留、部分刪削來探討紀昀何以刪留？並依此窺測其史學思想。

(一)全刪

　　此類有 4 篇，因篇數不多，可在此一一略論所以。首論〈載言〉，劉知幾在此篇中論述其鑒於唐代君上之制冊、課令，臣下之章表、移檄，數量頗多且具史料價值，因此主張在紀傳表志之外，別纂包舉公文與詩文的「書」（題為「制冊」、「章表書」）和正文並行。這是史書體例上的一項重要主張，若能加以採試，一則可免抄錄的文章破壞史事敘述，二則可擺脫史書定型拘束，且能因此而保存較多的文獻。[19]可惜後世史家對於劉氏欲意更張多未能採納，章學誠、浦起龍多以為不可行。[20]紀昀既以浦釋為底本，亦循浦說，

---

[19]　白壽彝，〈劉知幾的史學〉，《中國史學史論集》（上海：人民出版社，1980），頁 101。

[20]　章學誠，《方志略例・和州文徵敘錄》（臺北：華世出版社，1980）：「唐劉知幾嘗患史傳載言繁富，欲取朝廷詔令，臣下章奏，傲表志專門之例，別為一體，類次紀傳之中，其意可為善矣。然紀傳既不能盡削文辭，而文辭特編入史，亦恐浩博難罄，此後世所以存其說而訖不能行也」，見頁 421-422。浦起龍亦謂：「嘗竊計之，就如賈生、董傳、方朔、馬卿未

而云：「惟別編諸文，則無此史體，浦氏排之，當矣」[21]故而全篇刪削。

　　次述〈表曆〉，劉知幾寫作本篇意旨，是反對製作史表的，然與外篇〈雜說〉推崇《史記》諸表的評議互相違戾。〈雜說上〉則云：「觀太史公之創表也，於帝王則敘其子孫，於公侯則紀其年月，列行縈紆以相屬，編字戢舂而相排。雖燕越萬里，而於徑寸之內，犬牙可接；雖昭穆九代，而於方寸之中，雁行有敘。使讀者閱文便覩，舉目可詳，此其所以為快也」[22]自比〈表曆〉所述為審諦，故後世學者如鄭樵、顧炎武莫不讜之。紀昀對劉知幾廢表的主張，曾說：「子玄論史，惟以褒貶為主，故表、志皆所惡稱。然一代掌故，微表、志何以存之？其論似高而實謬！」[23]所以紀氏全刪此篇。紀氏有此反應與其所處時代的學術環境甚有關連。自乾嘉以來，清代學者多投注心力於補葺前代史書表志，據李宗侗統計，自漢以至明代的歷代史書，計清人所補作之史表志共約有 82 種，[24]而清人補作史書表志的緣起，亦與清廷詔修《明史》有密切關係。

作要官，無他政績，其生平不朽，正在陳書、對策、詩頌、論著等文，設檢去之，以何擔重？且使此冊果立，幾與摯虞〈流別〉同科。即劉於〈載文〉篇，亦言非復史書，更成文集，不且自矛乎？況乎後世，著述如林，彌滋轇轕矣。此論不可行。」《史通釋評》（臺北：華世出版社，1981），頁 44。

[21] 引自趙呂甫校注，《史通新校注》（重慶：重慶出版社，1990），頁83。

[22] 《史通釋評·雜說上》，頁 574。

[23] 趙呂甫校注，《史通新校注》，頁 131。

[24] 李宗侗，《中國史學史》（臺北：中國文化大學出版部，1991），頁174-176。

紀昀如贊同劉氏欲廢除表志的主張，無異是間接否定官修《明史》的價值。這在當時是犯諱的，恐不能為。

復敘〈疑古〉，知幾此篇意在通過古代經傳記事之荒誕不實提出質疑，進而說明史家揀選史料、評隲史事必須審慎公允而建立其實錄史學之說。然其言詞疑經貶聖，致遭非難，乃是必然的。唐末宰相柳璨《史通析微》即指摘「彈劾仲尼」之舛謬；宋祁亦云「工訶古人」；胡應麟《史書占畢》竟斥責「斯名教之首誅矣」；黃叔琳也慨嘆「〈疑古〉一篇似是有為而發，不應悖謬至是，惜哉為全書之玷」；浦起龍一方面譴責本篇「顯斥古聖，罪無辭矣」「叵奈知幾者，不學無術，以文害志，恣行橫議，妄冀昭奸，何其遼哉！」一方面又「不揣檮昧，頗推其意而釋之」欲一雪之，而提出自己的揣測見解。紀昀則一併劉、浦兩氏之說而否定之，他說：「此真不待辯之紕繆，即有所激，何至於此！浦氏愛奇又提倡其詞，曲為之說，為大言以駭俗，抑又甚矣。蓋子玄之論，猶以憤激立說。浦氏之注，直以說異取名耳」。[25]所以紀氏亦持與前此諸多學者一致的見解而終廢刪此篇。然筆者以為劉氏在〈疑古〉〈惑經〉兩篇所表現出來的懷疑、批判精神非常強烈，目的乃在追求實錄直書，這是歷史敘述的第一義，不能因為尊經崇孔而一味加以否定。[26]

末說〈點煩〉。茲篇首段概說使用刀黃拂點文章，久來普遍使用，劉知幾亦用此法點去史文之繁冗字句，以示繁之為累，簡之可

25　趙呂甫校注，《史通新校注》，頁778。

26　請參拙撰，《史學三書新詮——以史學理論為中心的比較研究》，頁96-112。

能。然由於《史通》刊世之後，迭經傳抄翻刻，本篇所引史傳文點拂情狀，業已漫滅不可得知。浦氏曾就茲篇說明：「點既失傳，靡從檢核矣。然深心嗜古者，按切史篇，循文審校，亦自理緒可尋。諸家或未暇也，故訛漏尤多云。點煩所列，皆檢章句最繚繞者，為條總十有四，而摘遷史者乃居其九，蓋舉正史首部以發凡也。太史公雜取《國語》、《世本》、《國策》之群書而彙為一書，疊見複出，古趣自流。數墨尋行，大家弗屑，雖煩亦無何疵！然劉氏之前，論之者已振振有詞矣。……觀是書者，切磋究之，固不必為煩者病，亦不得謂點者苛」。[27]紀昀於《削繁》中將茲文全刪，或同其理。[28]

由上四篇全刪者來看，〈載文〉被抽刪乃在倡說雖佳而實不可行；〈表曆〉則因外篇〈雜說上〉之說更為審諦以致被刪；〈疑古〉則顯屬紀昀在《削繁・序》文中所數列的「立言太過」「偏駁太甚」；〈點煩〉則因劉氏點評原文漫滅不可復得，亦其削刪點拂者恐亦未必盡當，故索性刪之。以筆者淺見觀之，除了〈疑古〉篇尚有古今時代背景看法之異，可以討論之外，紀昀所刪亦當。

(二)全留

全留者凡 10 篇，亦一一略論之，以觀紀昀何以竟不刪之？茲

---

[27] 《史通釋評・點煩》，頁 554-555。

[28] 〈點煩〉篇紀昀所評點未悉，故以浦起龍之按語解之。〈點煩〉原文今已難知。今多據洪業，〈《史通・點煩篇》臆補〉，《燕京大學史學年報》2：2，1935.9。臺北，臺灣學生書局，1970 年景本。又收於《洪業論學集》（臺北：明文書局，1982），頁 140-149。及呂思勉，《史通評》（臺北：臺灣商務印書館，1971，臺二版）點煩篇所評者為參考而底定。

依序首以〈載文〉述之，文章起始「夫觀乎人文以化成天下，觀乎
〈國風〉以察興亡，是知文之為用，遠矣大矣」紀昀即評曰：「其
言明切深中文弊」。之後，劉氏述中古文體大變，兩漢賦家其文入
史，已有虛矯之弊，然「自餘他文，大抵猶實」，紀昀則評曰：
「持論甚正，《史》《漢》所錄諸賦，實非史體，不得馬、班之
故，曲為之詞」，故而全篇保留。第二、〈補注〉篇中，劉知幾將
裴松之之注《三國志》，陸澄、劉昭之注《兩漢書》，劉彤之注
《晉紀》，劉孝標之注《世說》歸類為「好事之子，思廣異聞，而
才短力微，不能自達，庶憑驥尾，千里絕群，遂乃掇眾史之異辭，
補前書之所缺」，紀昀頗不以為然。其中針對裴松之注，紀昀認為
「裴注未可深抑，其中有兩說並存，無他證可以刊定者，亦有不得
不細為駁詰者」。一方面高度肯定了裴氏在處理史料及考證方法上
對後世的貢獻，另一方面則仍保留劉氏之文未加刪削，乃因裴注亦
仍有其缺失，故「不得不細為駁詰」。第三、〈邑里〉篇中劉氏認
為歷史人物的郡望地邑，應以當時實際名稱書寫，而貫徹其「隨時
之義」的主張。[29]紀昀對此深表贊同，指出「子元此論甚偉」而全
篇未刪。第四、〈品藻〉完全未刊削任何一句，紀昀對此篇文字應
無多大意見。如篇首有云：「蓋聞方以類聚，物以群分，薰蕕不同
器，梟鸞不比翼。……史氏自遷固作傳，始以品彙相從」，紀昀即
評云：「知此則無疑於屈賈矣」；劉知幾糾繩《漢書·古今人

---

29 劉知幾在〈因習〉〈稱謂〉〈世家〉〈題目〉諸篇皆主張史家必須了解
「隨時」或「從時」之義，也就是史家之文應當記載與時代有關係的人事
物，所寫主要隨社會事勢之變而變，且不失其時代的色彩。拙著，《劉知
幾史通之研究》對此略有發揮，見頁94-96。

表》，紀昀亦云：「〈人表〉之謬，尚不止此，此偶拈出數條耳」；論述〈列女傳〉時，紀評：「此論最允擊節誦之」。此章看來段落相貫，並無駁雜冗句，且無過激之詞，故全留。第五、〈直書〉篇內容平正，紀昀甚重此篇，《削繁》此篇有泰半皆圈以記號，以表重點所在，可見紀昀率多欣賞其內文而未刪削之。第六、〈曲筆〉篇紀昀所評點主要有三句，「此亦臣子之大義」以附同首段內容；「此亦近情近理之言」以明劉知幾疑《後漢書・更始傳》之曲筆；「此論亦持平」以述魏收《魏書》之曲從元魏史例。可見大抵皆贊同知幾原議，故未刪隻字片語。第七、〈鑒識〉篇，紀昀僅針對班固《漢書》式遵囊例，殊合事宜發論，評以「此亦正論」。另外則針對唐人皆不知《古文尚書》之偽，劉知幾評《尚書》時亦循俗說，於是紀昀點評：「蓋考據之學，古疏今密亦如星曆然」算是委婉糾正劉說。此篇亦無可刪削。第八、〈覈才〉篇中劉知幾有云：「夫史才之難，其難甚矣。……苟非其才，則不可叨居史任」，紀昀評：「論甚嚴正，自唐以後以儷體為史者遂絕，固由宋人之力排，而子元廓清之力，亦自不少」其他尚有三評，大致是同意劉氏的見解，故此篇僅刪一冗句而已，而其實等同沒有刊削。[30]第九、〈煩省〉篇紀昀一開頭即點評曰：「推尋盡致，持論平允，子元難得此圓通之論」下又說「通人之論」「推闡分明」，故未刪任何一句。第十、〈雜述〉篇是史流之雜著之意。浦起龍為此篇作按語云：「從上三十三篇，論正史者備矣。至是乃旁羅雜乘，洪纖靡遺，莊諧殫錄，可謂具體鼓吹者乎？於正史則嚴核之，

30　〈覈才〉篇僅削去「亦奚異觀河傾之患，而不遏以隄防，方欲疏而導之，用速懷襄之害。」《史通通釋》，頁249。

不嫌於孤；於雜乘則廣收之，必贏期類。可知子玄是書，盡意洗伐，特欲令著作之庭，淨無塵點耳，非教天下讜棄群言也。」[31]紀昀也於篇首即稱「此篇詳核而精審」。內容主述眾雜史之流，而結論在「擇」之而已。當然，善擇是史家史識的高度運用，非常重要。紀昀似完全同意知幾所論而全篇保留。

　　以上凡十篇，為紀昀所絕大部分贊同而保留下來，未予刊削。其中即使有極少部分，紀昀仍有意見而作了點評，但仍然予以全篇保留。

(三)部分刪削

　　紀昀對《史通》原文篇章採取部分保留，只刪一句、一段或不同段落中的不同章句，皆屬於本部分。依據前表，可知有卅五篇之多，故不宜採取前述(一)(二)部分之法直接分析其內容，此處以歸納法為主，分類舉實例述之，並概其餘細例，俾免累蕪不堪，無法卒讀。

　　1.支蔓橫生繁冗蕪累——紀昀刪削以取簡要，並不妨礙原文旨意，讓《史通》更方便閱讀為其宗旨。如〈六家〉篇，紀昀刪除「《易》曰：『河出圖，洛出書，聖人則之。』故知書之所起遠矣」這一句多餘的話。又如〈序例〉篇有「晉、齊史例皆云：『坤道卑柔，申宮不可為紀，今編同列傳，以戒牝雞之晨。』……所謂畫蛇而加足，反失杯中之酒也。」多已見於〈本紀〉、〈列傳〉諸篇，故紀氏將之刪削，以免繁蕪之累。〈稱謂〉篇劉知幾主張稱謂必須以時稱為主，不可刻意復古；另諡號與廟號不可混而言之，尊

31　《史通通釋》，頁277。

卑亦不可約舉雜稱。紀氏贊同此一觀點，僅刪其繁蕪冗蔓之文，刪後無礙於全文之流暢。茲為省篇幅，餘例不復細舉。然於此則，有一點必須陳明者，是《史通》原來行文形式多用駢文，如上下文句，本是同樣意思而竟前後並列，故文章多冗句。此種類例不少，故多為紀昀所刪減。

2.工訶古人，言論過激——〈六家〉篇中的「國語家」，紀昀將「按其書序云：『雖左氏莫能加』世人皆尤其不量力，不度德。尋衍之此義，自比於丘明者，當謂《國語》，非春秋傳也。必方以類聚，豈多嗤乎！」刪除，蓋劉氏已備述國語家者之源流，其後所引為補充說明並加以評論，紀昀認為其論過於偏激，故刪之。又如〈書事〉篇，紀刪「前哲之指蹤，校從來之所失……子曰：『於予何誅？』於此數家見之矣」，因此句是激烈地批評王沈、孫盛、魏收與令狐德棻之敘史乖戾，浦起龍作按語謂其他篇章尚談及此事，故紀氏可能一係批評過激，一係他篇已有，故刪此則。再如〈浮詞〉篇，刪「若乃題目不定，首尾相違，則百藥、德棻是也。……故彌縫雖洽，而厥跡更彰，取惑無知，見嗤有識」是因劉知幾完全否定前述史家個人能力，評斷甚是猛烈，屬劉氏個人過激之詞，故予以刊削。另〈敘事〉篇有「夫班馬執簡，既五經之罪人」一句，在《削繁》書中已經不見。

3.因史學見解不同——在〈書志〉篇中，劉知幾倡論廢〈天文〉〈藝文〉，而另增〈都邑〉〈氏族〉〈方物〉三新志。紀昀反對廢〈天文〉，而對於劉知幾「古之天猶今之天也，今之天即古之天也，必欲刊之國史，施於何代不可也？」的看法，譏評之曰：「古今測驗亦有不同，然宜以不同者歸之曆志」。另外，紀昀反對三新志之〈氏族志〉，以為譜牒「乃唐人之學，後人無庸且亦不能

成書矣。唐書〈宰相世系表〉則採其說，而最為可厭」，[32]因而將〈書志〉篇中自「或以為天文、藝文，雖非《漢書》所宜取，而可廣聞見，難為刪削也。……盛於中古。」以下之文，全部刪除。又〈辨職〉篇中劉知幾認為官修史局的領局監修，應該且備「直若南史，才若馬遷」等能力才行，但偏偏大都無才不學，遂致「凡所引進，皆非其才」，不是文人之士，即偷閒奧窟者，無益於史事。紀昀在此篇評點：「自唐以後，此例不能改矣。在領局者，調劑得宜，任用有道，猶有救弊之大半也」。基於他另有認識，故將「凡居斯職，必恩幸貴臣，凡庸賤品……坐嘯畫諾，若斯而已」；「或以勢力見升，或以干祈取擢……言之可為大噱，可為長歎也」以及「曾試論之，世之從仕者……雖五尺童兒，猶知調笑者矣。唯夫修史者則不然」這些句子都刪削了。

　　4.事涉邊疆少數民族或侮聖之言──〈言語〉篇中有「其餘中國則不然，何者？……拓跋、宇文德音同於正始，華而失實，過莫大焉」一段，其中「先王桑梓，翦為蠻貊，被髮左衽，充牣神州」「書必諱彼夷者，變成華語」劉氏語中帶有貶低蠻夷口氣，在盛唐當時或係自然不過之事，但紀昀所事清朝，仍係建州女真所建王朝，事涉敏感，因而整段刪除。前引〈書志〉篇所謂「譜牒之作，盛於中古」一段亦刪，實亦肇於此則。蓋於清代前期，若講究譜系，則必於每姓之下，註明漢姓滿姓，若專立譜系一門，則必有夷夏之分，因此紀氏為避免觸犯忌諱，乃將《史通》相關敘述刪除。日後紀昀總纂《四庫全書總目》時，亦略去譜系一門，即此故耳。此則無疑也可對前則紀昀反對〈氏族志〉作一補充說明。又，〈敘

32　引自趙呂甫校注，《史通新校注》，頁189。

事〉篇有：「又自雜種稱制，充牣神州，是異諸筆，言多醜俗」是說明胡人統治中原、文化與語言皆異於中原，紀昀對於這種貶抑胡人的文句，基於上面的瞭解，因而多所刊削。

至於侮聖之言，〈疑古〉已全刪，〈惑經〉亦削去「未諭」多則（二、四、七）皆是，對凡言孔子之闕的文句，亦加以刪掉。

5.內容疑有脫句或僅為一短句——〈敘事〉篇有：「然則《史》、《漢》已前，省要如彼，……觀近史者，悅其緒言，直求事意而已」。此則言《史》、《漢》以前之史書都能省要，且又有言外之意。自《三國志》、《晉書》以降，即相當煩碎，直求事意，劉氏以為今不如古。紀昀不認同此項觀點，且浦起龍認為此段之中應有脫句，以致內容不互連貫，於是紀昀刪之。又如〈摹擬〉篇：「何則？」僅為一問句，《削繁》亦刪削之而無妨前後文義。這句恐是所刊削最短的一句了。當然，外篇〈史官建置〉〈古今正史〉，篇名也被刪改為〈史官〉〈正史〉，亦極短，然意義稍有不同，筆者認為所刪亦對。再者，上面提到浦起龍以為有脫文，紀昀亦據而刪之，此種例子，所在多有。大致《史通通釋》浦氏以為可削者，紀昀都有所刊削。

凡上五種因素，犯者必刪。大抵而言，紀昀所刪者以第一、二種為大宗，第三、四種次之，第五種又次之。然紀昀未刪者，是否即毫無刊削之餘地？則又不盡然。茲舉〈六家〉篇詳之，如前舉「國語家」已有刪句，然左傳家、史記家、漢書家皆未見刪削，是否未刪即表示紀昀認同其觀點呢？如史記家者，劉知幾毫不留情地批評司馬遷，指出「……所載多聚舊記，時採雜言，故使覽之者事罕異聞，而語饒重出，此撰錄之煩者也」，紀昀則評點：「《史記》卷帙無多，其病尚不至此，子元懲羹吹齏耳」並不贊同劉氏說

辭，但仍予以保留未加刪削。又同篇：「馬遷撰《史記》，終於今上，自太初已下，闕而不錄」，紀評曰：「馬遷可稱漢武為今上，子元安得稱之？」亦未予刊削。這兩例舉以說明紀昀認為仍有保留價值或待日後考證之功，則未鐾革之。其他類例尚有。

　　然而，紀昀在刪削的過程中，「全留」「全刪」都容易理解紀氏的理念與做法，唯「部分刪削」之中，原本《史通》的精闢言論是否也被一併刪除了呢？這也是很有可能的。至少在筆者個人認為要了解《史通》撰作的背景及方法，《史通・自敘》有一句非常重要的話：

> 夫其書雖以史為主，而餘波所及，上窮王道，下掞人倫，總括萬殊，包吞千有，自《法言》以降，迄於《文心》而往，固以納諸胸中，曾不帶心芥者矣。

竟然也被刪掉。《史通》層面的開廓，不應侷限於歷史編纂方法理論，即在於它能「上窮王道，下掞人倫，總括萬殊，包吞萬有」，這是該書宏觀的哲學命辭，是《史通》除了要評隲古今史家彈射古今史冊，來達到「辨其指歸，殫其體統」建立撰史的法式之外，亦欲臻於「王道／人倫」的文化、倫常的高度。其書欲囊括的是「總括萬殊，包吞千有」各種不同的萬千社會現象，可謂牢籠至廣。此句一刪，則不僅未刪的下文「夫其為義也，有與奪焉，有褒貶焉，有鑒誡焉，有諷刺焉；其為貫穿者深矣，其為網羅者密矣，其所商略者遠矣，其所發明者多矣」頓失依怙，無所憑據，且導致上下不相連貫，範圍急劇縮小。「與奪」「褒貶」「鑒誡」「諷刺」的目的與「貫穿」「網羅」「商略」「發明」的方法，都喪失或縮小了

原有廣泛的對象與靈活可用的技巧。我們因而不能確定「夫其為義也」的「義」具體的內容是什麼？也無法知道這段被刪的引文上面還有「若《史通》之為書也，蓋傷當時載筆之士，其義不純，思欲辨其指歸，殫其體統」一段話，其中也有「其『義』不純」。此「義」在不刪除上面引文時，是不致於與後述之「義」發生混淆的。但該段引文凡 61 個字刪除之後，兩個義字變成沒有間隔，很容易因而讓人誤解劉氏原意。

再說劉知幾撰作《史通》的目的，除欲「辨其指歸，殫其體統」建立撰史的正確典則之外，他還要在「辨指歸，殫體統」之內闡盡「王道／人倫」，[33] 其崇高的思想，因紀昀的或好事、或輕忽、或刻意而完全晦隱不現，則豈非冤枉了劉知幾？我們寧願不信是刻意所為，而寧信其手快而已。

除了這麼重要的一段不該刪而刪之外，本文尚要指出亦有一句該刪而未刪的話。《史通‧曲筆》有：

> 若王沈《魏錄》濫述貶甄之詔，陸機《晉史》虛張拒葛之鋒；班固受金而始書，陳壽借米而方傳，此又記言之奸賊，載筆之凶人，雖肆諸市朝，投畀豺虎可也。

浦起龍在「凶人」之下，作「下字忒狠」四字。此段明顯言詞過

33　林時民，〈劉知幾「辨其指歸，殫其體統」與司馬遷「究天人之際，通古今之變，成一家之言」之關係與比較試論〉，《興大歷史學報》第 13 期（2002.7），頁 1-23。文中對劉氏之「辨指歸，殫體統」、「上窮王道，下揆人倫」及與史公該句名言的關係，都有解釋與比較。

激，應當有所刪節。筆者以為紀昀刪削多循浦氏釋語，而浦氏亦有惡評，何以不刪？或前述所謂待日後考證之功歟？然「班固受金而始書，陳壽借米而方傳」在紀昀的時代是不必再候考據而可肯定並無其事的，[34]因而整段可刪，至少「記言之奸賊，載筆之凶人，雖肆諸市朝，投畀豺虎可也」因出言極烈而可加以汰刪，但〈曲筆〉卻是全篇保留。

上文雖舉一正一反的例子略加說明《削繁》的取捨難斷之處，自也不能攏盡所有削文，尤其加上仁智的主觀選擇，可能更加紛繁難堪，因而本文即此打住，不復細舉。最後附帶說明的是，本節內容分全刪、全留、部分刪削說明削繁的種類方式，並分析其內容。所依據的材料，非《史通通釋》即《史通削繁》，文中所例舉篇章，都因行文方便，已標明出處，覆按隨手可得，故未再加以引注，否則注碼必徒增許多，恐反致猥瑣不堪，勞神累目，斯為不善之極矣。

四、《削繁》中的史學批評思想

上節末述，削繁之大宗是冗蔓蕪累及過激之詞，兩者之量，恆過其半，因而從這兩則開始析述紀昀削繁背後的史學批評思想，應最能得其體要。

《削繁》是採行評點的方式，書於眉端，陳述或刪或留的高見，並於《史通》原文落實削、留，成其《削繁》。這種方式，當

34　程千帆，《史通箋記》（北京：中華書局，1980），頁 134-137。張舜徽，《史學三書平議》（北京：中華書局，1983），頁 80。

然屬於比較批評的一種。古人多以此種方法或自覺或不自覺地運用於文學批評或史學批評當中，紀昀亦承襲這種方法，得心應手地廣泛採用於《總目》及《削繁》當中，或析異或求同，而大大深化了比較批評對於原作品的理解深度。當然，《總目》與本文題旨無關，茲可略而不論，僅或採證時偶而用之，以輔助說明，這裏重點還是擺在《削繁》。

　　兩則之中，又以言詞過激更能激起紀昀的評點與削繁。紀昀對於古人「文章一道，關乎學術性情。詩品、文品之高下，往往多隨其人品」[35]的認識，正可用來具體分析劉知幾的《史通》。文如其人，文心與人心的一致統一，正是劉知幾的才性反映於《史通》的寫照。他稟性峭直，傲岸不苟，與持相違的個性，[36]使他的《史通》也呈現戞戞獨造的言論，當然也包含了篇章中那些過激的言詞。他對前人史家，每多輕口揮斥曰愚、曰妄、曰狂惑、曰愚滯、曰小人、曰邪說，言詞激峻澆薄，[37]所以，宋祁評他「工訶古人」，[38]錢穆說「薄」是《史通》最大的缺點，[39]即是有鑑於斯。紀昀閱讀其書，刪繁其書，自然批判的意識起於其中，就激越之處加以刊削。紀昀對過激不平和的言辭態度如此，同樣對過激的行為

35　《四庫全書總目》（北京：中華書局，1965）卷 156，集部，〈佩韋齋文集〉條。

36　請參拙著，《劉知幾史通之研究》第二章〈劉知幾的生平與史通之撰成〉，特別是頁 26。

37　所舉可見《史通》〈暗惑〉〈曲筆〉諸篇，亦可參傅振倫，《唐劉子玄先生知幾年譜》（臺北：臺灣商務印書館，1982），頁 37。

38　《新唐書・劉子玄傳・贊》（臺北：鼎文書局，1979），頁 4520-4523。

39　錢穆，《中國史學名著①》（臺北：三民書局，1973），頁 153-154。

行動，亦甚不贊同。茲舉北宋末年太學生救國運動的領袖陳東來言，他在靖康元年（1126）率太學生在宣德門伏闕上書請求罷免李邦彥，重新任用李綱。城中軍民數萬人紛起支持，包圍皇宮，砸碎登聞鼓，擊斃宦官數十人，聲勢浩大，果逼欽宗重新起用李綱為相。然僅一年之後，李綱再度被罷，陳東亦被宋高宗以「鼓眾伏闕」的罪名處死。紀昀針對陳東之舉，評價是兩面的，既褒獎其愛國憂國之心，又敢於掊擊「人不敢觸之巨奸」的豪氣，但貶抑他危害當時的綱常倫序與社會秩序。**40**

　　紀昀對東林黨之事，也有相似的意見。他對東林黨的領袖人物如顧憲成、高攀龍等人「風節矯矯」「皆一代明臣」，「迨魏忠賢亂政之初，諸人力與搘柱，未始非謀國之忠」，但決不贊同他們超軼當時政治秩序而干涉時政，以聚徒生眾，講學議政，結果議論多而是非生，於是「禍患卒隱中於國家」。**41**

　　在紀昀的觀念裏，意切時用的經世精神固然可嘉，但過激的行動，尤其逾越綱常大防，是絕對不贊同的。他反對陳東、東林黨式的過激行動，與反對劉知幾的峭薄言辭是態度一致的。那麼，蘊藏其間的價值判斷取向，則是我們首要致力追索的思想蹤蹟。《削繁》的評點與刪、留、取、捨，正可印證其自身的價值批評，換言之，也就是他做為一種批判主體的價值意識，投射在批評客體的

40　《總目》卷 157，集部，〈少陽集〉條。文云：「（陳）東以諸生憤切時事，摘發權姦，冒萬死以冀一悟，其氣節自不可及。然於時國步方危，而煽動十餘萬人，震驚庭陛。……南宋末太學之橫，至於驅逐宰輔，莫可裁制，其胚胎實兆於此。張浚所謂以布衣持進退大臣之權，幾至召亂者，其意雖出於私，其言亦未始不近理也。」

41　《總目》卷 58，史部，〈東林列傳〉；卷 56，史部，〈周中丞疏稿〉。

《削繁》中，從他在《總目提要》中評論經史子集各家作品的表現，以至於《削繁》一書上，我們都可看到他對這些書的評斷，都是建立在理解與認同上，因此便有慷慨、寬宏的見解，他很少有「責弓人不當為弓，矢人不當為矢」[42]的吹毛求疵式的批評，不說實質上的刪削工作，把過激言詞大都抽除，且在評點上，最常看到「二語允當」「精論不刊」（列傳）、「此尤破的之論」（書志）、「此篇（論贊）持論極精核」「洞見癥結之言」（序例）、「此篇（斷限）議論特精切」……這些極為欣賞劉氏史論的話，遍布整個書眉，乃真不愧為劉知幾的異代諍友，他是以理解的心態去俯臨原作，努力與作者搭起心靈的橋樑，故其刪、評兩方面都頗能獲得時人及後人的推崇，絕非鄉愿、偽善。

另外，他把過激言詞在《史通》原文中刪除了，卻不會在書眉上去惡批劉知幾何以作如是之言。在其他事例上，如漢、宋二學之爭，兩方學者的互批，即有攻擊報復的底蘊，[43]紀昀作為批評家，他的態度是「當平心而論是非，不必若是之毒詈」。[44]因此，我們把這種態度稱為是一種忠厚、平和的表現。這種和氣平心雍容大度的批評風度，使其史學批評展現一股圓融通達的特質。

結合前述的理解與認同、雍容與平和，正是紀昀自我型塑出

42　《總目》卷 66，史部，〈廿一史識餘〉條。

43　《總目》卷 15，經部，〈詩類小序〉，有云：「攻漢學者意不盡在於經義，務勝漢儒而已。伸漢學者意亦不盡在於經義，憤宋儒之詆漢儒而已。各挾一不相下之心，而又濟以不平之氣，激而過當，亦其勢然歟？」

44　《總目》卷 90，史部，〈史論初集〉條。

「儒者氣象」的氣度與風格，[45]深深具有傳統中國文化的氣質，這也正是從《總目》及《削繁》上所看到的學術批評來源。

至於冗蔓贅詞，在《削繁》中都削除殆盡，此則不能完全歸類於史學批評所致，其中文學批評成份亦佔不小。不論史學文學，外在的表現形式都應以簡淨為主，劉知幾在《史通‧敘事》以尚簡要、明用晦、戒妄飾三者倡說歷史敘事達此三者，必可致美國史，而其首即「簡要」。紀昀在《削繁‧序》中所謂「使後人病其蕪雜，罕能卒業」即因「支蔓弗翦」所致。而《削繁》確實是削去不少繁。如今紀本的《史通削繁》已是支蔓芟除而利於後學了。

五、結論

紀昀才學多端，經史子集淹通相貫，奉詔總纂《四庫》，成其《總目》，為傳統學術作綜結，展現古典文化之成熟結晶，遺後人豐富之資產，貢獻宏大。除此之外，復有《紀評文心雕龍》《史通削繁》及晚年撰述筆記小說《閱微草堂筆記》皆一時代表之作，臻於高峰，其中《削繁》是代表紀昀史學的專作。雖其書並未自成理論體系，僅刪削唐代劉知幾傳世名作《史通》而成，然從上文的架

45　參周積明，《紀昀評傳》，頁 428-439。明人陳建著《學部通辨》，「痛詆陸（九淵）氏，至以病狂失心目之」紀昀批評他「以善罵為長，非儒者氣象」（見《總目》卷 98，子部，〈東莞學案〉條）。紀昀評明人程瞳之《閑辟錄》，亦說「門戶之見太深，詞氣之間，激烈已甚，殊非儒者氣象」（見《總目》卷 96，子部，〈閑辟錄〉條）。可見紀昀重視「儒者氣象」，他以此氣象衡人自衡，故文中揭之為其學術批評（含史學批評）之源頭。

構，逐層析述，從二、三節多就基本史料分析解讀，後於第四節嘗試新解，抉發其史學批評的思想，遂可據之以悉紀氏削繁《史通》之所憑藉，乃至纂錄《總目》之所依光，終至成就其文化偉業。

　　紀昀在刪削《史通》之餘，於《四庫全書總目》設史評類，置《史通》於首部，是肯定《史通》學術地位之舉措。而其所刪削者不少，凡繁蕪冗漫，過激偏頗者皆一一刪去，堪稱便於後學，確實頗具簡約之效，而文章多尚能連貫通暢，無礙於閱讀和理解。然極少部分受刊削支解之故，前後上下之文雖仍相貫，但劉氏原意卻不復呈現，此乃其得失之處。《削繁》雖言簡而精要，頗可稱善，然筆者以為若欲明瞭整個中國史學史上《史通》的獨特意義，則仍應以原本為研索標的，不能以《削繁》替之。只是把《削繁》放在史評類來看，則不僅可以看出劉知幾《史通》影響後人之處，也可以看出紀昀的史學批評思想，仍然是相當有意義的。

附錄：近三年來有關劉知幾的
研究成果評介[*]

一

　　劉知幾（661-721）在《史通》一書所抒發的史論，上評唐代以前千數百年之中國史學，剖析源流，論列得失；下啟唐後又千數百年之近世史學，凡書法體義，皆倚之為圭臬。其言論範疇所籠罩之時空，既廣泛且久遠；其評隲於史冊史事，實精覈又允當。在史學史上，確似異峰突起，別成一格，故甚宜後世學者不斷研其精義並重新賦予價值。

　　唐代以降迄於近世，已有諸多學者，對《史通》或劉氏史學有不同的研究，成果斐然可觀，吾人有目共睹，可以不必重提。而近數年來，國人研究劉氏史學的風氣，似乎又視以往為格外蓬勃，於是小型論文、碩士論文以至專書乃叢出不絕，此種現象，諒係學界樂見之事。其中，又以最近短短的三、四年內，即出有七篇論作專研劉氏史學，似更說明了愈近有愈盛之勢。筆者不揣譾陋，謹就以

---

*　本文原刊於《史學評論》12（臺北，1986.9），頁 217-225。

上諸篇論述，依刊佈時間先後為序，略加評介。

<h1 style="text-align:center">二</h1>

　　㈠邱添生先生，〈劉知幾的史通與史學〉（以下簡稱邱文，後文同此），國立臺灣師範大學《歷史學報》第 9 期，頁 51-72，民國 70年 5 月。邱文原係民國 69 年 12 月 8 日邱先生應邀在臺大歷史學會所舉辦的「史學、史家與時代」系列演講中，擔任中古部分的講稿改寫而成的。此文對於劉知幾及其史學與當時社會情勢之間的互動關係，有概括性且頗得題旨的申述和貼妥的發揮。文中共分五節，除「前言」點出前人的研究成果、撰文動機、目的與方向外，首就漢朝與唐代之間史學發展的大勢，作一番扼要敘述；次探《史通》一書的構成及其內容要旨，最後再申論劉氏史學的精要議論。該文之行文嚴守應然規式，在上下節次之間，義理脈絡相連，形成縝密的論述，是邱文的一項特色。此外，註釋方面也相當詳贍，充分說明該文是一篇力作。其中多引日本史家的卓見，亦有參考價值。

　　邱文指出《史通》撰作時間，應超過「歲次庚戌，景龍四年（AD 710）仲春之月」，是一項很合實情的推論。一般學者所見，大多推定《史通》編撰時間是從長安三年（AD 703）到中宗景龍四年（AD 710），而邱先生細查原書，發現有後來附加，也有各篇內容相互重沓和牴牾之處，因而估計在景龍四年之後，應有續添部分，故不可以景龍四年為限。這項推論是言前輩者學如傅振倫、洪業、陳漢章、呂思勉……等等所未言，很值得參考。不過，邱文若能更進一步指析公元 710 至 721 年，劉氏過世之前所加添者究係何是，亦即更具體地由《史通》指證出來，則毋寧更能嘉惠後學。另

外，邱文肯定劉氏所抱持的懷疑和批判兩項精神與當時世族制度的沒落有關，並對後世學者產生相當程度的啟發作用，實是高見。

然而，該文也有一二不足以為害全文的微瑕，如頁 60 倒數第 4 行的「劉知幾的堂伯延祐」，似宜改伯為叔。依傅振倫、周品瑛兩氏之《劉知幾年譜》所考，劉延祐之齒約大劉知幾十三歲左右，而比劉知幾之父劉藏器小甚多。再者，文中頁 52、53、55 數度引用「自覺」兩字；其主體為史學之體裁與部門，實不若頁 65 所引宮崎市定所云之「個人的自覺」，把自覺的主體設限在有機體的人物上，較易於省會。綜合而言，此文對瞭解劉知幾及其所處的唐代史學，助益很大。

㈡郭紀青先生，〈劉知幾與史通〉，《臺中師專學報》第 10 期，頁 93-113，民國 70 年 6 月。郭文在節次的安排與文章的義理脈絡上，不夠分明；註釋也過於簡略；同時徵引書目的分類不夠清楚，也未能詳註引用各書的出版時地，皆是疏忽之處。諸如註釋的第 14、18 兩條，所引傅振倫氏的〈劉子玄對於過去史籍的評論〉、〈劉知幾研究〉、〈劉知幾史學概論〉諸文，目前在臺灣皆難得一見，甚至不可得，郭先生何妨秉持「學術者，天下之公器」的胸襟而註出其時地，或甚至將該三文示諸《史通》同好？知幾地下有知，當與吾人同感郭先生之德。吾人引領企望之。

由上述直截的淺見，略可知郭文去謹嚴與篤實尚有一段距離，而該文與輔仁大學歷史學會出版的《史苑》第八期，丁志達先生的〈劉知幾與史通〉又有頗多雷同之處，讀者可以取閱丁郭兩文並略作校讀，即知郭先生並未以自己的文筆與見解，重新對「劉知幾與史通」做過詳密的考察，故郭文恐非是一篇具有創見之作，因而本文對郭文內容之評介也暫予保留。

　　㈢閻沁恆先生，〈劉知幾的疑古惑經說與歷史的求真〉，收在《中央研究院國際漢學會議論文集》，頁 653-660，民國 70 年 10 月刊行。茲文專以劉氏《史通》外篇的疑古、惑經兩文做為憑藉，來論劉氏對歷史求真的重視。閻文採述的角度，頗為新穎，著重在以西洋史學的原理與劉氏史論相互印證，揭示了劉氏對歷史的真見，比起同期西方的史家與史學為前進與卓越，並與今日之西洋史學思想也有相匯通之處，因此，閻文提供給我們一個很具有啟發性的論點和研究方向。

　　㈣王明妮小姐，《史通修史觀述評》，私立輔仁大學中國文學研究所未刊碩士論文，71 年 5 月。全文約 7 萬字，分「劉知幾與史通」、「論史通修史的基本修養——史德」、「論史通修史法則」、「章學誠論史通的修史觀」、「結論」等五章，討論劉氏對修撰歷史的見解，所論非常平實和詳盡，是本文顯見的優點之一。不過，王文瑕疵亦頗易見。從形式結構來說：1.作者作註腳有兩種方式並存，一是在章節之後，一是在章節行文之中，兩種並行，恐難收劃一之效，反致有瑣碎不能暢通之弊。作者實應取其中之一，尤以改在每章之後加註為宜；2.文末所附的「參考書目舉要」也嫌不夠完整和精確。舉例而言，如 177 頁，「《中國史學論文集》上、下冊，華世書局」可以更詳細地改為「杜維運等編，《中國史學史論文選集》1、2、3 冊，臺北，華世出版社，1、2，1976；3，1980」凡此，似有全部改列的必要。

　　再從內容方面來說，也有下列數點，令人不能完全同意：1.過份強調劉知幾的「史德」，據筆者粗淺瞭解，史德是章實齋在劉知幾所提出的史才三長論（史才、史學、史識）的基礎上，加以延伸補充的，容或劉知幾已有史德之雛見，但可以肯定的是劉氏並未正式

地提出做為一種主張，因而王文第二章專論劉知幾的史德，似乎忽略了歷史時間與人物兩種因素的考慮；2.第一章第四節探討劉氏史學淵源時，推定劉勰的《文心雕龍・史傳》是《史通》的藍本，並且言之鑿鑿。筆者以為這項論點能否站穩頗有問題，因為劉知幾撰寫《史通》的資本，除外緣的歷史條件、家世淵源、個人性向與性格之外，主要還是得力於劉氏個人久任史職和遍覽群籍之功較大。《文心》只是劉氏在《尚書》《春秋》以下迄於唐代的任何史籍中取用的一書而已，豈是全部？因此，王文似犯主觀選擇過份偏重的毛病，同時，也讓人覺得《史通》只是《文心》緒餘的一本浮泛作品而已，這點筆者看來，恐非公允之論；3.第三章論《史通》修史法則時，似未能完全邁出傅振倫先生的《劉知幾年譜》一書所建立的藩籬之外，傅著影響的痕跡於該章隨處可見。

　　㈤許冠三先生，《劉知幾的實錄史學》，香港中文大學出版社，1983 年，凡 228 頁，17 萬字。

　　是書共有八章。首以「《史通》五長」啟其言端，指出《史通》在史料、史考、史纂、史文、史評諸說之間有其內在邏輯（inner logic），而總以「實錄直書」一義銜領之。實錄直書居於其間，為五者「關聯的骨架」，儼如輻輳的地位，實是知幾史學之核心。作者還以「分析心態」「時變意識」「理性精神」「人文取向」四事更進一步說明劉氏建構其史學思想精髓之所在，且舉證其中任何一項皆與歐洲文藝復興以來的史學思潮主流相暗合（頁 11-20）。因此，劉氏史論在中西雙方，都可以看出其卓犖不群的特性。作者在首章即拈出全書要旨，實頗有點睛之效，讀者易於由此掌握全書之言論，進而認知劉氏的史論。而循此以下諸章，亦即圍繞於此一要義之下對劉氏史學作高度發揮。這個實錄的大義，其實

就是前述邱文在批判精神一節，陳義之所歸，同時也是閻文所提求「真」之所指。三者所談，實出於同輸，所不同的只是研究之取徑而已。

　　次者為「探源」一章。章中指析影響劉氏史學之淵源的眾多經史子集當中，要以《左傳》《論衡》《文心》和《齊志》四書最大，《史通》各篇都是秉承上列諸書的啟示寫成，大致《史通》敘事工美之準則多原於《左傳》，考辨之精神與方術多本於《論衡》，治史之綱目與程序多依於《文心》，與記事行文志存實錄則多緣於《齊志》（頁27-28）；許著發論多詳究《史通》與上面四書之內容的比對，並指證確鑿，似不失為一種良方。其所用方法，與㈣王文的第一章第四節的大致相當，但更加客觀而具體，可以彌補王文的倚偏和不足。另外，作者並就歷史背景與學術氣候考察《史通》的編撰還受到下列五種因素的左右：1.魏晉以來史學脫離經學樊籠而自闢天地的趨勢；2.時代大動盪之中，萌生記載實錄之志；3.魏晉而後，目錄校勘之學的漸臻成熟；4.政治學術現實的刺激以及 5.劉氏秉性耿直剛正（頁28-31）。作者再提出這四項外緣的歷史條件及一點劉氏內在的因素，做為前者類比推論法的補述，確可救其偏失。事實上，我們或可在上述兩種探源的方法上，另以《兩唐書》《唐會要》及傅振倫先生的《劉知幾年譜》（北京，中華書局，1963）等等資料做為基礎，探析出劉知幾早期受教育的背景及其近史的天性，和他入仕以後的宦遊，亦即受其同僚史官群的左右與切磋，尤其在劉氏正式參與史館工作，開始撰作《史通》的脈絡上，尋出《史通》成書的過程，如此，或許也是一種貼切的辦法。

　　自第三章而後，迄於第五章止，分「史料學」「撰述論」「史評說」三者來申述《史通》的精旨「實錄直書」。這是自篇首所標

榜的五長以來，更進一步的落實工作。「史料學」一章是就史料與史書的關係，區分史料品類，評估史料價值，來探討劉氏對史料學的見解。劉氏對史料的甄別，首重正史，次是偏記小說之類的十流，最後才是子家近史者如《呂氏春秋》《抱朴子》《玄晏子》等一類書籍。劉氏所秉持的是「蒐求宜博、類別宜嚴、考辨宜精、選擇宜慎」四項原則，擴大建立了他對史料價值系統的看法。一般史家因而多認為劉氏對史料的選擇與批判是前無古人，即使後之鄭樵和章實齋在這方面也不能超越其前。作者在文中翔實地闡論引證，說明知幾在史考與史料上，都有突過前人的成就。不過，作者同時也指出劉氏在史料上的見解，以現代史學觀之。實在還有不及之處（頁 83、90-92）。可惜的是，作者並未更進一步補其罅漏。使其對史料價值系統的看法更加完整。

「撰述論」即前面的史文或史纂論。劉氏的主張，大都在〈題目〉〈斷限〉〈編次〉〈稱謂〉〈採撰〉〈載文〉〈因習〉〈邑里〉〈模擬〉〈書事〉〈人物〉〈煩省〉等篇章中披露。簡賅言之，即撰述須合「達道義、彰法式、通古今、著功勳、表賢能、敘沿革、明罪惡、旌怪異」八目，並且還必須要「從時」「隨時」，如此才能彰顯當代特色，表露歷史發展的情況和必然的趨勢，進而達到信史求真的標準。許先生在這方面的抒論非常詳密而且允當。

「史評說」則藉史籍的糾評，來確立劉氏崇尚直書實錄之義，劉氏常以虛實之分來界定褒貶，也就是根據存真傳信的程度大小，做為評史的準繩（頁 121）。本章所述，頗能道出劉氏具有豐沛的實事求是的實證精神。

凡前此三章，我們又可以概括之於「史法」一義之內，劉知幾藉史法來使史書得真。而劉氏所建立的史法，又直接間接地影響到

劉氏以後歷代史學的發展軌跡。因此，作者特闢第六章「《史通》與唐後史學」專詳唐後正史之型式與有名大家，諸如杜佑、司馬光、鄭樵、馬端臨、胡應麟、顧炎武、章學誠、錢大昕、崔東璧等等之言論，尋出受劉氏影響的蛛絲馬跡，作者娓娓道來，款款精緻。是至今為止，筆者所見相關題目裏最為精詳的一篇。作者由宋而明而清，直下披斬，脈流甚明，論及章實齋處，餘韻未絕，作者復以「劉章史學之異同」一章補足之。至於最後，作者以「《史通》之牴牾及其他」糾出《史通》之非，並以史考之論，再做審視，返其該然的面目。同時將劉氏史學的風流所及，展衍至現代的疑古學派。可謂前後終始相一貫。

緣此，我們可悉許書是一本架構牢密，內容紮實，徵引材料贍富，理論精賅和研究取向新穎而且實在的佳構。筆者以為許書用功之勤，用力之深，可以與浦起龍的《通釋》，傅振倫的《年譜》與程會昌的《箋記》相比彷；對後學之啟示與助益，亦不專讓於前面三者。不過，許書之中不免有瑜中微瑕，則在於以下諸點：

1.所用文字文白並存，但頗精簡，顯示作者古學根柢深邃，此或不為疵；但時常千言始成一段，且每段之中引文多趨於過細，實極妨礙讀者暢讀及意會之功，尤其引號之內的標點使用法，更使文氣難以清暢。

2.取用資料以第一手原料為主，次料亦多，堪稱宏富，是本書特色之一，惟缺日本學者及部分大陸學者的佳作，似不免是小憾。

3.手民誤植或校對不精，略有幾處，如自敘頁 3 與內文頁 3 對浦立本（E. G. Pulleyblank）教授之譯名不一致；頁 8 最後一行，日→曰；頁 17，第 17 行，鑒職→鑒識；頁 23，注 7，恒譚→桓譚；頁 31，3 行，吳競→吳兢；同頁 14 行，其四→其五；頁 78，注 8 及

頁 83，注 46 之傅振綸→傅振倫；頁 57，第 15、17 行，顓瑣→顓
頊；頁 111，6 行，漏植一字；頁 160，8 行，民族→氏族。

　　以上三點，皆屬枝節性的小疵，無損於全書之宏構。總體而
言，作者在本書的「求中西精義的會通，促現代史學的成熟」這一
崇高目標的引動下，確為中國的史學史留下了學習與模倣的最佳對
象。

三

　　以上評介的五篇當中，就發表的性質而言，有三篇是在學術性
的學報刊物，有一篇是碩士論文，另者即是許著專書；從時間上來
說，則 1981 年發表的有 3 篇，1982 年的有 1 篇，許著則是 1983
年出刊的。當然，餘有兩文尚未列評，即是拙撰〈劉知幾的重要生
平與史通的撰成〉（《弘光護專學報》第 12 期，頁 41-47，1984.6）及〈試
論劉知幾史學思想的本源〉（《史學評論》第 8 期，頁 1-57，1984.7），
這兩篇都是構思於 1981 至 1983 這三年之內，只是都乏善可陳，猶
待努力之處甚多，故於驥末附提即可。而上面臚舉的五文，即是大
要了。

　　大體而言，上述僅粗略擇要評介，並未及諸文細膩之處，此蓋
一以避本文陷於煩瑣，另以避免囿於過份主觀，故係粗評而已。而
以上諸文，除郭文外，大致都可說是費力窮思之作。儘管其中每篇
的著眼點與研討方式，皆未必相同，但是諸文對於劉知幾其人其學
的闡論，都相當具體而富建設性，因而，對劉氏史學的研究與史論
的闡揚，都可謂有所貢獻。

國家圖書館出版品預行編目資料

劉知幾史學論稿

林時民著. – 初版. – 臺北市：臺灣學生，2015.04
面；公分：

ISBN 978-957-15-1644-8 (平裝)

1.（唐）劉知幾 2. 史通 3. 史學評論

610.81   104002701

劉知幾史學論稿

著　作　者：林　　　　時　　　　民
出　版　者：臺 灣 學 生 書 局 有 限 公 司
發　行　人：楊　　　　雲　　　　龍
發　行　所：臺 灣 學 生 書 局 有 限 公 司
　　　　　　臺北市和平東路一段七十五巷十一號
　　　　　　郵 政 劃 撥 帳 號：00024668
　　　　　　電　話：（02）23928185
　　　　　　傳　眞：（02）23928105
　　　　　　E-mail：student.book@msa.hinet.net
　　　　　　http://www.studentbook.com.tw
本 書 局 登
記 證 字 號：行政院新聞局局版北市業字第玖捌壹號
印　刷　所：長 欣 印 刷 企 業 社
　　　　　　新北市中和區中正路九八八巷十七號
　　　　　　電　話：（02）22268853

定價：新臺幣四八〇元

二 〇 一 五 年 四 月 初 版

臺灣 學生書局 出版

史學叢刊